IMUNIDADE DE IMPOSTOS DAS INSTITUIÇÕES DE EDUCAÇÃO SEM FINS LUCRATIVOS

CORRELAÇÃO COM O DIREITO FUNDAMENTAL À EDUCAÇÃO

IMUNIDADE DE IMPOSTOS DAS INSTITUIÇÕES DE EDUCAÇÃO SEM FINS LUCRATIVOS

CORRELAÇÃO COM O DIREITO FUNDAMENTAL À EDUCAÇÃO

2024

Cristiane Araújo de Faria

ALMEDINA

IMUNIDADE DE IMPOSTOS DA INSTITUIÇÕES DE EDUCAÇÃO SEM FINS LUCRATIVOS
CORRELAÇÃO COM O DIREITO FUNDAMENTAL À EDUCAÇÃO

AUTOR: Cristiane Araújo de Faria

DIRETOR ALMEDINA BRASIL: Rodrigo Mentz
EDITORA-CHEFE: Manuella Santos de Castro
EDITOR PLENO: Aurélio Cesar Nogueira
PRODUTORA EDITORIAL: Erika Alonso
ASSISTENTES EDITORIAIS: Laura Roberti, Tacila da Silva Souza e Patrícia Romero

DIAGRAMAÇÃO: Almedina
DESIGN DE CAPA: Roberta Bassanetto
ISBN: 9788584937271
Junho, 2024

Dados Internacionais de Catalogação na Publicação (CIP)
(Câmara Brasileira do Livro, SP, Brasil)

Faria, Cristiane Araújo de
Imunidade de impostos da instituições de educação sem fins lucrativos : correlação com o direito fundamental à educação / Cristiane Araújo de Faria. -- São Paulo : Almedina, 2024.

ISBN 978-85-8493-727-1

1. Associações sem fins lucrativos - Legislação Brasil 2. Direito à educação - Brasil 3. Filantropia 4. Imunidade tributária - Brasil 5. Solidariedade 6. Terceiro setor - Leis e legislação – Brasil I. Título.

24-206987 CDU-34:336.2

Índices para catálogo sistemático:

1. Terceiro setor : Imunidade das contribuições sociais : Direito tributário 34:336.2

Eliane de Freitas Leite - Bibliotecária - CRB 8/8415

Este livro segue as regras do novo Acordo Ortográfico da Língua Portuguesa (1990).

EDITORA: Almedina Brasil
Rua José Maria Lisboa, 860, Conj.131 e 132, Jardim Paulista | 01423-001 São Paulo | Brasil
www.almedina.com.br

"Pois Eu bem sei os planos que estou projetando para vós, diz o Senhor: planos de paz, e não de mal, para vos dar um futuro e uma esperança." (Jeremias 29:11)

Aos meus pais, João Roberto (*in memorian*) e Maristela, exemplos de conduta, perseverança e fé.

Ao meu esposo Lemuel e aos nossos filhos Leonardo e Ludmila, amores da minha vida.

AGRADECIMENTOS

Agradeço a Deus por essa oportunidade.

Ao meu orientador, Professor Doutor Cleucio Santos Nunes, pelo apoio, incentivo, disposição e atenção sempre cordial.

À Universidade Católica de Brasília e aos meus professores, em especial ao Professor Doutor Maurício Dalri Timm do Valle, coordenador do curso mestrado de direito da Universidade Católica de Brasília, pelos conhecimentos generosamente transmitidos.

A todos os colegas de Mestrado, pela força e incentivo.

Ao meu marido Lemuel e aos meus filhos, Leonardo e Ludmila, pela amabilidade, colaboração e apoio incansável.

Aos meus pais João Roberto *(in memorian)* e Maristela, que sempre primaram pela minha educação.

A toda minha família, em especial minha sobrinha Luciana Faria, pelo auxílio sempre presente nas minhas apresentações virtuais, e à minha sogra D. Olívia pelas orações e estímulo.

Aos colegas da Secretaria de Economia, em especial à equipe da Gerência de Controle e Acompanhamento de Processos Especiais – GEESP/COTRI/SUREC/SEF/SEFAZ, pela paciência e colaboração necessárias para que eu pudesse concluir essa missão.

Ao Governo do Distrito Federal (GDF), pelo apoio financeiro.

A todos aqueles que, direta ou indiretamente, contribuíram para que esta tarefa se tornasse uma realidade.

Meus sinceros agradecimentos.

ABREVIATURAS

AC – Ação Cautelar
ADC – Ação Declaratória de Constitucionalidade
ADI – Ação Direta de Inconstitucionalidade
ADI MC – Medida Cautelar em Ação Direita de Inconstitucionalidade
AGR – Agravo
AgR – Agravo Regimental em Agravo de Instrumento
Art. – Artigo
CC – Código Civil
CF/88 – Constituição da República Federativa do Brasil de 1988
CFC – Conselho Federal de Contabilidade
CTN – Código Tributário Nacional
ECD – Escrituração Contábil Digital
ECF – Escrituração Contábil Fiscal
EFD – Escrituração Fiscal Digital
Fisco – Administração Pública Fazendária no exercício do poder de polícia
LRF – Lei de Responsabilidade Fiscal
NBC – Norma Brasileira de Contabilidade
RE – Recurso Extraordinário
RESP – Recurso Especial
RMS – Recurso em Mandado de Segurança
RO – Recurso Ordinário
STF – Supremo Tribunal Federal
STJ – Superior Tribunal de Justiça
ICMS – Imposto sobre Operações relativas à Circulação de Mercadorias e Prestação de Serviços de Transporte Interestadual e Intermunicipal e de Comunicação

ITG – *Interpretação Técnica Geral*
ISS – Imposto Sobre Serviços de Qualquer Natureza
LOAS – Lei Orgânica da Assistência Social
LDB – Lei de Diretrizes e Bases da Educação Nacional
OCDE – Organização de Cooperação e Desenvolvimento Econômico
PNAD – Pesquisa Nacional por Amostra de Domicílios Contínua

ÍNDICE

INTRODUÇÃO

O direito à educação, na Constituição da República Federativa do Brasil de 1998 – CF/88, recebeu especial realce, sendo erguido à condição de direito social e fundamental e, como direito subjetivo público, está entre as funções primordiais do Estado.

Como ente regulador da boa ordem social e responsável pela implementação das políticas públicas, o Estado detém em suas mãos o poder de tributar. Trata-se da possibilidade de socializar, de forma compulsória, parte do patrimônio privado para fins de viabilização da atividade estatal. Por outro lado, a CF/88, já pressupondo a ineficiência do Estado, no intuito de estimular a colaboração das entidades do terceiro na seara educacional, concede imunidade de impostos sobre o patrimônio, a renda e serviços para as instituições de educação sem fins lucrativos.

Entretanto, convém destacar que o gozo da imunidade tributária das instituições de educação é condicionado ao atendimento de requisitos e contrapartidas materiais determinados no próprio texto constitucional e na legislação infraconstitucional, ainda passíveis de controvérsias, tanto na doutrina como na jurisprudência.

Merece também relevo o fato de que a imunidade tributária prevista no artigo 150, VI, "c", da CF/88 configura-se em uma relação triangular entre Estado, sociedade e entidades beneficentes. O Estado tem como função adotar medidas que efetivem o direito fundamental à educação bem como, no intuito de não prejudicar a livre concorrência, otimizar o controle fiscal. As entidades de educação sem fins lucrativos, por sua vez, demandam que os requisitos e contrapartidas necessários para usufruírem da imunidade estejam descritos de forma clara e que os processos administrativos lhes assegurem o contraditório e a ampla defesa em todas as suas fases. Por último, temos a sociedade, que anseia uma educação de qualidade, inclusiva e equitativa oferecida a todos.

Diante desse fatos, este livro, que tem como pano de fundo a correlação das imunidades com os direitos fundamentais, insere-se no contexto de que uma melhor definição nos critérios para reconhecimento e fruição desse beneplácito iria contribuir para o atingimento do objetivo de atrair as instituições de educação sem fins lucrativos para cooperar no fornecimento e incremento da educação almejada e protegida pela nossa constituição.

Importante frisar que, sob a ótica econômica, se por um lado a educação, tendo em vista sua potencialidade de oferecer externalidades diretas e indiretas na economia, está diretamente relacionada ao desenvolvimento econômico, por outro lado, as imunidades tributárias das instituições de educação sem fins lucrativos podem interferir nas liberdades de concorrência, motivo pelo qual a sua interpretação deve atentar-se aos limites previstos na Carta Magna sob pena de desequilíbrio concorrencial infundado, distorções e prejuízos no sistema econômico.

O conteúdo desta obra está dividido em três capítulos. O primeiro capítulo propõe-se a analisar o regime jurídico das imunidades tributárias, realizando uma retrospectiva histórica das imunidades tributárias, tendo em vista as diversas funções assumidas pelo Estado. Na sequência, aborda-se o conceito e os fundamentos genéricos das imunidades tributárias, ressaltando-se a diferença que este instituto possui com a isenção e a não incidência. Ainda neste capítulo analisa-se a correlação da imunidade com os direitos fundamentais e com os princípios da igualdade e da capacidade contributiva, traçando, ao final, um histórico das imunidades tributárias das instituições de educação sem fins lucrativos nas diversas Constituições brasileiras.

O segundo capítulo tem por escopo os fundamentos da imunidade tributária das instituições de educação inserta no artigo 150, VI, "c" da CF/88, analisando os requisitos para sua fruição previstos no texto constitucional e as contrapartidas materiais descritas na legislação infraconstitucional.

Por último, no terceiro capítulo da pesquisa realiza-se um paralelo entre a educação no Brasil, com ênfase em indicadores de iniquidade, e o impacto que a imunidade tributária gera no mercado, tratando como o ente competente poderá inovar o sistema e quais os instrumentos legais deverão ser utilizados para que a imunidade tributária prevista no artigo 150, VI, "c" da CF/88 seja um instrumento para uma educação inclusiva de qualidade, não gere concorrência desleal no setor e seja objeto de maior controle pela administração tributária, uma vez que se trata de uma imunidade condicionada.

1. IMUNIDADE E RETROSPECTIVA HISTÓRICA

1.1 Regime Jurídico da Imunidade Tributária

1.1.1 Origem

Para melhor compreender o instituto da imunidade tributária, torna-se indispensável recorrer à análise histórica de suas origens, que remontam a da própria tributação até o advento dos dias atuais. Nesse contexto, este capítulo, sem a pretensão de exaustão do assunto, terá por escopo abordar a evolução histórica do poder de tributar, ressaltando as raízes da exoneração tributária.

A presença do Direito e da tributação data das mais antigas sociedades perdurando até as mais recentes, e isso se deve ao fato de a cobrança de tributos haver constituído na principal forma de arrecadação de que um Estado possa dispor para a execução de atividades que visam o bem-estar social. Entretanto, convém salientar que a estrutura e os papéis do Estado tiveram vários contornos dentro da história e a compreensão desses elementos é fundamental para a análise das imunidades das instituições de educação inserta no artigo 150, VI, "c" da CF/88.[1]

A exoneração tributária surge praticamente com a noção arcaica de tributo, havendo sempre uma desoneração dessa prestação para alguns, seja por

[1] Nesse sentido: "Nenhum jurista pode dispensar o contingente do passado a fim de bem compreender as instituições jurídicas dos dias atuais. Ninguém é capaz de dar passo à vanguarda, adiantando um sem deixar o outro pé na retaguarda. Diferentemente não se realizam caminhadas. De cada instituto se ministram, nas cátedras universitárias, retrospecto sucinto. Matéria inexiste que se possa explicar clara e seguramente sem a antecedência de notícia abreviada ao menos de seu desenvolvimento doutrinário e legislativo até adquirir seus aspectos contemporâneos. " (FERREIRA, Waldemar Martins. **História do direito brasileiro**, Rio de Janeiro: Freitas Bastos, 1951, p. 11.)

ordem religiosa, política, econômica, administrativa ou privilégios concedidos arbitrariamente a um grupo pelo poder tributante.[2]

Sidou[3], fazendo uma digressão histórica do instituto, informa que na Índia o Código de Manu, datado do século XIII a.C, em seu artigo 386, com fundamento nas condições físicas das pessoas, fixava isenções aos cegos, idiotas, paralíticos e septuagenários.

Na Idade Antiga a desoneração de tributos baseava-se na distinção entre classes sociais e era relacionada à noção de "benesse fiscal" a uns poucos privilegiados. O tributo correspondia ao preço da falta de liberdade e era visto como um sinal de submissão, motivo pelo qual o cidadão, porque livre, não poderia ser enquadrado como sujeito passivo do tributo. Neste cenário, o tributo era cobrado dos povos vizinhos dominados na guerra, dos estrangeiros, dos imigrantes e dos forasteiros, ou seja, daqueles que tivessem restringida a sua liberdade. Dos cidadãos livres não se exigiam os tributos ordinários, sua contribuição se fazia de forma voluntária, denominado "liturgia", pago em virtude do sentimento público. A única exceção era a *"eisphora"*, um tributo cobrado de todos no tempo de guerra.

No Direito Romano, a situação não era diversa e a exoneração fiscal também era concedida como forma de favoritismo dispensado pelos soberanos aos mais privilegiados socialmente.

Costa[4] relata que no tempo do Império Romano já existia a *"immunitas"*, que liberavam certas pessoas e situações do encargo tributário exigido para o sustento do Estado. Costa,[5] a título de exemplo, cita:

> Registre-se por exemplo, que a *Senatusconsulta SC et epistula consulum de Oropis*, tábua de mármore encontrada em Oropo, cidade da Beócia, contém uma carta dos cônsules do ano 79 a. C., interpretativa de um decreto de Sila, segundo o qual se havia declarado isento de tributos os fundos cujas rendas estivessem destinadas ao culto dos deuses.

[2] Nesse sentido nos ensina Costa: "A exigência de tributos é um dos mais antigos expedientes utilizados para distinguir pessoas e atividades. Silvio Meira, em sua obra, já clássica, Direito Tributário Romano, bem demonstra que desde a existência do tributo houve a exoneração dessa prestação para alguns." COSTA, Regina Helena. **Imunidades Tributárias**. Teoria e Análise da Jurisprudência do STF. 2 ed. Ver. Atual. São Paulo: Malheiros, 2006, p. 25

[3] SIDOU, José Maria Othon. **A natureza social do tributo**. 2 ed. Rio de Janeiro: Forense, 1978, p. 18-19.

[4] COSTA, Regina Helena. **Imunidades Tributárias** – Teorias e Análise da Jurisprudência do STF, 2 ed. São Paulo: Malheiros, 2001, p. 25-26.

[5] Ibid., p. 26.

Na Idade Média, em que prevalecia o feudalismo, o conceito de tributação se altera, tendo ganhado importância a ideia de consenso. Nessa época, começou a haver a migração da tributação imposta contra a vontade para a introdução do consentimento como pré-requisito para a sua cobrança. O senhor feudal era o chefe militar, o juiz e o administrador do feudo, recebendo em troca de seus serviços, impostos e taxas de interesse público. Na relação de servidão, diferentemente da antiguidade, a tributação decorria de um pacto, formalizado pelo juramento feudal, caracterizado por um ato livre, no qual o súdito se comprometia ao tributo e o senhor feudal a prestar seus serviços. O homem era livre e apenas no exercício de sua liberdade é que havia espaço para contribuições.

Referente à exoneração fiscal, na época medieval a tributação revelava a estrutura da sociedade, que era dividida em castas, de um lado o clero e a nobreza, que gozavam dos privilégios tributários concedidos pelo soberano e, de outro, a burguesia que suportava as exações. Importante ressaltar que exoneração tributária não possuía correlação com a ausência de capacidade contributiva.

Borges[6] ressalta que os privilégios tributários refletiam os princípios de justiça vigorantes na Idade Média:

> (...) a existência dos privilégios tributários não contrastava com os princípios de justiça vigorantes à época e consagrados nas Constituições medievais e em todas as Constituições cunhadas no ordenamento feudal. A organização social era então condicionada à distinção entre classes e comprometer a existência e a hegemonia dessas classes seria comprometer a existência do próprio Estado. Tais privilégios, portanto, eram tidos como condicionantes para assegurar a manutenção da ordem social e consecução dos fins do Estado. Os privilégios tributários integravam todo um variado sistema de privilégios que o direito reconhecia às classes nobres. A nobreza e o clero, por mera tradição histórica, gozaram de privilégio até a Revolução Francesa.

O Estado Patrimonial, por sua vez, estende-se aproximadamente do século XIII ao século XIX, desde o colapso do feudalismo até o advento

[6] BORGES, José Souto Maior. **Teoria geral da isenção tributária**. 3. Ed. São Paulo: Malheiros, 2001, p. 67.

do Estado de Direito[7]. No Estado Patrimonial, as receitas eram auferidas por conta do exercício das propriedades do Estado, que era o senhor das terras. O Estado, valendo-se dos seus próprios meios, obtinha o que necessitava para sua subsistência, ou seja, enquanto agente econômico, atuava ao lado do particular na economia, gerando a riqueza que consome (receitas primárias). No Estado Patrimonial confundem-se o público e o privado, o *imperium* e o *dominium*, a fazenda do príncipe e a fazenda pública.

Quanto à imunidade neste período, merece destaque a Magna Carta de 1215, na Inglaterra, que instituiu de forma embrionária algumas das garantias fundamentais da tributação, dentre as quais o princípio da legalidade. De acordo com Borges[8], tem-se que a partir da consagração do princípio da legalidade, marco da limitação do poder do soberano, o poder tributário deixa de ser um poder de fato para se converter em um poder que se exerce através das normas.

Nesse mesmo sentido, assevera Torres[9] que as imunidades passam a atuar como uma limitação do poder da realeza inglesa e significava a impossibilidade absoluta de incidência tributária sobre o clero e a nobreza em homenagem aos direitos imemoriais preexistentes à organização estatal e à transferência do poder fiscal daqueles estamentos para o Rei.

Entretanto, aos poucos, ocorre uma transição do Estado Patrimonial para o Estado Policial, passando o Estado a ter características intervencionistas.

A liberdade no Estado Policial teve como base o Pacto Social pregado por Thomas Hobbes, segundo o qual o homem em seu estado de natureza é naturalmente mau: "O homem é lobo do próprio homem". Para acabar com esse cenário violento, o contrato de Hobbes propõe um governo superior que controlaria as guerras e conflitos humanos. Assim, ao organizar o Estado pela forma contratualista, o homem transfere imediatamente a sua liberdade ao Estado, cabendo a este, então, determinar, condicionar e explicar a vontade humana através de leis civis. O homem despoja-se da liberdade natural pela civil determinada pelo poder público e o Estado se torna o depositário de todos os direitos naturais de liberdade que exerce em nome dos indivíduos, de forma onipotente e absoluta. Dessa forma não pode haver liberdade fora do Estado, e tampouco contrária a este.

[7] TORRES, Ricardo Lobo. **Tratado de Direito Constitucional Financeiro e Tributário.** Os direitos humanos e a tributação: imunidade e isonomia, VIII. Renovar: Rio de Janeiro, 1999, p. 40.

[8] BORGES, op. cit., p. 25.

[9] TORRES, op. cit., p.13-14.

Durante a vigência do Estado Policial, predominou-se no ramo econômico a tese do Cameralismo, segundo a qual todos os fenômenos econômicos poderiam ser conduzidos por normas estatais. Nesse sentido, a extrafiscalidade ganha relevante importância, sendo a tributação considerada como um instrumento adequado para dirigir a economia. Contudo, referente às imunidades tributárias, Sidou[10] alerta que não houve significantes alterações se comparada ao Estado Patrimonial.

O Estado Fiscal, por sua vez, substituiu o modelo de Estado de Polícia.

No Estado Fiscal, conforme leciona Torres[11], a receita pública passa a apoiar-se principalmente nos tributos, ao invés de apoiar-se no patrimônio do príncipe. Dessa forma, o Estado não gera mais a sua riqueza, sendo o particular a fonte (originária) de riquezas, cabendo-lhe transferir uma parcela (por derivação) ao Estado. Desaparece a proibição do luxo e se incentiva o consumo de produtos supérfluos, sobre o qual incidirá o imposto.

O Estado Fiscal, inspirado no liberalismo, possuía feição minimalista, não cabendo ao mesmo intervir na economia. O direito à propriedade estava acima de tudo e a sua garantia era o que justificava a existência do Estado.

Importante destacar que os teóricos do liberalismo adotavam os conceitos de Montesquieu, e a liberdade naquela época era entendida como a possibilidade de fazer tudo o que não prejudique a outrem. Dessa forma, os direitos naturais de cada homem não podem ser limitados senão pela lei, de forma a assegurar a outros membros da sociedade o gozo destes mesmos direitos. [12]

Na economia, o liberalismo que tem como precursor Smith refletiu-se inicialmente na fisiocracia. Defendiam que somente com a plena liberdade econômica seriam alcançadas a harmonia e a justiça social. Ao Estado era reservado o papel de mero vigilante de um curso econômico que se auto regulava por leis naturais. Nesse contexto, a tributação deveria ter natureza

[10] SIDOU, José Maria Othon. **A natureza social do tributo.** 2 ed. Rio de Janeiro: Forense, 1978, p. 32-35.

[11] TORRES, Ricardo Lobo. **Curso de Direito Financeiro e Tributário.** 14ª ed. Renovar: Rio de Janeiro, 2006, p. 8-9

[12] Para Locke, os homens a fim de garantir a propriedade e por conseguinte uma liberdade durável, deveriam reunir-se em sociedades políticas, submetendo-se a um governo. Nessa esteira a tributação aparece como uma espécie de negócio entre o Estado e o indivíduo, resultante de um contrato social. Para Locke os governos não têm como subsistir sem um custo, mas o indivíduo ao contribuir com a manutenção do Estado, mediante um contrato social, contribui para a sua própria proteção. Nessa esteira, todos que fruem de sua proteção devem pagar uma quota para a sua manutenção, sendo possível a cobrança de tributos, porém, sendo necessário o consenso para a sua cobrança.

meramente arrecadatória, com efeito neutro. Liberdade de concorrência isenta de intervenções estatais, estas aptas a criar distúrbios econômicos.

Nesse cenário, no Estado Fiscal o tributo é o preço da liberdade, preço pago para que o cidadão ficasse livre do Estado. Preço da liberdade na medida em que o Estado dá autonomia, assegura os fatores de produção, capital e trabalho, garante a liberdade de exercício de profissão e liberdade de propriedade, renunciando atuar como agente econômico. Só quem é livre paga o imposto, sendo este, portanto, consequência do exercício da liberdade.

Em tal contexto, a relação da tributação com a liberdade ganha novas cores. Se no Estado de Polícia o tributo era o preço a ser pago para que o Estado, provedor de toda riqueza, assegurasse a liberdade dos súditos, desta feita, o tributo era o preço a ser pago para que o cidadão ficasse livre do Estado, ou seja, o preço da liberdade.

Concernente à imunidade tributária, Torres[13] leciona que no Estado Fiscal houve uma orientação no sentido de substituírem as imunidades e privilégios estamentais pelas imunidades e privilégios dos cidadãos, devendo as desonerações fiscais atenderem a um postulado teleológico. Senão vejamos:

> Com as grandes revoluções do século XVIII consolida-se o Estado Fiscal, configurações específicas do Estado de Direito, e se transforma radicalmente o conceito de imunidade tributária. Deixa de ser forma de limitação do poder do Rei pela Igreja e pela nobreza para se transformar em limitação do poder tributário do Estado pelos direitos preexistentes do indivíduo. O Estado Moderno é um expropriador, que aboliu as imunidades do antigo regime e as substituiu pelas imunidades dos cidadãos. O mesmo significante – imunidade – passou a agasalhar um outro significado.
>
> Com efeito, vitorioso o liberalismo, as imunidades ganharam coloração democrática, especialmente por construção do constitucionalismo americano, no qual aparecem amalgamadas aos privilégios da cidadania, passando ambos a ser instrumento de proteção da liberdade e da igualdade.

[13] TORRES, Ricardo Luiz Lobo. **Tratado de Direito Constitucional Financeiro e Tributário:** valores e princípios constitucionais tributários. V. II. Rio de Janeiro: Renovar, 2005, p. 41

Nesse mesmo sentido, Torres[14] observa que com o advento do Liberalismo a imunidade deixou de significar um privilégio e passou a refletir uma exigência social de exoneração fiscal de certas atividades.

Ocorre que o Estado Fiscal, liberalista em sua essência, revelou-se irrealizável por inadequado à solução dos problemas reais da sociedade, proporcionando o agravamento da desigualdade social.

Nas palavras de Manica[15]:

> Os problemas gerados pelo liberalismo foram evidentes: no plano econômico, a incapacidade de auto regulação dos mercados, especialmente após o agravamento da crise econômica provocada pelas duas Grandes Guerras e pela depressão de 1930; no plano social, o desequilíbrio proporcionado pela Revolução Industrial, alvo da Doutrina Social e da Igreja e dos movimentos sociais organizados pela nova classe proletária; no plano político, as exigências cada vez maiores de uma sociedade pluralista.

Dessa forma, o Estado Fiscal, minimalista, é substituído pelo Estado Social, intervencionista. No Estado Social, a principal fonte de financiamento continua sendo o tributo, mas ele deixa de ser mínimo. Nesse cenário, em virtude do crescimento das atividades estatais, avoluma-se de igual forma a necessidade de recursos para sustentá-lo.

A liberdade almejada no Estado Social não é mais a individual e sim a coletiva, alcançando-se também as camadas mais desfavorecidas. Um cidadão não pode ser considerado livre se está inserido em um ambiente repleto de desigualdades sociais. Dessa forma a tributação se legitima como instrumento para o Estado atingir a sua finalidade, qual seja reduzir as desigualdades sociais e, consequentemente, promover a liberdade das camadas mais desfavorecidas.

Por este ângulo, a desoneração fiscal passou a ter correlação direta com o bem comum, não podendo ser concebidas ao interesse exclusivo de um particular, conforme preceitua Borges[16]:

[14] Ibid., p. 27

[15] MANICA, Fernando Borges. **Terceiro Setor e Imunidade Tributária**: teoria e prática. Belo Horizonte: Fórum, 2008, p. 33.

[16] BORGES, José Souto Maior. **Teoria geral da isenção tributária.** 3. Ed. São Paulo: Malheiros, 2001, p. 75.

> A disciplina das isenções tributárias está indissoluvelmente vinculada com a exigência de proporcionalidade e equidade da tributação. Se o pagamento de tributos é obrigação de caráter geral, princípio dito de generalidade da tributação: se todos são iguais perante o fisco, mostram-se inadmissíveis as isenções que importem meros favores, porque violatórias das regras constitucionais da generalidade e igualdade da tributação.

Com o agigantamento do Estado de forma desproporcional, da máquina estatal e de seus custos para se manter e prestar serviços à população, o Estado Social passou a não ser a melhor garantia de distribuição de renda ou de eficiência econômica.

Nesse cenário, o Estado Social Fiscal, detentor do monopólio da responsabilidade social e do monopólio da definição do interesse público, frente a sua inviabilidade, cede espaço para o Estado Democrático e Social de Direito.

No Estado Democrático e Social do direito há uma redução da máquina estatal e de seu intervencionismo na economia. A liberdade assume novas feições, uma vez que a sociedade reivindica para si espaço que fora ocupado pelo Estado. A liberdade passa a ser coletiva e o instrumento para o seu exercício e a consequente inclusão social, já não é mais o Estado, mas sim a própria sociedade. Dessa forma, no estado do século XX, as relações contratuais não são mais vistas em perspectiva liberal individualista, mas sim de uma liberdade da própria coletividade e a incorporação de todas as camadas sociais se faz por meio de um processo democrático.

O Estado continua sendo o guardião dos ditames constitucionais, cabendo-lhe assegurar condições para a atuação da sociedade como instrumento da consequente inclusão social.[17]No Estado Democrático de Direito são criadas agências reguladoras, surge a previdência privada, a parceria público-privada ganha uma dimensão maior e crescem o número de organizações não governamentais que prestam a assistência social negada pelo Estado. Nesse modelo o Estado deixa de executar diretamente numerosas atividades econômicas

[17] Sobre a alteração do perfil do Estado, Barreto nos ensina que: "esse processo de redefinição do papel do Estado, que deixa de ser responsável direto pelo desenvolvimento econômico e social (através da produção de bens e serviços) e passa a exercer a função de promotor e regulador desse desenvolvimento. " BARRETO, Maria Inês. As organizações sociais na reforma do Estado Brasileiro. In: PEREIRA, Luiz Carlos Bresser; Grau, Nuria Cunill (org.). **O Público Não-Estatal na Reforma do Estado.** Rio de Janeiro: Fundação Getúlio Vargas, 1999, p. 111

e sociais, e passa a fomentar a prestação de atividades de interesse social por entidades privadas.

Nas palavras de Manica[18]:

> A proposito dessa alteração no perfil do Estado Social, duas considerações devem ser destacadas. A primeira, como já mencionamos, é a de que os objetivos buscados pelo Estado Social permaneceram os mesmos, alterou-se apenas a forma de sua consecução. A segunda envolve a necessidade de participação efetiva da sociedade civil da busca da realização dos objetivos buscados.

Dessa forma, neste novo cenário institucional, a atuação do Estado passou a ser subsidiária, conforme descrito por Souto[19]:

> As reformas constitucionais no ordenamento econômico, no âmbito da previdência social e da administração pública buscaram repensar as funções estatais e sua técnica de atendimento, com vistas à eficiência nos resultados e na economicidade nas despesas, valorizando-se o "público não-estatal", a livre iniciativa e o papel da sociedade. O resgate do princípio da subsidiariedade não representa um retrocesso aos tempos do Estado-mínimo, mas o reconhecimento de que a sociedade deve ter a liberdade de agir em busca do atendimento dos interesses públicos, só se transferindo ao Poder Público a função (...) que por ela não pode ser atendida.

Concernente à tributação, insta destacar que, ao lado da função arrecadatória dos tributos, assumem relevância no Estado Social Democrático de Direito, suas funções distributivas e alocativa, essa especialmente em seu viés indutor. A tributação excessiva torna-se inconciliável uma vez que mitiga os recursos de que a coletividade necessita para a sua atuação, reduzindo ou impossibilitando o desenvolvimento econômico.

Nesse contexto, algumas imunidades tributarias tendo como fundamento o princípio da subsidiariedade norteador do Estado Democrático de Direito, deve incentivar e fomentar a participação das entidades do terceiro setor,

[18] MANICA, op. cit., p.40

[19] SOUTO, Marcos Juruena Villela. **Direito Administrativo Regulatório**. Rio de Janeiro: Lumen Juris, 2002.

em atividades não exclusivas do Estado, de forma a contribuírem para o cumprimento de finalidades públicas, dentre as quais se enquadra a educação, foco do presente trabalho, atendendo, desta foram, com maior eficiência, os anseios do cidadão.

1.1.2 Conceito

Moraes,[20] ao analisar a etimologia do vocábulo imunidade, afirma que o termo imunidade possui raiz no latim "*immunitas, tatis*". O prefixo "*im*" significa negação e o termo "*munus*", por sua vez, refere-se ao cargo, função ou encargo. Assim, o termo "imunidade" refere-se a uma exoneração da obrigação de pagar um determinado encargo ou munus, que no caso tributário corresponde ao dever de entregar ao Estado uma determinada quantia em dinheiro, correspondente ao tributo.

Entretanto, convém ressaltar que a doutrina não é uníssona quanto ao conceito da imunidade tributária. O primeiro grupo de doutrinadores, representados por Baleeiro[21], pioneiro ao conceituar a imunidade tributária no Brasil, define-a como sendo uma exclusão, uma limitação da competência de tributar, proveniente da Constituição.[22]

Nesse mesmo sentido, Baleeiro[23], tratando da matéria de competência tributária, leciona que a regra constitucional, ao estabelecer as competências das pessoas políticas da Federação para tributar certos fatos e situações também delimita, negativamente, por meio de redução parcial, a norma de atribuição de poder tributário. Nesse diapasão, a Constituição Federal, ao tratar da competência tributária, positiva as regras de competência que indicam os tributos que podem ser instituídos por todos e cada um dos entes tributantes,

[20] MORAES, Bernardo Ribeiro de. **Sistema Tributário na Constituição de 1969**: curso de direito tributário. São Paulo: Revista dos Tribunais, 1973, p. 467.

[21] BALEEIRO, Aliomar. **Limitações constitucionais ao poder de tributar**. 8. Ed. Rio de Janeiro: Forense, 2010, p. 1-3.

[22] Coadunando com esse entendimento, Carvalho define a imunidade como sendo: "A classe finita e imediatamente determinável de normas jurídicas contidas no texto da Constituição Federal, e que estabelecem, de modo expresso, a incompetência das pessoas políticas de direito constitucional interno para expedir regras instituidoras de tributos que alcancem situações específicas e suficientemente caracterizadas. " CARVALHO, Paulo de Barros. **Curso de direito tributário**. 25. Ed – São Paulo: Saraiva, 2013, p. 370.

[23] BALEEIRO, op. cit., p. 374.

e também os dispositivos que indicam negativamente aquilo que está afastado da competência tributária.[24]

Todavia embora a imunidade tributária seja uma limitação constitucional ao poder de tributar, aquela pode ser considerada uma espécie desta, visto esta ser mais ampla que aquela. Nesse sentido, Costa[25]:

> Do exposto extrai-se que a afirmação segundo a qual a imunidade tributária é limitação constitucional ao poder de tributar é absolutamente vaga, já que a expressão abriga outras categorias jurídicas que com ela não se confundem.

Dessa forma, em consonância com Costa, integram o rol das limitações constitucionais ao poder de tributar tanto a repartição das competências tributárias como também os princípios constitucionais.[26] A repartição das competências tributárias em caráter privativo, uma vez que exclui a competência dos demais entes da Federação e os princípios constitucionais[27], pois demarcam a amplitude das normas atributivas de competência.

O segundo grupo de doutrinadores, dentre os quais destaca-se Gama[28], qualifica a imunidade tributária, quanto à sua natureza jurídica, como princípio constitucional ao afirmar que as imunidades tributárias são proposições que compõem a norma de competência tributária restringindo um ou mais

24 Para Humberto Bergmann Ávila, a interpretação das imunidades tributárias conjugada com os dispositivos que estabelecem a competência tem como resultado as regras finais de competência: A competência tributária, no entanto, é resultado da análise conjunta de duas espécies de normas jurídicas: de um lado, das normas que atribuem poder ao Estado para instituir tributos por meio da especificação dos fatos e situações que torna suscetíveis de tributação (normas atributivas de competência); de outro, das normas que subtraem poder do Estado sobre determinados fatos e situações que tornam insuscetíveis de tributação (normas excludentes de competência). A parcela de poder do Estado para instituir tributos é resultado do poder que lhe atribui menos o poder que lhe é subtraído, nos termos da Constituição. Cf. ÁVILA, Humberto Bergmann. **Estatuto do contribuinte: conteúdo e alcance.** Revista diálogo jurídico. Salvador. CAJ – Centro de Atualização Jurídica, v. I, nº 3, junho 2001.

25 COSTA, op. cit., p. 36.

26 Observa-se que dentro na Seção II, do Capítulo I do Título VI da Carta Magna, que trata "das limitações do poder de tributar", não se encontram apenas imunidades, mas também princípios constitucionais tributários.

27 Dentre os quais cite-se: legalidade, anterioridade, irretroatividade, igualdade, capacidade contributiva e vedação ao confisco

28 GAMA, Tácio Lacerda. **Competência tributária**: fundamentos para uma teoria da nulidade. São Paulo: Noeses, 2009, p. 253-254.

aspectos de sua materialidade, não podendo ser objetivamente diferenciados dos princípios. [29]

Greco, a contrário *sensu*, destaca que apesar das similitudes entre ambos, imunidade e princípio não se confundem, atuando de forma diversa no interior do sistema jurídico. Enquanto as imunidades atuam no sistema de forma negativa, impedindo o exercício da competência tributária em relação a determinadas pessoas, bens e situações, os princípios, em oposição, representam diretrizes positivas, indicando um caminho a ser percorrido pelo ente tributante.

Greco[30] diferencia-os da seguinte forma:

> Os princípios veiculam diretrizes positivas a serem atendidas pelo legislador ou pelo aplicador do Direito. Como diretrizes positivas a serem atendidas no exercício do poder de tributar, indicando um caminho a ser seguido pelo legislador ou aplicador do Direito. Como diretrizes positivas, apontam algo desejado pelo ordenamento e que o constituinte quer ver alcançado. As limitações (como seu próprio nome diz) têm função negativa, condicionando o exercício do poder de tributar, e correspondem a barreiras que não podem ser ultrapassadas pelo legislador infraconstitucional; ou seja, apontam para algo que o constituinte quer ver não atingido ou protegido. Em suma, enquanto os princípios indicam um caminho a seguir, as limitações nos dizem para onde não seguir.

Coadunando com esse posicionamento, Costa afirma que as imunidades e os princípios se diferenciam em razão dos efeitos que produzem, acrescentando que se fossem caracterizadas como princípio deveria ser a aplicação do princípio denominado de princípio da não-obstância dos exercícios de direitos fundamentais por via da tributação. Nas palavras da autora:

> Em outras palavras, se a Lei Maior assegura o exercício de determinados direitos, que qualifica como fundamentais, não pode tolerar que

[29] Nesse mesmo sentido, Bernardo Ribeiro Moraes: "não apenas complementa princípios albergados na Constituição, mas também constitui um princípio constitucional próprio, ligado que se acha à estrutura política, social e econômica do país; (...) é um princípio constitucional de vedação impositiva". MORAES, Bernardo Ribeiro. **A imunidade tributária e seus novos aspectos**. Revista Dialética de Direito Tributário. 34/19-40. São Paulo. Dialética, julho de 1998, p. 21-22.

[30] GRECO, Marco Aurélio. "Imunidade Tributária". In: Silva Martins (coord.). **Imunidades Tributárias**. São Paulo. Centro de Extensão Universitária/ Ed. RT 1998, p. 710.

a tributação, também constitucionalmente disciplinada, seja desempenhada em desapreço a esses mesmos direitos. [31]

Existe ainda uma terceira corrente doutrinária que conceitua a imunidade como uma não incidência da regra tributária. Nas palavras de Falcão: "...uma forma qualificada ou especial de não-incidência, por supressão, na constituição, da competência impositiva ou do poder de tributar"[32].

Nesse mesmo sentido, Machado afirma:

> Imunidade é o obstáculo decorrente de regra da Constituição à incidência de regra jurídica de tributação. (...) A imunidade impede que a lei defina como hipótese de incidência tributária aquilo que é imune. É limitação da competência tributária.[33]

Entretanto, conforme preconizado por Carvalho, a qualificação da imunidade tributária como hipótese de não incidência constitucionalmente qualificada também merece revisão. Carvalho[34] divide o ordenamento jurídico em dois grupos de norma, quais sejam: regras de comportamento e regras de estrutura. As regras de comportamento dirigem-se diretamente ao comportamento dos sujeitos do direito, enquadrando-os em permitido, obrigatório ou proibido. São as normas que descrevem o fato e prescrevem a relação jurídica que nascerá da ocorrência do fenômeno da incidência, ou seja, de a subsunção do fato à norma. As regras de estrutura, por sua vez, são normas de normas, tendo por objeto os comportamentos relacionados à produção de novas unidades deôntico-jurídicas, disciplinando a produção, a modificação e a extinção de outras normas. As normas imunizantes ao dispor do válido exercício da competência tributária, mencionando os limites materiais e formais da atividade legiferante das pessoas jurídicas, enquadram-se nas normas de estrutura radicadas no patamar constitucional.

Dessa forma, as regras de imunidade são normas de estrutura tanto quanto o são as normas de competência, e, em conjunto com estas, demarcam

[31] COSTA, op. cit., p. 37.

[32] FALCÃO, Amílcar de Araújo. **Imunidade e isenção tributária: instituição de assistência social**. Revista de direito administrativo. Rio de Janeiro: FGV, n. 66, 1961, p. 367-375, P. 370.

[33] MACHADO, Hugo de Brito. **Curso de Direito Tributário**. 17. ed. São Paulo: Malheiros, 2000, p. 213.

[34] CARVALHO, Paulo de Barros. **Curso de Direito Tributário**. 25. ed. São Paulo: Saraiva, 2013, p. 314.

o âmbito de competência de cada ente político, dirigindo-se ao legislador ordinário. Soma-se o fato de que as regras de imunidade incidem em momento anterior à ocorrência do fato, motivo pelo qual incidem antes da incidência das normas a que são dirigidas. Ademais, a incidência e a não incidência de norma jurídica tributária, distintamente das imunidades, são normas de conduta que se situam no plano infraconstitucional por ocasião do exercício da competência tributária pelas pessoas políticas.

Quanto ao conceito da imunidade existe ainda uma quarta corrente doutrinária que formula assertiva de que a imunidade deve ser compreendida como sendo uma exclusão ou supressão da competência tributária.

Nesse diapasão, Miranda define a imunidade da seguinte forma: "...regra jurídica no plano da competência dos poderes públicos – obsta à atividade legislativa impositiva – retira ao corpo que cria impostos qualquer competência para pôr na espécie"[35].

Seguindo a mesma linha de raciocínio, Nogueira conceitua a imunidade como uma "...categoria constitucional" da qual resulta "...a exclusão do próprio poder de tributar". Por isso, ainda segundo o autor, a imunidade tributária "...exclui o próprio poder de instituir impostos sobre determinados bens e situações"[36]

Ocorre que excluir ou suprimir pressupõe a existência de uma norma que em momento futuro seria eliminado. Entretanto, tal fenômeno não ocorre nas imunidades tributárias uma vez que as normas imunizantes e as normas atributivas de competência são contemporâneas, não havendo sucessão cronológica entre elas. [37]

Por fim, existem aqueles doutrinadores que enquadram a imunidade tributária como categoria referida a circunstâncias extrajurídicas. Contudo, Costa alerta ser imprópria a classificação da doutrina de que as imunidades decorrem de circunstâncias extrajurídicas uma vez que os valores protegidos pelo direito estão juridicamente positivados:

[35] PONTES DE MIRANDA. Francisco Cavalcanti. **Comentários à Constituição de 1946**. V. 1. 2.ed. São Paulo: Max Limonad, 1953, p. 156.

[36] NOGUEIRA, Ruy Barbosa. **Curso de Direito Tributário:** de acordo com a Constituição Federal de 1988. 9. ed. São Paulo: Saraiva, 1989, p. 172.

[37] Nesse sentido, nos ensina Costa: Em consequência, sustentar que a norma imunizante é uma exclusão ou supressão da competência tributária significa admitir a preexistência, ou maior velocidade, da (s) norma (s) que outorga (m) a competência tributária em relação à norma imunizante, como se ambas não atuassem em sincronia, ferindo, desse modo, o princípio da simultaneidade da dinâmica normativa, como demonstrado. COSTA, op. cit., p. 43.

> Se as imunidades homenageiam princípios constitucionais, que são normas dotadas de forte carga axiológica – como a liberdade de pensamento (art. 5º, IV), de consciência e de crença (art. 5º, VI) – bem como direitos assegurados constitucionalmente – como acesso à educação e à cultura (arts. 205 e 215) e a prestação de assistência social a quem dela necessitar (art. 203) –, remetem, portanto, a valores positivados juridicamente. [38]

Diante do exposto, verifica-se que não há unanimidade entre os doutrinadores que trabalharam com a natureza jurídica do instituto e uma construção conceitual de imunidade, conforme assinala Costa: o "...conceito de imunidade tributária ainda padece com a carência de precisão de seus contornos".[39]

Entretanto ao considerarmos que as imunidades tributárias são elas mesmas um princípio, qual seja o princípio da não obstância de direitos fundamentais, entendemos que a primeira corrente atualmente é a que melhor define a sua natureza jurídica uma vez que nestes termos este instituto completa o rol das limitações constitucionais ao poder de tributar tanto pelo fato de limitar negativamente as competências tributárias como também por ser ele mesmo um princípio constitucional.

1.1.3 Paralelos de imunidade tributária, isenção e não incidência

Neste tópico analisa-se a diferença conceitual dos institutos da imunidade, isenção e não incidência.

Classicamente tanto a isenção como a imunidade tributária são declarações expressas do legislador sobre fatos negando-lhes efeitos tributários. A não incidência, por sua vez, relaciona-se com a não subsunção de determinado evento à norma; ou seja, quanto ao fato fenomênico não guarda identidade com o desenho normativo trazido no antecedente da regra-matriz de incidência tributária.

Importante ressaltar que, em que pese o resultado prático dos três conceitos referir-se à inexistência do dever de pagar o tributo, estes possuem diferenças conceituais que merecem ser destacadas.

[38] COSTA, op. cit., p. 44

[39] Ibid., p. 34.

Quanto à não incidência, Costa[40] expõe que esta se assemelha à atipicidade penal, qual seja a não adequação da conduta realizada pelo agente à norma. Dessa forma, segundo a autora, explicar o fenômeno da imunidade e isenção por meio da fenomenologia da incidência tributária seria um equívoco.

Quanto à imunidade e à isenção, Costa[41] apresenta os seguintes pontos em comum: a) ambas são regras de estrutura, que estabelecem a incompetência para tributar; b) são, em consequência, regras parciais de exceção, que só fazem sentido em combinação com a norma atributiva de competência tributária – no caso de imunidades – e da hipótese de incidência tributária – no caso de isenção; c) podem ter por objeto quaisquer espécies tributárias; d) são justificadas pela perseguição de fins constitucionais.

Entretanto, em que pese a imunidade e a isenção se aproximarem em alguns pontos, descabe dispensar-lhes tratamento assemelhando uma vez que possuem notórias diferenças, quais sejam: a) quanto à fonte formal a imunidade possui assento constitucional, proibindo-se o entes políticos de instituírem tributo, enquanto a isenção depende da atuação legislativa dos Entes tributantes, configurando uma proibição à cobrança dos tributos; b) a imunidade atua no plano da definição da competência enquanto a isenção opera no exercício da competência; c) mesmo que a isenção tenha preceito constitucional, a norma constitucional que a contém possui eficácia limitada, enquanto a norma constitucional que abriga a imunidade possui eficácia plena ou contida; d) a isenção ao ser revogada, restabelece-se o pleno exercício da competência tributária, por sua vez para ser retirada a imunidade do texto constitucional necessitar-se-ia de um Poder Constituinte Originário e de posterior edição de lei para esse fim[42]; e) na imunidade não ocorre o fato gerador por não existir possibilidade de formulação da hipótese de incidência, na isenção ocorre a hipótese de incidência entretanto o legislador impede a sua atuação em relação a determinado sujeito ou objeto, f) a isenção nos termos do artigo 14 da Lei Complementar 101 – Lei de Responsabilidade Fiscal (LRF)[43]

[40] COSTA, op. cit., p. 40.

[41] Ibid., p. 105.

[42] Observa-se que as isenções tributárias condicionadas com prazo certo, caso sejam modificadas ou revogadas antes de transcorrido o seu termo, geram aos contribuintes prejudicados o direito subjetivo de continuarem desfrutando da isenção até o final do prazo inicialmente assinalado.

[43] Art. 14. A concessão ou ampliação de incentivo ou benefício de natureza tributária da qual decorra renúncia de receita deverá estar acompanhada de estimativa do impacto orçamentário-financeiro no exercício em que deva iniciar sua vigência e nos dois seguintes, atender ao disposto na lei de diretrizes orçamentárias e a pelo menos uma das seguintes condições

I – demonstração pelo proponente de que a renúncia foi considerada na estimativa de receita da

deve estar acompanhada de estimativa do impacto orçamentário financeiro no exercício em que deva iniciar sua vigência e nos dois seguintes, enquanto para a imunidade não se tem essa exigência.

1.1.4 Fundamentos genéricos das imunidades tributárias

Tendo em vista que as imunidades tributárias possuem arcabouço constitucional, mister se faz analisar a *ratio essendi* da exoneração fiscal adotada pela nossa Carta Magna.

Costa[44] destaca como fundamentos comuns a todas as imunidades a analiticidade, a rigidez constitucional e os valores prestigiados na Lei Maior – segurança jurídica, justiça e liberdade individual, todos contidos na expressão maior do bem-estar coletivo.

O primeiro fundamento genérico consiste na analiticidade constitucional, adotada tradicionalmente em nossos textos constitucionais pátrios, conforme destaca Costa[45]:

> Tal analiticidade está demonstrada, por exemplo, nos capítulos que versam sobre tributação em nossos Textos Fundamentais, especialmente a partir da Constituição de 1946. A Constituição Brasileira é peculiar no que se refere à quantidade de normas tributárias abrigadas em seu texto,

lei orçamentária, na forma do art. 12, e de que não afetará as metas de resultados fiscais previstas no anexo próprio da lei de diretrizes orçamentárias;
II – estar acompanhada de medidas de compensação, no período mencionado no *caput*, por meio do aumento de receita, proveniente da elevação de alíquotas, ampliação da base de cálculo, majoração ou criação de tributo ou contribuição.
§ 1º A renúncia compreende anistia, remissão, subsídio, crédito presumido, concessão de isenção em caráter não geral, alteração de alíquota ou modificação de base de cálculo que implique redução discriminada de tributos ou contribuições, e outros benefícios que correspondam a tratamento diferenciado.
§ 2º Se o ato de concessão ou ampliação do incentivo ou benefício de que trata o *caput* deste artigo decorrer da condição contida no inciso II, o benefício só entrará em vigor quando implementadas as medidas referidas no mencionado inciso.
§ 3º O disposto neste artigo não se aplica:
I – às alterações das alíquotas dos impostos previstos nos incisos I, II, IV e V do art. 153 da Constituição, na forma do seu § 1º;
II – ao cancelamento de débito cujo montante seja inferior ao dos respectivos custos de cobrança.

[44] COSTA, op. cit., p. 74.

[45] Ibid., p. 65.

> o que ensejou a célebre observação do mestre Baleeiro, com referência à Constituição de 1967 à Emenda Constitucional 1, de 1969, acerca do expressivo número de palavras dedicadas ao tema pela Lei Maior.

Nesse contexto, na seara tributária nossa Lei Maior explicita e enumera quatro temas, quais sejam: 1) regras matrizes de incidência tributária; 2) classificação dos tributos; 3) discriminação das competências e 4) limitação do poder de tributar, nos quais se insere a imunidade das instituições de educação sem fins lucrativos.

O segundo fundamento da exoneração objeto do presente estudo reside no fato de a mesma estar inserida em uma Constituição rígida, assegurando dessa forma relativa estabilidade a esta imunidade. Soma-se o fato de que no caso brasileiro as normas imunizantes são cláusulas pétreas, atingindo, portanto, o grau máximo de rigidez constitucional e não sendo passível de supressão por emenda constitucional.

O terceiro fundamento genérico das imunidades tributárias reside no seu caráter político-valorativo. Reale[46], em sua teoria tridimensional, afirma que fato, valor e norma constituem os três pilares básicos do direito. O fato é o acontecimento do mundo fenomênico. Por sua vez, a esse fato atribui-se um valor, um conteúdo axiológico, tomando por base a percepção que a sociedade tem em relação a ele naquele local e momento histórico. Consequentemente, o valor atribuído ao fato é inserido no ordenamento jurídico por meio de uma norma.

Nesse mesmo sentido, Diniz[47] é expressa ao afirmar:

> Sob o prisma ontológico, a norma está na zona da Cultura, é um objeto resultante da obra humana, atuando segundo valorações. O seu sentido é a expressão de um valor, porque norma implica eleger uma dentre múltiplas e variadas possibilidades, e toda eleição pressupõe uma preferência, que, por sua vez, descansa num juízo de valor.

Coadunando com esse posicionamento, as imunidades devem demonstrar os anseios e preocupações da sociedade brasileira à época da Constituinte, dentre os quais cite-se a segurança jurídica, a justiça e o bem comum, presentes na essência deste instituto.

[46] REALE, Miguel. **Filosofia do Direito**. 20. Ed. 8. Tir. São Paulo: Saraiva, 2010, p 550-555.

[47] DINIZ, Maria Helena. **A ciência jurídica**. 2ª ed. São Paulo, Resenha Tributária, 1982, p. 81-82.

Nessa linha de raciocínio, as imunidades tributárias constituem verdadeiras normas voltadas à concretização de valores socialmente relevantes, impedindo que a exigência de tributos consista em embaraço ao exercício de determinados direitos, dentre os quais cite-se a educação de qualidade, inclusiva e equitativa a todos os brasileiros.

Ademais, convém ressaltar que as imunidades tributárias podem, tendo como fundamento valores constitucionalmente protegidos, ser utilizadas como instrumentos de realização de extrafiscalidade, estimulando, induzindo e coibindo determinados comportamentos.

Assim sendo, as instituições de educação sem fins lucrativos foram, em consonância com o princípio da subsidiariedade Estatal, albergadas pela imunidade tributária em função da importante função social que representam, ao elevar o bem estar social mediante o incremento da educação.

1.1.5 Imunidade tributária e direitos fundamentais

Preliminarmente, para melhor elucidação do tema, será utilizada a classificação efetuada por Sarlet[48] para delimitar as diferenças terminológicas concernentes aos direitos do homem, aos direitos humanos e aos direitos fundamentais.

Segundo o autor, direitos do homem seriam os direitos naturais que não são ou ainda não foram positivados. Por sua vez, os direitos humanos correspondem aos direitos positivados na esfera internacional.

Dessa forma, os direitos humanos correspondem às posições jurídicas que se reconhecem ao ser humano como tal, independentemente de sua vinculação a uma ordem constitucional e que, portanto, aspiram a uma validade universal, para todos os povos e tempos, de tal sorte que revelam um inequívoco caráter (supranacional).

Por fim, os direitos fundamentais seriam os direitos reconhecidos ou outorgados e protegidos pelo direito constitucional de cada Estado.

Dessa forma, conforme ressalta Dutra:

> [...] inicialmente, vamos ter os direitos do homem como direitos naturalmente reconhecidos, depois, por uma série de contingências históricas, entendem-se que alguns desses direitos são muitos importantes e tem que

[48] SARLET, Ingo Wolfgang. **A eficácia dos Direitos Fundamentais**. Porto Alegre: Livraria do Advogado, 1998, p. 32.

> ser internalizados e reconhecidos no âmbito constitucional dos Estados, então surge os direitos fundamentais, e depois se passa a defender a ideia de que na esfera internacional isso precisa ser reconhecido e protegido, já que são direitos comuns ao ser humano, razão pela qual passamos a ter os direitos humanos.[49]

Quanto à universalidade dos direitos humanos, Sarlet[50] ressalta que ela pode ser vista sob dois aspectos: o abstrato e o concreto. O abstrato decorre da própria característica dos direitos que são reconhecidos aos homens pelo simples fato de pertencerem à espécie humana; já a concreta se verifica na Declaração Universal de Direitos do Homem e do Cidadão, de 1948, apontada pela maioria dos autores como sendo o marco da definitiva internacionalização dos direitos humanos, a qual além de reforçar os direitos pertencentes à primeira e segunda geração, insere os direitos de terceira geração como direitos que devem ser garantidos de forma universal a todos os habitantes desse planeta. [51]

Importante ressaltar que a formação dos direitos humanos é dinâmica, uma vez que estão intrinsicamente relacionados à identificação das prioridades que o ser humano almeja ter garantidas. [52]

[49] DUTRA, Micaela Dominguez. **A capacidade contributiva**: elo de ligação entre os direitos fundamentais e humanos e a tributação. Brasília: Instituto Brasiliense de Direito Público, 2009, p. 147.

[50] SARLET, op. cit., p. 57.

[51] Flávia Piovesan ressalta a importância da Declaração dos Direitos Humanos: "introduz ela a concepção contemporânea de direitos humanos caracterizada pela universalidade e indivisibilidade destes direitos. Universalidade porque clama pela extensão universal dos direitos humanos, sob a crença de que a condição de pessoa é o requisito único para a dignidade e titularidade destes direitos. Indivisibilidade porque a garantia dos direitos civis e políticos é condição para a observância dos direitos sociais, econômicos e culturais e vice-versa. Quando um deles é violado, os demais também o são. " PIOVESAN, Flávia. Direitos Humanos. O Princípio da Dignidade da Pessoa Humana e a Constituição Brasileira de 1988. **Revista dos Tribunais**, São Paulo, ano 94, n. 833, p. 43-45, mar. 2005.

[52] Thomas Hobbes entende que o homem é naturalmente mau e egoísta, necessitando, portanto, do Estado, formado por um pacto entre homens com o fim de obter segurança e viabilizar a vida cotidiana, o que chama de Estado Público ou Instituição, ou é constituído por meio da força natural ou de guerra, que é o Estado por aquisição. Por conseguinte, sendo o homem egoísta, igual em essência aos demais, racionaliza buscando que sejam elencadas as garantias mínimas quanto àquilo que é essencial para a vida de cada ser humano; ou seja, os direitos humanos e fundamentais que garantem o núcleo essencial de direitos que qualquer homem quer ver reconhecido.

Corroborando com a ideia de que os direitos humanos não podem ser engessados, Luño[53] os conceitua da seguinte forma:

> Um conjunto de faculdades e instituições que, em cada momento histórico, concretizam as exigências da dignidade, da liberdade e da igualdade humanas, as quais devem ser reconhecidas positivamente pelos ordenamentos jurídicos em nível nacional e internacional.

Anjos[54] aponta as seguintes características para os direitos humanos: universalidade, indivisibilidade, interdependência, unidade, inalienabilidade, irrenunciabilidade, intangibilidade, imutabilidade, imprescritibilidade e inviolabilidade.

Quanto à educação pertencer ao elenco dos direitos humanos, insta destacar que o artigo XXVI da Declaração Universal de Direitos do Homem de 1948 proclama que:

> Artigo 26
>
> 1. Todo ser humano tem direito à instrução. A instrução será gratuita, pelo menos nos graus elementares e fundamentais. A instrução elementar será obrigatória. A instrução técnico-profissional será acessível a todos, bem como a instrução superior, esta baseada no mérito.
> 2. A instrução será orientada no sentido do pleno desenvolvimento da personalidade humana e do fortalecimento do respeito pelos direitos do ser humano e pelas liberdades fundamentais. A instrução promoverá a compreensão, a tolerância e a amizade entre todas as nações e grupos raciais ou religiosos e coadjuvará as atividades das Nações Unidas em prol da manutenção da paz.
> 3. Os pais têm prioridade de direito na escolha do gênero de instrução que será ministrada a seus filhos.

Do emoldurado acima descrito, depreende-se que a educação é um direito humano, primordial à humanidade e que merece a máxima proteção e garantia. Soma-se o fato de que o preâmbulo da Declaração Universal de Direitos

[53] Apud SARLET, op. cit., 1998.

[54] ANJOS, Priscila Caneparo dos. **Direitos Humanos: evolução e cooperação internacional.** 1 ed. São Paulo: Almedina, 2021, p. 147.

do Homem de 1948 ressalta a importância do ensino e da educação como instrumento necessário para promover o respeito aos direitos e liberdades nelas insertos.

Perfilhadas as considerações acima cabe abordar se a imunidade tributária pode ser considerada um direito fundamental em nosso sistema constitucional. Nesse sentido analisa-se a correlação entre os direitos fundamentais e os tributos, para somente depois correlacionar aqueles à imunidade.

Segundo Neto[55], existem três interfaces possíveis entre direitos fundamentais e tributos, sendo elas: a) os direitos fundamentais como limites à cobrança de tributos e à edição de normas tributárias; b) a tributação como fonte de recursos para o custeio de políticas públicas voltada à implementação de direitos fundamentais; c) as normas tributárias como instrumentos extrafiscais de efetivação de direitos fundamentais.

A primeira interface toma os direitos fundamentais como típicos direitos de defesa, identificando as liberdades públicas e impondo fundamentalmente limites negativos à atuação estatal. É o caso, por exemplo, da legalidade, da anterioridade (segurança jurídica) e do não confisco.

Na segunda forma de reconhecimento, as normas tributárias são consideradas como fonte de custeio das medidas voltadas à efetivação de direitos fundamentais. Cite-se, por exemplo, a saúde, a educação, a previdência e a assistência social, que demandam prestações positivas por parte do Poder Público.

Na terceira interface, por sua vez, as normas tributárias são utilizadas para a efetivação de direitos fundamentais, tomando-os como objetivos a serem perseguidos.

Dessa forma, na atividade tributária, o Poder Público pode encontrar nos direitos fundamentais limites à sua ação objetivos a serem perseguidos ou fundamentos para instituição do tributo.

Quanto à correlação entre os direitos fundamentais e a imunidade, insta ressaltar que os direitos fundamentais são os direitos positivados na ordem constitucional de determinado país, sendo, portanto, materialmente constitucionais, uma vez que constituem junto com a definição da forma de Estado, do sistema de governo e da organização do poder, a essência do Estado de Direito.

[55] NETO, Celso de Barros Correia. **Os Tributos e os Direitos Fundamentais**. Brasília: REPATS, v. 3, nº 2, 2016, p. 276-307.

Nesse sentido, ensina-nos o Ministro Mendes[56]:

> Os direitos fundamentais são elementos integrantes da identidade e da continuidade da Constituição, considerando, por isso, ilegítima qualquer reforma constitucional tendente a suprimi-lo (art. 60, §4º)

Alexy[57] afirma que os direitos fundamentais são extraídos a partir de normas que podem ser princípios ou regras, que podem ser analisadas em três âmbitos: a) como deveres do Estado, b) direitos frente ao Estado e c) relações jurídicas entre sujeitos de direito privado.

O constitucionalismo contemporâneo trouxe a inserção de amplas declarações de direitos individuais e sociais nas Constituições atuais de vários países, dentre os quais cita-se o Brasil.

Analisando a Carta Magna em seu preâmbulo, encontramos a valorização dos direitos fundamentais da cidadania, determinando que a instituição de nosso Estado Democrático de Direitos tem por finalidade assegurar o exercício dos direitos individuais e sociais, a liberdade, a segurança, o bem-estar, o desenvolvimento, a igualdade e a justiça como valores supremos de uma sociedade fraterna, pluralista e sem preconceitos.

Entretanto, se a República Federativa do Brasil, para constituir-se em um Estado de Direito, deve fundamentar-se, dentre outros, na justiça e dignidade da pessoa humana, é imprescindível que tais direitos lhes sejam garantidos. Por tal motivo, mostra-se necessário dotar o Estado do poder de tributar para que estes fundamentos e objetivos buscados por nosso Estado sejam efetivados. No que tange à cobrança de tributos, estes devem perseguir uma tributação justa e moderada de acordo os princípios do Estado Democrático de Direitos Consagrados no texto constitucional.

O poder tributário, enquanto manifestação da capacidade ativa do ente que tributa, encontra-se limitado pelos direitos fundamentais do contribuinte. Isto significa que, ao instituir os tributos o Estado, não pode embaraçar o exercício desses direitos, estando o exercício do poder de tributar limitado pelos princípios constitucionais tributários e pelas imunidades do mínimo existencial e efeito confiscatório, limites que constituem como

[56] MENDES, Gilmar Ferreira. **Direitos Fundamentais e Controle de constitucionalidade** – Estudos de Direito Constitucional. 3ª Ed. Saraiva: São Paulo, 2004, p. 1.

[57] ALEXY, Robert. **Teoria de los derechos fundamentales**. Madrid: Centro de Estudos Constitucionales, 1993, p. 241 e 505.

verdadeiras garantias constitucionais do contribuinte decorrentes dos direitos fundamentais.

Dessa forma, ao mesmo tempo que os direitos fundamentais dão suporte à atividade tributante do Estado eles também configuram limites intransponíveis a essa atividade.

Convém ainda observar que a CF/88 trouxe diversas inovações relativas aos direitos e garantias constitucionais, dentre as quais citem-se:

a) O Título I inserto logo após o preâmbulo possui o título "Dos Princípio Fundamentais", demonstrando, portanto, em virtude de sua posição topográfica, configurar valores superiores, fundantes e norteadores de todo sistema constitucional;
b) A terminologia utilizada para o Título II – Direitos e Garantias Fundamentais reforça a ideia do caráter material dos direitos fundamentais, além do fato de consignar expressamente os direitos sociais como integrante do rol de direitos fundamentais. Ademais, a inserção do Título II ressalta a coerência interna entre os princípios fundamentais e os direitos fundamentais, uma vez que estes se justificam naqueles expressamente indicados na CF/88;
c) O Artigo 5º, §1º da CF/88, determina que as normas definidoras dos direitos e das garantias fundamentais têm aplicação imediata;
d) Os Direitos e garantias fundamentais estão insertas, conforme disposto no inciso IV, §4º do art. 60 da CF/88, no rol das cláusulas pétreas, reforçando, dessa forma, a aplicabilidade imediata das normas de direito fundamental.

Nesse diapasão, importante ressaltar que, em consonância com os ensinamentos de Canotilho, a Constituição é um sistema aberto de princípios e regras; pelo que torna-se mister trazer à baila a argumentação exarada por Sarlet de que, conforme disposição presente no parágrafo 2º do art. 5º da CF/88[58], existe, no nosso texto constitucional, um sistema de direitos

[58] "Art. 5º Todos são iguais perante a lei, sem distinção de qualquer natureza, garantindo-se aos brasileiros e aos estrangeiros residentes no País a inviolabilidade do direito à vida, à liberdade, à igualdade, à segurança e à propriedade, nos termos seguintes:
[...]
§ 2º Os direitos e garantias expressos nesta Constituição não excluem outros decorrentes do regime e dos princípios por ela adotados, ou dos tratados internacionais em que a República Federativa do Brasil seja parte.

fundamentais, aberto e reflexivo, "receptivo a novos conteúdos e desenvolvimento, integrado ao restante da ordem constitucional, além de influxos do mundo circulante".[59] Em sequência, o autor esclarece que, em virtude do aludido parágrafo, do nosso direito pátrio pode-se extrair duas espécies de direitos fundamentais: a) direitos formais e materialmente fundamentais (ancorados na Constituição formal); b) direitos apenas materialmente fundamentais (sem assento constitucional).

Quanto à correlação existente entre os direitos fundamentais e a imunidade, Torres[60] nos ensina que:

> A imunidade é, portanto, intributabilidade, impossibilidade de o Estado criar tributos sobre o exercício dos direitos da liberdade, incompetência absoluta para decretar impostos sobre bens ou coisas indispensáveis à manipulação da liberdade, não incidência ditada pelos direitos humanos e absolutos anteriores ao pacto constitucional.

Nesse cenário, Costa[61] defende que imunidade em nosso ordenamento jurídico constitui a aplicação do princípio da não obstância do exercício de direitos fundamentais por via da tributação, que segundo a aludida autora pode ser definido da seguinte forma:

> Trata-se de princípio implícito no texto constitucional, extraído das normas que afirmam os diversos direitos e liberdades individuais e coletivos nele consagrados, combinadas com aquelas que regram a atividade tributante. Assim, se a Lei Maior assegura o exercício de determinados direitos, que qualifica como fundamentais, não pode tolerar que a tributação, também constitucionalmente disciplinada, seja desempenhada em desapreço a esses mesmos direitos.

Assim, tendo em vista que os direitos fundamentais podem existir fora do catálogo, e decorrer de princípios e regras adotados pela própria Constituição, as imunidades enquadram-se no conceito de direito fundamental, uma vez que visam a garantir os exercícios de direitos considerados fundamentais, tais como a educação.

[59] SARLET, op. cit., p. 32.
[60] TORRES, Ricardo Lobo. **Os Direitos Humanos e a Tributação** – Imunidade e Isonomia. Rio de Janeiro, Renovar, 1995, p. 36-37.
[61] COSTA, op. cit., p. 79.

Em sentido semelhante, sustentando que a característica de direito fundamental marca a natureza da imunidade, Torres afirma que "... a liberdade individual é que se autolimita, abrindo espaço para a atuação limitada do poder estatal. Há reserva de direitos humanos diante da fiscalidade".

É preciso ainda destacar o posicionamento de Costa quanto à "dúplice natureza" do instituto:

> De um lado, exsurge a imunidade como norma constitucional demarcatória de competência tributária, por continente de hipótese de intributabilidade, e, de outro, constitui direito público subjetivo das pessoas diretas ou indiretamente por ela favorecidas.[62]

Desta forma, convém ressaltar que as regras de imunidade tributária, além de configurarem normas de direito fundamental, também são instrumento de proteção de outros direitos fundamentais. As imunidades são normas de direito fundamental porque, como visto, têm fundamento na "...liberdade individual, entendida em sua dimensão absoluta"[63], como afirma Torres, mas também, conforme Costa, elas servem para "...garantir que (...) a tributação não amesquinhe o exercício de direitos constitucionalmente contemplados"[64], dessa forma as normas imunizantes constituem, ao mesmo tempo, direitos e garantias de outros direitos.

Insta ainda observar que decorrem da aludida classificação de que a imunidade é um direito fundamental as seguintes conclusões: a imunidade possui aplicação imediata (art. 5º, §1º CF/88) e pode ser considerada uma cláusula pétrea (art. 60, §4º, inciso IV, CF/88).

Na síntese de Ávila:

> (...) os fatos, situações e pessoas excluídos do poder de tributar do Estado correspondem a fatos, situações ou pessoas vinculadas a finalidades que devem ser estimuladas pelo próprio Estado: o dever de o Estado garantir a estrutura federativa implica excluir de cada ente federado o poder de tributar o patrimônio, renda ou serviços dos outros (art. 150, inc. VI, a); a obrigação de o Estado estimular e garantir a liberdade religiosa e de culto implica excluir da tributação os templos de qualquer culto (art. 150,

[62] COSTA, op. cit., p. 53.

[63] TORRES, Ricardo Lobo. **Os Direitos Humanos e a Tributação** – Imunidade e Isonomia. Rio de Janeiro, Renovar, 1995, p. 62.

[64] COSTA, op.cit.., p. 84.

> inc. VI, b); o dever de o Estado garantir o processo democrático, erradicar a pobreza e promover o desenvolvimento social implica excluir da tributação o patrimônio, renda ou serviços dos partidos políticos, das entidades sindicais dos trabalhadores, das instituições de assistência social sem fins lucrativos (art. 150, inc. VI, c); a tarefa de o Estado estimular a difusão de ideias implica a proibição de tributar os livros e periódicos (art. 150, inc. VI, d). Isso equivale a dizer que as causas justificativas das imunidades consistem em facilitar, por meio da exclusão de encargos tributários, a consecução de finalidades que devem ser perseguidas pelo próprio Estado.[65]

Concernente à educação tem-se que o artigo 205 da Lei Maior é expresso ao afirmar que se trata de um direito de todos e dever do Estado e da família, será promovida e incentivada com a colaboração da sociedade, visando ao pleno desenvolvimento da pessoa, seu preparo para o exercício da cidadania e sua qualificação para o trabalho. Essa imunidade, conforme se depreende do ensinamento de Ávila, encontra fundamento no dever de o Estado erradicar a pobreza e promover o desenvolvimento social.

Ademais conforme afirma Carvalho, as instituições de educação desenvolvem uma atividade básica, que, a princípio, cumpriria ao Estado desempenhar.[66] Desta forma, o direito à educação deve ser tutelado pela atividade tributante, não podendo ser tolhido mediante a adoção, pelo Estado, de mecanismos de propósito meramente arrecadatório. Nesse diapasão, a regra imunizante prevista no artigo 150, VI, "c" da CF/88, objeto desta obra, vem a instrumentalizar o afastamento da possibilidade de tributação das instituições de educação sem fins lucrativos, revelando-se como instrumento de proteção do direito fundamental da educação, expresso no artigo 205 da CF/88.

Como fundamento dessa imunidade, Torres ensina que deriva da proteção dos direitos da liberdade, compreendidos no mínimo existencial, nas condições iniciais para a garantia da igualdade de chances. E continua o autor:

> As instituições de educação e de assistência social são imunes aos impostos em consideração ao direito de sobrevivência dos pobres e dos desassistidos. É necessário que atuem desinteressada e altruisticamente

[65] ÁVILA, Humberto Bergmann. Estatuto do Contribuinte: conteúdo e alcance. **Revista Diálogo Jurídico**. Salvador. CAJ – Centro de Atualização Jurídica, v. I, nº. 3, junho, 2001. Disponível em: http://www.direitopublico.com.br. Acesso em: 06 de setembro de 2021.

[66] CARVALHO, op. cit., p. 122.

> na proteção das camadas desprivilegiadas da sociedade. A justificativa da imunidade, por conseguinte, está em que não se pode cobrar imposto sobre atividade que substancialmente se equipara à própria ação estatal.[67]

No mesmo sentido, Costa, ao afirmar que a razão da vedação constitucional da exigência de impostos seria a realização pelas instituições de educação de atividade própria do Estado, ajudando, assim, a suprirem a deficiência estatal na seara educacional[68].

1.1.6 Imunidade tributária e igualdade

Conforme ensina Vieira e Valle[69], "nos estatutos constitucionais hodiernos, o valor da justiça depara sua concretude, primordialmente, pela mão da igualdade". [70]

Nesse mesmo sentido, pronuncia-se Borges: "A isonomia é na Constituição ... o princípio – o mais originário na ordem do conhecimento, o outro nome da justiça".[71]

[67] TORRES, Ricardo Lobo. **Os Direitos Humanos e a Tributação** – Imunidade e Isonomia. Rio de Janeiro, Renovar, 1995, p. 62.

[68] COSTA, op. cit., p. 174-175.

[69] VIEIRA, José Roberto; VALLE, Maurício Dalri Timm do. **Direito Constitucional Tributário Comparado Latino Americano**: uma Perspectiva Copernicana. Revista de Direito Tributário Atual nº 47. Instituto Brasileiro de Direito Tributário, p. 329.

[70] Rawls apresenta uma teoria da justiça como equidade, por meio da qual a sociedade deve se basear em sistema de cooperação equitativo e seus indivíduos tomam parte de forma livre e igual. Para tanto, Rawls propôs um modelo com dois termos-chave para compreendê-lo: a posição original e o véu da ignorância. As partes contratantes, sujeitos livres e iguais, colocam-se dentro de um procedimento mental estabelecido através da posição original e do véu da ignorância, como explica John Rawls: "Em primeiro lugar, ninguém sabe qual é o seu lugar na sociedade, a sua posição de classe ou seu status social; além disso, ninguém conhece a sua sorte na distribuição de dotes naturais e habilidades, sua inteligência e força, e assim por diante. Também ninguém conhece a sua concepção do bem, as particularidades de seu plano de vida racional, e nem mesmo os traços característicos de sua psicologia, como por exemplo a sua aversão aos riscos ou sua tendência ao otimismo ou ao pessimismo. Mais ainda, admito que as partes não conhecem a posição econômica e política dessa sociedade, ou o nível de civilização e cultura que ela foi capaz de atingir. As pessoas na posição original não têm informação sobre a qual geração pertencem. " Por meio do experimento, Rawls defende que as pessoas tenderiam a assumir posições de acordo não com interesses não particulares, mas sim com o interesse comum. RAWLS, John. **Uma teoria da justiça**. São Paulo: Martins Fontes, 2000.

[71] BORGES, José Souto Maior. **A isonomia tributária na Constituição Federal de 1988**. Revista de Direito Tributário n. 64. São Paulo: Malheiros, 1995, p. 11.

Segundo Nunes:

> A noção de *igualdade*, por sua vez, é uma das causas de políticas públicas afirmativas e se confunde com o próprio conceito de justiça, esta compreendida no terreno da justiça social ou distributiva, ou ainda, da justiça econômica. Tal compreensão é a aptidão das sociedades de distribuírem os bens produzidos ao maior número possível de pessoas, ainda que estes sejam escassos, respeitadas, evidentemente, a propriedade e a liberdade dos indivíduos como direito fundamental. Essa argumentação tem a ver com as noções de justiça distributiva como emblema do Estado moderno e das políticas intervencionistas que marcaram, e ainda marcam, a ideia de bem-estar social.[72]

Importante ressaltar que o princípio da igualdade é dotado de um caráter fundamental e nuclear no ordenamento jurídico brasileiro. Nas palavras de Borges, "ele penetra, como uma linfa, os demais direitos e garantias constitucionais, perpassando-lhes o conteúdo normativo".[73]

Na atual Carta Magna, o caput do seu art. 5º dispõe sobre o princípio da igualdade ao prescrever que "todos são iguais perante a lei, sem distinção de qualquer natureza", vedando assim as diferenciações não justificáveis pela própria Constituição Federal, limitando a atuação do legislador e do intérprete.

Ainda é possível verificar que sua alusão não está apenas restrita à menção do referido dispositivo, mas sua consagração está pulverizada em toda a Carta Política, fazendo-se referência à igualdade de gêneros (art. 5, I, CF/88); induzindo as políticas públicas no sentido de reduzir as desigualdades sociais e regionais (art. 3º, III, CF/88) e em tantas outras situações.

A respeito da isonomia tributária, merece destaque a inteligência do art. 150, inciso II da CF/88, que carrega consigo a formulação aristotélica sobre a igualdade tributária:

> Art. 150. Sem prejuízo de outras garantias asseguradas ao contribuinte, é vedado à União, aos Estados, ao Distrito Federal e aos Municípios:
>
> (.......)

[72] NUNES, Cleucio Santos. **Igualdade como causa central das ações afirmativas**. Disponível em: https://www.conjur.com.br/2015-mai-13/cleucio-nunes-igualdade-causa-central-acoes-afirmativas, acesso em 11 de setembro de 2021.

[73] BORGES, José Souto Maior. **Significação do princípio da isonomia na Constituição de 1988**. Revista trimestral de Direito Público n. 15. São Paulo: Malheiros, 1996, p. 30.

> II – instituir tratamento desigual entre contribuintes que se encontrem em situação equivalente, proibida qualquer distinção em razão de ocupação profissional ou função por eles exercida, independentemente da denominação jurídica dos rendimentos, títulos ou direitos;

Ademais, insta observar que o princípio da igualdade tem duas vertentes: a formal e a material, ou seja, perante a lei e na lei.

Valle define igualdade formal como "aquela em que todos são tratados de forma igual, sem se atentar para as especificidades de cada um"[74] e defende uma igualdade não apenas perante a lei, mas na lei.

Nesse mesmo sentido, Vieira ao informar que quanto à igualdade perante a lei, trata-se de "...igualar os indivíduos em face das leis"[75], ressalta ainda o nobre autor que esse não é o alcance da igualdade como explica Kelsen, pois "... apenas se estabelece que os órgãos aplicadores do Direito somente podem levar em conta aquelas diferenciações que sejam feitas nas próprias leis a aplicar"[76].

A igualdade material, por sua vez, segundo Costa[77], é a igualdade ideal, por meio da qual todos têm acesso equânime aos recursos e direitos, patamar jamais alcançado; já a igualdade formal diz respeito às discriminações autorizadas por lei.

Quanto ao conceito, Ávila define a igualdade como "sendo a relação entre dois ou mais sujeitos, com base em medida (s) ou critério (s) de comparação, aferidos por meio de elemento (s) indicativo (s), que serve (m) de instrumento de uma determinada finalidade", e continua afirmando:

> Ademais, diz-se na doutrina, que a igualdade deve ser direcionada tanto ao legislador quanto ao aplicador da lei, fazendo-se menção, reiteradas vezes, ao pensamento aristotélico de que se deve tratar os iguais igualmente, e desigualmente os desiguais, na medida de sua desigualdade. [78]

[74] VALLE, Maurício Dalri Timm do. **Princípios Constitucionais e Regras-Matrizes de Incidência do Imposto Sobre Produtos Industrializados** – IPI. 1ª. ed. São Paulo: Noeses, 2016, p 453.

[75] VIEIRA, José Roberto. **Princípios Constitucionais e Estado de Direito**. Revista de Direito Tributário, São Paulo: RT, n. 54, p.95-104, out/dez 1990, p. 97.

[76] HANS KELSEN, *apud* VIEIRA, idem.

[77] COSTA, Regina Helena. **O princípio da Capacidade Contributiva**, 3 ed. São Paulo: Malheiros, 2003, p. 35

[78] ÁVILA, HUMBERTO. **Teoria da Igualdade Tributária**. 3 ed. São Paulo: Malheiros, 2015, p. 45.

Pensamento reiterado por Barbosa, em "Oração aos moços" da seguinte forma:

> A regra da igualdade não consiste senão em quinhoar desigualmente aos desiguais, na medida em que se desigualam. Nessa desigualdade social, proporcionada à desigualdade natural, é que se acha a verdadeira lei da igualdade (...). Tratar com desigualdade a iguais, ou a desiguais com igualdade, seria desigualdade flagrante, e não igualdade real. [79]

Nesse mesmo sentido, Alexy afirma que o direito geral da igualdade deriva não só de um dever de trato igual como também de um dever de trato desigual pelo legislador. É essa medida de *discrimen* que traz os maiores problemas. Para tal é preciso uma valoração correta, de forma a demarcar os limites de diferenciação. [80]

Ao analisar o princípio da igualdade, Alexy parte das seguintes fórmulas estabelecidas pelo Tribunal Constitucional da Alemanha, a saber: a) o legislador está proibido de tratar o igual desigualmente; b) o legislador está proibido de tratar o essencialmente igual desigualmente; c) o legislador está proibido de tratar o essencialmente igual de modo arbitrariamente desigual; d) existe uma igualdade essencial se e somente se um tratamento desigual for arbitrário; e) o igual não deve ser tratado de modo arbitrariamente desigual; f) estão proibidos os tratamentos arbitrariamente desiguais.

Assim sendo, Alexy, ao delimitar esses limites legais à discriminação, enuncia o que chama de "...mandado de tratamento igual",[81] segundo o qual "...se não há nenhuma razão suficiente para a permissão de um tratamento desigual, então está ordenado o tratamento igual". Por outro lado, também notifica o "...mandado de tratamento desigual" afirmando que "...se há uma razão suficiente para ordenar um tratamento desigual, então está ordenado o tratamento desigual".[82]

[79] BARBOSA, Rui. **Oração aos moços**. Disponível em: https://www.literaturabrasileira.ufsc.br/_documents/0006-01488.html. Acesso em 07 de setembro de 2021

[80] ALEXY, op. cit., p. 388-395.

[81] Ibid., loc. cit.

[82] Ibidem, p. 397.

Costa, por sua vez, cita quatro hipóteses, defendidas por Melo, em que a lei pode estabelecer discriminações sem agredir o princípio da isonomia, quais sejam:

> 1) que a discriminação não atinja de modo atual e absoluto um só indivíduo;
> 2) que o fator de desigualação consiste num traço diferencial residente nas pessoas ou situações, vale dizer, que não lhe seja alheio;
> 3) que exista um nexo lógico entre o fator de discrímen e a discriminação legal estabelecida em razão dele, e
> 4) que, no caso concreto, tal vinculo de correlação seja pertinente em função dos interesses constitucionalmente protegidos, visando o bem público, à luz do texto constitucional.[83]

Com relação às normas tributárias, e, portanto, à igualdade como princípio constitucional tributário, o critério quanto ao fator de *discrimen* é a capacidade contributiva, como assevera Ávila em obra diversa:

> As normas tributárias dirigem-se à concretização de diversos fins. E, ao fazê-lo, restringem bens jurídicos distintos. (...). Quando os impostos possuírem uma justificação e uma finalidade fiscal, enquanto instituídos com o fim preponderante de obter receitas dos particulares, o princípio da capacidade contributiva será a medida de diferenciação entre os contribuintes. O parágrafo 1º do artigo 145 da Constituição determina que os impostos "terão caráter pessoal e serão graduados segundo a capacidade econômica do contribuinte" Importa dizer: o critério de aplicação da igualdade entre os contribuintes com a finalidade de pagar impostos é a sua própria capacidade econômica. Como a distinção entre os contribuintes é feita com base em elementos residentes neles próprios e a finalidade da tributação é a própria distribuição igualitária da carga tributária, critério e finalidade, antes de se afastarem, aproximam-se, para consubstanciar uma só equação: a imposição deve corresponder à capacidade contributiva.[84]

[83] COSTA, Regina Helena. **O princípio da Capacidade Contributiva**, 3 ed. São Paulo: Malheiros, 2003, p. 37.

[84] ÁVILA, Humberto Bergmann. **Estatuto do Contribuinte: conteúdo e alcance.** Revista Diálogo Jurídico. Salvador. CAJ – Centro de Atualização Jurídica, v. I, nº. 3, junho, 2001. Disponível em: http://www.direitopublico.com.br. Acesso em: 06 de setembro de 2021.

Sob o prisma da efetivação da equidade no direito tributário, Nunes nos ensina:

> No direito tributário, principalmente quando se considera uma sociedade de massa e a indisponibilidade da receita pública, a equidade terá de ser incorporada à lei abstrata, de modo a otimizar a ideia de justiça tributária do caso concreto com base nos instrumentos oferecidos pela lei. O princípio norteador da equidade no sistema de tributação há de ser o da capacidade contributiva, e as regras utilizadas para sua efetivação podem ser colocadas em uma ordem serial de efetividade em que progressividade aparece em primeiro lugar, seguida de seletividade, pessoalidade e proporcionalidade. Cabe, pois à lei tributária inserir esses instrumentos equitativos no texto legal a fim de cumprir o valor da equidade no direito tributário.[85]

Nesse contexto, torna-se mister ressaltar que alguns autores defendem que a capacidade contributiva está compreendida no princípio da igualdade, enquanto para outros possui conteúdo próprio; mas fato é que "igualdade está na essência da capacidade contributiva"[86]; pelo que não se pode ter justiça tributária unicamente com base no conceito de capacidade contributiva.

Para alcançarmos uma justiça tributária, devemos também relacionar a Igualdade Tributária contributiva com outras bases constitucionais, como a Legalidade, uma vez que a Lei, no Estado de direito, é que vai estabelecer as hipóteses de incidência dos impostos, figurando como uma garantia da justiça tributária e da segurança jurídica, estruturas fundamentais de um Estado de Direito.[87]

[85] NUNES, Cleucio Santos. **Equidade e Justiça como fundamentos de um sistema tributário democrático.** In: Tributação Temas Atuais, coord. OLIVEIRA, Eduardo Alves de; SILVA, Verônica Aparecida Magalhães da. 1 ed. Barueri:Atlas, 2022, p. 406 e 407

[86] COSTA, Regina Helena. **Curso de Direito Tributário**: Constituição e Código Tributário Nacional. 9 ed. Saraiva. 2018

[87] Torres argumenta que "a equidade desempenha singular papel na fase de elaboração das normas de direito tributário, que devem observar a maior discriminação possível entre as situações individuais". TORRES, Ricardo Luiz Lobo. **Tratado de Direito Constitucional Financeiro e Tributário:** valores e princípios constitucionais tributários. V. II. Rio de Janeiro: Renovar, 2005, p. 165.

Tamanha é a relação entre os dois princípios que Borges defende possível a construção não de legalidade e isonomia, mas de apenas um princípio, que chama de legalidade isônoma:

> Não somos iguais, homens e mulheres, diante de atos infralegais (decretos, portarias, instruções, ordens de serviço, resoluções, pareceres, normativos etc.). Pobre direito seria a isonomia se adentrada apenas nesses atos infralegais. Uma contrafacção da segurança. Somos iguais diante da lei (igualdade formal) e na lei (igualdade material). A metalinguagem doutrinária não está adstrita à repetição servilmente literal da linguagem-objeto, a do ordenamento constitucional. Por isso pode descrever a relação entre isonomia e legalidade como uma relação conversa: nenhuma isonomia, sem legalidade; nenhuma legalidade, sem isonomia. E enunciar por esta via um só princípio, um só direito-garantia, a legalidade isônoma: ninguém deve fazer ou deixar de fazer alguma coisa senão em virtude de lei isônoma.[88]

No mesmo sentido, e com amparo na visão de Souto Maior, Ávila afirma que "...não há igualdade sem lei abstrata e geral. Daí a essencial unidade entre legalidade e igualdade..."[89].

Ademais a equidade pode ser conceituada em dois tipos: horizontal e vertical.

Dizemos que o sistema tributário é equitativo horizontalmente quando os iguais, os que possuem o mesmo nível de renda e consumo, são tratados da mesma forma.

Conti[90] defende que:

> (...) tributação em face da equidade horizontal é relativamente simples, na medida em que se utiliza a hipótese convencional da teoria do bem-estar, de que a utilidade marginal da renda é decrescente, podendo ser medida

[88] BORGES, José Souto Maior. **O princípio da segurança jurídica na criação e aplicação do tributo**. Revista Diálogo Jurídico. Salvador: CAJ – Centro de atualização jurídica, n. 13, abr./mai., 2002. Disponível na Internet: http://www.direitopublico.com.br. Acesso em 06 de setembro de 2021.

[89] ÁVILA, Humberto Bergmann. Estatuto do Contribuinte: conteúdo e alcance. **Revista Diálogo Jurídico**. Salvador. CAJ – Centro de Atualização Jurídica, v. I, nº. 3, junho, 2001. Disponível em: http://www.direitopublico.com.br. Acesso em: 06 de setembro de 2021.

[90] CONTI, José Maurício. **Princípios Tributários da Capacidade Contributiva e da Progressividade**. São Paulo: Dialética. 1996, p.73

> cardinalmente e é igual para todos os indivíduos. Assim, as pessoas com a mesma renda, ao pagarem os mesmos impostos, sofrem o mesmo sacrifício (ou abrem mão da mesma utilidade). É suficiente que se instituam impostos proporcionais à capacidade econômica de cada contribuinte para que se tenha a equidade horizontal.

Já a equidade vertical apresenta algumas dificuldades, pois esta se propõe a estabelecer uma carga tributária de acordo com as diferentes capacidades contributivas, diferenciando os desiguais.

De acordo com Conti,[91] a equidade vertical poderá apresentar-se como: a) proporcional, quando o tributo se eleva na mesma proporção do aumento da renda; b) menos que proporcional (regressiva), quanto menor a renda maior a carga tributária; e c) mais que proporcional (progressiva), na qual a carga tributária aumenta de acordo com o aumento da renda.[92]

Nunes[93] argumenta ser uma decisão política a escolha da modalidade de equidade e cita Murphy e Nagel, quando estes explicam que a equidade vertical concentra "as exigências da justiça quanto ao tratamento tributário de pessoas com níveis diversos de renda (ou de consumo, ou de qualquer que seja a base tributária) ".

Resumindo, podemos dizer que o tributo é equitativo quando trata pessoas que se encontram em situação semelhante de modo equivalente (equidade horizontal) e pessoas que se encontram em situação diferente de modo diverso (equidade vertical).

Concernente à correlação existente entre o princípio da igualdade e a imunidade tributária importante ressaltar que a exoneração tributária concedida mediante a imunidade deve ir ao encontro da justiça social, distributiva e econômica, ou seja, deve visar a igualdade por meio da qual todos tenham acesso equânime aos direitos e garantias constitucionalmente protegidos. Nesse sentido, deve ser analisada sob a vertente da igualdade material de forma a refletir acerca do fator de *discrimen* que justifica a sua concessão.

Quanto à imunidade tributária das instituições de educação prevista no artigo 150, VI, "c" da CF/88, perfilhamos o entendimento de que o fator de discriminação na qual se sustenta a exoneração fiscal consiste no importante papel que essas entidades desempenham ao fornecer à sociedade, de forma

[91] CONTI, op. cit., p. 74.

[92] De acordo com a Constituição Federal, artigo 153, §2º, I, utilizamos no Brasil o sistema de equidade mais que proporcional, embora, na prática, prevaleça a menos que proporcional.

[93] NUNES, Cleucio Santos. **Justiça tributária**. Belo Horizonte: Fórum, 2019, p. 115.

complementar ao Ente Político, um serviço de educação inclusivo e de qualidade almejado pela nossa Constituição Federal de 1988, visando o pleno desenvolvimento da pessoa, seu preparo para o exercício da cidadania e a sua qualificação para o trabalho. Diante do exposto, sob o prisma da igualdade, no intuito de alcançar a justiça social almejada pela CF/88 torna-se mister que os requisitos e contrapartidas materiais exigidos dessas entidades para o enquadramento e fruição desse beneplácito constitucional sejam descritos de forma a compensar a exoneração fiscal decorrente da imunidade com externalidades sociais na seara educacional.

1.1.7 Imunidade tributária e capacidade contributiva

A distribuição da carga tributária de acordo com a capacidade contributiva dos indivíduos traz a ideia de que os tributos, tendo como escopo final o bem comum, devem amoldar-se às situações individuais, de modo a propiciar uma posição isonômica dos contribuintes no que se refere ao seu sacrifício individual em prol do interesse coletivo, sem deixar de lado a correlação que inevitavelmente é estabelecida entre a Capacidade Contributiva, os Direitos Fundamentais e a Tributação.

Para sua correta aplicação, ela deve ser analisada sob o ponto de vista estrutural, ou seja, relacionando-se com a possibilidade de suportar o pagamento de determinado tributo e também sob a vertente funcional, que permite a identificação dos iguais e dos desiguais dentre todos os indivíduos.

Nunes[94] conceitua capacidade contributiva da seguinte forma:

> Por capacidade contributiva pode-se entender a aptidão dos indivíduos em contribuir para o custeio das despesas públicas, mediante vínculo criado por lei, devendo-se buscar a máxima distribuição equitativa da carga tributária entre os contribuintes, respeitado o mínimo existencial, independentemente de qualquer benefício entregue pelo Estado de forma específica e direta ao contribuinte.

Quanto à justa distribuição da carga tributária, insta, preliminarmente destacar as diferenças existentes entre a teoria do benefício e a teoria da capacidade contributiva, esta chamada de sacrifício comum.

[94] NUNES, op. cit., p. 57.

O princípio do benefício, seguindo a lógica das relações comerciais, defende que o valor total dos impostos pago por cada contribuinte deve corresponder ao valor dos benefícios totais que o indivíduo colhe dos bens públicos.

> Tal afirmación refleja claramente el ideario económico liberal o individualista al que responde. El tributo trata de asimilarse a la imagem del precio pagado libremente entre indivíduos libres en un mercado de libre concurrencia. En este mercado cada indivíduo paga el precio de un bien porque de él deriva una utilidad. Porque con él satisface una necesidad. El cambio del bien por el precio se hace en tanto sea vantajoso para las dos partes[95].

A teoria do benefício guarda relação com o ideário econômico liberal, na qual a decisão de pagar determinado preço por um produto depende da utilidade que este pode oferecer ao adquirente.

Importante ressaltar que a teoria da utilidade é muito utilizada na ciência econômica para explicar como consumidores ou tomadores de decisões realizam suas escolhas da melhor forma. A utilidade é uma unidade teórica usada para medir a satisfação obtida com o consumo de um produto ou serviço. Assim, o consumidor em sua tomada de decisão irá preferir o bem que lhe oferecer uma maior utilidade.

Para melhor entendimento do que vem a ser a utilidade, Varian[96] nos ensina:

> As preferências do consumidor são a descrição fundamental para analisar a escolha, enquanto a utilidade constitui apenas uma forma de descrever as preferências. A função de utilidade é um modo de atribuir um número a cada possível cesta de consumo, de modo que se atribuam às cestas mais preferidas números maiores que os atributos às menos preferidas. Isto é, a cesta (x1, x2) será preferida à (y1, y2) se e somente se a utilidade de (x1, x2) for maior que a utilidade de (y1, y2).

[95] FERREIRO, José Juan Lapatza. **Curso de Derecho Financiero español**. Madrid: Macial Pons, 1992. p. 319.

[96] VARIAN, Hal R., trad. Regina Célia Simile de Macedo.**Microeconomia: uma abordagem moderna.** 9 ed. Rio de Janeiro: Elsevier, 2016. p. 51 e52

Na teoria do benefício, o argumento mercadológico seria utilizado para explicar a relação entre poder público e contribuinte, cabendo a este definir e escolher o momento que estaria disposto a receber serviços públicos e arcar com custos destes por via de consequência.

A vantagem da teoria do benefício é a correlação direta entre as receitas e as despesas de um orçamento. Apesar de simples na sua aplicação, a implantação de impostos segundo essa lógica encontra dificuldades, mormente na delimitação do universo dos contribuintes, que poderá ser menos ou mais complexa, consoante estejam em causa utilidades divisíveis ou indivisíveis. Para além disso, é necessário proceder à determinação da medida dos benefícios auferidos por cada um dos utilizadores desses bens ou serviços públicos. Ora, não é fácil proceder à identificação e correspondente quantificação dos benefícios dos utentes ou dos custos desses serviços – solução mais corrente –, de forma a encontrar o "preço" justo a cobrar pela sua disponibilização aos respectivos utilizadores.

Nabais[97] é expresso ao afirmar que a teoria do benefício ao refletir uma capacidade contributiva totalmente objetiva está longe de revelar a efetiva capacidade dos contribuintes. Ademais afirma o autor que o princípio é de todo impraticável:

> De um lado, há benefícios do estado que não podem ser contrabalançados com impostos, como acontece com o benefício na redistribuição dos rendimentos, que em maior ou menor medida se aceita que o estado leve a cabo, nomeadamente para erradicar a pobreza. De outro lado, não é possível conhecer, nem ao menos de maneira aproximada, o benefício que cada indivíduo recebe dos bens públicos e, portanto, o preço (ou o imposto que lhe há-de ser cobrado) pela unidade de cada um desses bens, uma vez que se dirigindo tais bens à satisfação de necessidades coletivas, estas são satisfeitas de modo passivo e, por isso, independentemente de qualquer procura.

Por sua vez, o princípio do sacrifício comum, a contrário sensu do princípio do benefício, afirma que distintamente da lógica do mercado, os contribuintes são instados a pagar os tributos em razão de suas capacidades

[97] NABAIS, José Casalta. **O dever fundamental de pagar impostos**: contributo para a compreensão constitucional do estado fiscal contemporâneo. Coimbra: Almedina, 2009, p. 450.

econômicas, não obstante a utilidade ou o benefício que obtenham diretamente dos bens ou serviços públicos oferecidos.

Nabais[98] conceitua o princípio do sacrifício comum da seguinte forma:

> Uma grandeza subjetiva que situa a igualdade fiscal na igualdade dos sacrifícios, expresso na renúncia à satisfação das necessidades privadas que vai implicada no pagamento dos impostos. Isto é, uma tributação em conformidade com o princípio da capacidade contributiva será assegurada quando todos os contribuintes suportem, em consequência do pagamento dos seus impostos, um sacrifício (considerado) igual.

Dessa forma, a abordagem da capacidade contributiva trata as receitas do governo e as despesas separadamente.

Todavia, também a esse princípio levantam-se objeções, cujas limitações, segundo Nabais, podem ser elencadas da seguinte forma: a) mensuração da utilidade e , portanto, a sua perda (sacrifício); b) dificuldade de comparar as utilidades proporcionadas pelos rendimentos e os sacrifícios causados pelos impostos aos diversos contribuintes; c) dificuldade de afirmar a identidade das curvas de utilidade (total e marginal) dos rendimentos dos indivíduos; d) dificuldade de assegurar a natureza decrescente da utilidade; e) garantia de que um rendimento superior a outro propicia uma utilidade total superior a desse outro rendimento; e f) mensuração da medida de diferença das utilidades.

Em que pese o princípio da capacidade contributiva, em virtude das suas deficiências apontadas, não ser muito encorajador para a afirmação e concretização dum sólido princípio jurídico–constitucional da capacidade contributiva, pode o mesmo ser considerado o princípio dominante nas jurisdições constitucionais instituídas no segundo pós-guerra.

O aumento das complexidades sociais e o crescimento populacional dos grandes centros e das diferenças econômicas dos indivíduos fez com que a teoria do benefício econômico não fosse mais capaz de justificar o pagamento de tributos fundados na lógica linear de que o contribuinte teria de financiar o estado na medida que dele demandasse. Ademais, as demandas por um Estado Social, implicou na construção de um conceito de capacidade contributiva com objetivos extrafiscais. Ou seja, a tributação em seu cálculo

[98] NABAIS, op. cit., p. 452.

deixa de adotar como critérios parâmetros meramente financeiros e adota o critério da capacidade contributiva como um instrumento de justiça social.

Quanto à introdução da locução Capacidade Contributiva como objeto de preocupação da Ciência Jurídica, vale destacar que a Escola de Pavia, criada em 1929 pelo italiano Grizziotti, foi a primeira que buscou superar o seu significado genérico. Pare ele a locução explica a distribuição dos gastos públicos mediantes impostos, tanto diretos como indiretos, e indica que a aplicação das cargas se efetua sem levar em conta o proveito, por parte dos contribuintes dos diversos serviços públicos. A capacidade contributiva seria a potencialidade que possuem os submetidos à soberania fiscal para contribuir para os gastos públicos. Falecia a ideia da contraprestação, cujo aspecto remontava às ideias de contrato social de Rousseau.

Tratava-se de uma Teoria de Causalidade que subordinava o tributo ao bem comum. Reconhecer uma contraprestação do Estado à Sociedade, e não a cada contribuinte, como causa final do imposto. Griziotti afastou da construção da causa do imposto o elemento subjetivo da Capacidade Contributiva, ou seja, são os elementos objetivos, as vantagens gerais da pertença a uma comunidade política, econômica, social e as vantagens particulares decorrentes da atividade do Estado, que constituem a causa da obrigação tributária.

Jarach negava a teoria de Grizziotti, sustentando que a causa da tributação seria a capacidade contributiva, ou seja, a capacidade de as pessoas contribuírem é que determinaria o montante das despesas públicas e não o contrário.

Em um segundo momento Grizziotti em atenção às críticas proferidas por seus seguidores, em especial Jarach, modificou seu pensamento, estendendo a ideia de causa à doutrina geral, vinculando-a com a Capacidade Contributiva, mas de aplicação específica.

Giannini criticava Grizziotti afirmando ser a lei a causa jurídica dos tributos constituindo a Capacidade Contributiva mera causa pré-jurídica. A teoria da consideração econômica do fato gerador encontrou apoio em Falcão[99] que assim preconizou:

> Quando a lei tributária indica um fato, ou circunstância, como capazes de, pela sua configuração, dar lugar a um tributo, considera esse fato em sua consistência econômica e o toma como índice da capacidade contributiva. A referência é feita, sempre, à relação econômica.

[99] FALCÃO, Amílcar de Araújo. **Fato gerador da obrigação tributária**. 6. ed. Rio de Janeiro: Forense, 1997, p. 79.

Importante ainda ressaltar que existem, na visão de Taboada[100], três fases na evolução da noção de capacidade contributiva, quais sejam: na primeira delas a noção surgia como um princípio de justiça-os impostos devendo ser graduados conforme a riqueza de cada indivíduo; na segunda fase é considerado um princípio de observância necessária para a realização do princípio da igualdade em sentido formal; e na terceira fase passa a ser visto como um princípio dotado de conteúdo autônomo.

Quanto à consagração do princípio da capacidade contributiva no atual texto constitucional brasileiro, destaca-se que a CF/88 o consignou de maneira expressa em seu art. 145, § 1º, que dispõe: "sempre que possível, os impostos terão caráter pessoal e serão graduados segundo a capacidade econômica do contribuinte (...). "[101]

Destaca-se que o princípio da capacidade contributiva, inserto no artigo 145, §1º da CF/88, apresenta-se não somente como um eficaz instrumento de justiça fiscal, mas também como um corolário lógico do princípio da igualdade, básico em todo e qualquer regime democrático de direito. Ele é o fator de *discrimen,* elemento de desigualação, que permite tratar os desiguais de forma desigual e assim alcançar a igualdade material.

Tendo em vista que a norma inserta no parágrafo 1º do artigo 145 da CF/88 traz em seu bojo que os contribuintes deverão ser graduados conforme sua capacidade econômica, e visando melhor analisar a definição e abrangência da interfase existente entre a imunidade tributária e o princípio da capacidade contributiva, torna-se mister estabelecer a distinção entre capacidade econômica, contributiva e financeira.

Zilveti afirma que a polêmica existente na discussão entre capacidade econômica e contributiva é desprovida de sentido para o direito brasileiro e que estas devem ser reputadas como sinônimas, uma vez que a primeira é sempre presumida em relação à segunda, e sem a qual a tributação não seria possível.[102]

[100] TABOADA, Carlos Palao. Isonomia e capacidade contributiva. In: Revista de direito tributário n. 4. São Paulo: RT, 1980, p. 126-127.

[101] BRASIL. Constituição (1988). **Constituição da República Federativa do Brasil**: de 5 de outubro de 1988. 30. ed. São Paulo: Atlas, 2009, p.160.

[102] ZILVETI, Fernando Aurélio. **Princípio de Direito Tributário e a Capacidade Contributiva**. São Paulo: Quartier Latin, 2004, p. 250.

No entanto, não se poderiam ignorar as diferenças existentes entre essas realidades conceituais, justamente para buscar a univocidade do discurso no tocante ao estudo da lógica e da semiótica.[103]

Conti[104] afirma que enquanto a capacidade econômica estaria relacionada à ciência econômica e financeira, o conceito de capacidade contributiva estaria voltado à ciência jurídica.

Por sua vez, segundo Martins, a capacidade contributiva é "a capacidade do contribuinte relacionada com a imposição específica ou global, sendo, portanto, dimensão econômica particular de sua vinculação ao poder tributante, nos termos da lei". A capacidade econômica, por sua vez, pode ser definida segundo o renomado autor como sendo a "exteriorização da potencialidade econômica de alguém, independentemente de sua vinculação ao referido poder"[105]. Exemplifica o conceito citando que um cidadão que usufrui renda possui capacidade contributiva perante o país em que a recebeu. Entretanto, um turista rico, de passagem pelo país, tem capacidade econômica, mas não tem capacidade contributiva, uma vez que não possui relação jurídica com o país pelo qual transita.

Tavolaro introduz o conceito de capacidade financeira, conceituando-o como sendo a disponibilidade para a liquidação de suas obrigações no tempo e forma contratados. [106]

Tratam-se de conceitos afeitos à ciência das finanças, os quais podem ser, sem maiores problemas, encampados pelo direito. Nesse contexto tem-se que:

a) Capacidade financeira refere-se à disponibilidade para a liquidação das obrigações no tempo e forma contratados, estando diretamente relacionada à ideia de liquidez, estando relacionada à solvência imediata do contribuinte;

[103] BRITO, Edvaldo. Aspectos constitucionais da tributação. In. **Vertentes do Direito Contemporâneo.** Coord. Ives Gandra Martins. Estudos em homenagem a Manoel Gonçalves Ferreira Filho. Rio de Janeiro: América Jurídica, 2002.

[104] CONTI, José Maurício. **Princípios Tributários da Capacidade Contributiva e da Progressividade.** São Paulo: Dialética, 1996. p. 36.

[105] MARTINS, Ives Gandra. **Capacidade Econômica e Capacidade Contributiva. Caderno de Pesquisas Tributárias:** Resenha Tributária. São Paulo, n. 14, 1989, p. 33 e seguintes.

[106] TAVOLARO, Agostinho Toffoli. **Capacidade Contributiva:** Caderno de Pesquisas Tributárias, São Paulo, n. 14, co-edição. Resenha Tributária: Centro de Estudos de Extensão Universitária, 1989, p. 196.

b) Capacidade econômica refere-se à aptidão em obter riquezas, exteriorizada sob a forma de renda, consumo ou patrimônio. Diz respeito à exteriorização da potencialidade econômica de alguém, independentemente de sua vinculação com o poder público. Moschetti[107] salienta que a capacidade econômica deve ser considerada como condição necessária, mas não suficiente para que seja apurada a existência de efetiva capacidade contributiva do contribuinte;
c) A contributiva refere-se à capacidade dos indivíduos de arcar com os ônus tributários, de pagar tributos. Ela está vinculada à relação do contribuinte com o poder público quando exige daquele o pagamento de tributos. Possui uma conotação jurídica uma vez que estabelece uma relação obrigacional entre estado e contribuinte. Ela somente estará presente quando a parcela da riqueza tomada em consideração por um dado tributo for superior ao mínimo vital e obstará que a progressividade arrecadatória atinja níveis de confisco.

Nessa esteira, insta destacar que apesar de a capacidade econômica ser necessária para a apresentação de capacidade contributiva, elas não se confundem. Costa, ao distinguir as referidas expressões, explicita que um indivíduo pode ter capacidade econômica para adquirir bens necessários à sua sobrevivência; todavia, pode não ter capacidade contributiva, pois consome integralmente a sua renda com o mínimo vital[108]. A diferença crucial entre os institutos está na questão do mínimo vital. A capacidade contributiva apresenta-se, assim, como uma capacidade econômica qualificada, de modo que a capacidade contributiva só surge quando a capacidade econômica ultrapassa o limite do mínimo vital.

Apesar de a Constituição Federal não dispor de maneira expressa o que entende por mínimo vital, uma interpretação sistemática de seus dispositivos permitirá identificar os seus contornos. O artigo 3º, III da CF/88, estabelece como objetivo fundamental da República erradicar a pobreza. Por sua vez, a Carta Magna, ao dispor sobre o salário-mínimo, prescreve em seu artigo 7º, V, como necessidades básicas a moradia, a alimentação, a educação, a saúde, o lazer, a higiene, o transporte e a previdência social.

107 MOSCHETTI, Francesco. **El Principio de Capacidad Contributiva.** Madrid: Instituto de Estudios Fiscales, 1980, p. 74.

108 COSTA, Regina Helena. **O Princípio da Capacidade Contributiva**..., op. cit, p 34-36.

Sobre o tema, veja os ensinamentos de Valle[109]:

> Dessa forma em uma interpretação sistemática do Texto Constitucional, é possível concluirmos que as necessidades básicas dispostas no inciso IV do art. 7º da Constituição Federal integram o chamado "mínimo vital", estando, ou pelo menos devendo estar, a salvo da tributação, pois como bem ressalta Klaus Tipkee Douglas Yamashita, "Enquanto a renda não ultrapassar o mínimo existencial, não há capacidade contributiva.

Sob o prisma das pessoas jurídicas, pode-se afirmar que o princípio da capacidade contributiva impede que a tributação iniba a livre iniciativa garantida no artigo 170 do texto constitucional.

Quanto ao limite superior, qual seja o confisco, a proibição inserta no art. 150, IV da CF/88, visa defender o direito de propriedade. Costa, sob o prisma da capacidade subjetiva ou relativa, define confisco como sendo a "absorção total ou substancial da propriedade privada pelo poder público sem a correspondente indenização"[110]. Deve ser analisado considerando o sistema tributário global e não exclusivamente a um determinado tributo isolado.

No que tange às pessoas jurídicas, Tipke e Yamashita afirmam que haverá confisco quando o tributo consumir completa ou quase completamente o rendimento de capital ou quando torna uma empresa não rentável ou a leva à paralisia.[111]

Dessa forma, segundo Costa, a Capacidade Contributiva atuará como "... limite da tributação, permitindo a manutenção do mínimo vital e obstando que a progressividade tributária atinja níveis de confisco..."[112].

Isto posto, tem-se que a simples capacidade econômica de um contribuinte não ensejaria a tributação, não sendo este o sentido buscado com o texto constitucional em que pese conter este termo no §1º, art. 145, CF/88. O ato de tributar pessoas com base apenas na capacidade econômica poderia concretizar verdadeiras injustiças e contrariar os demais direitos fundamentais e os valores consagrados pelo texto constitucional.

[109] VALLE, Maurício Dalri Timm do. **Princípios Constitucionais e regras-matrizes do imposto sobre produtos industrializados – IPI**. 1 ed. São Paulo: Noeses, 2016, p. 467.

[110] COSTA, Regina Helena. **O Princípio da Capacidade Contributiva...**, op. cit,, p. 79.

[111] TIPKE, Klaus; YAMASHITA, Douglas. **Justiça fiscal e princípio da capacidade contributiva**. São Paulo: Malheiros, 2002, p 46.

[112] Ibid., p. 30-31.

Nesse sentido, cite-se Dutra:

> Entendemos, junto com Zilveti e Leonetti, que não cabe, dentro do direito brasileiro, distinguir tais expressões, devendo ser as mesmas reputadas como idêntica, já que é nítida, no espírito da Carta de 1988, a preocupação que o contribuinte teve com a situação do contribuinte, a possibilidade de ele arcar ou não com o ônus tributário que lhe é imposto pelo Estado.[113]

Com isso, é possível inferir que, não obstante o texto da Constituição Federal consigne, na sua literalidade, a expressão capacidade econômica, a doutrina e a jurisprudência, em uma interpretação mais condizente com o contexto constitucional, evidenciam que o valor protegido é a capacidade contributiva.

Quanto às imunidades, conforme ressalta Costa[114], ela pressupõe a existência de capacidade econômica, uma vez que se despindo o fato de conteúdo econômico a situação seria irrelevante para o Direito Tributário. Entretanto, conforme ressalta a renomada autora:

> Exatamente por reconhecer a presença de capacidade econômica de determinada pessoa é que Constituição quer mantê-la intangível, para que a mesma possa bem atingir suas finalidades, que coincidem com a do Estado. Então, ao invés de, por meio de imposto, considerar essa capacidade econômica, dela extraindo a capacidade de contribuir, a Lei Maior decide preservá-la e, até, fomentá-la, para que as pessoas possam melhor desempenhar seu papel, consoante as diretrizes constitucionais.

Nesse contexto, torna-se mister ressaltar que a desconsideração da capacidade contributiva de determinados sujeitos, mediante a imunidade somente é legitima e justa para fazer valer os valores e princípios consagrados no Estado Supremo.

Ademais, a imunidade pode ser classificada como ontológica ou política. A ontológica, também conhecida como recíproca, é uma exceção ao princípio da capacidade contributiva, uma vez que as pessoas políticas não possuem capacidade contributiva.

[113] DUTRA, op. cit., p.24.

[114] COSTA, Regina Helena. **Imunidades Tributárias**. ..., op, cit, p. 87 e 88.

Já a imunidade tributária de natureza política, na qual se enquadra a imunidade inserta no artigo 150, VI, "c" da CF/88, conferida às instituições de educação sem fins lucrativos, não obstante possa ser verificada a existência de capacidade contributiva, a possibilidade de tributá-la, por via de impostos, cede ante a opção constitucional de preservação de outros valores, qual seja, a prestação de uma educação de qualidade e inclusiva conforme preconiza o artigo 205 da Carta Magna.

Dessa forma, tem-se que conforme nos ensina Costa[115], em regra, as imunidades políticas beneficiam pessoas com capacidade contributiva, sendo imperioso estar expresso na Constituição, uma vez que se suprimidas do texto constitucional mediante o Poder Constituinte Originário, retornar-se-á à competência tributária em face da existência da capacidade contributiva dessa entidades.

1.2 Imunidade tributária das instituições de educação nas constituições brasileiras

Tendo sida assentada a correlação que a imunidade possui com a capacidade contributiva, passa-se a uma digressão histórica da imunidade tributária das instituições de educação sem fins lucrativo pelos diversos Textos Constitucionais promulgados no Brasil até o nascimento da Carta Magna de 1988.

Como ponto de partida, citemos a Constituição de 1824, outorgada no contexto histórico de ascensão do liberalismo como ideário político, econômico e jurídico.

Concernente às imunidades tributárias conforme expressamente consignado no inciso XVI do artigo 179[116] desta Constituição mantiveram-se apenas os privilégios essenciais, extinguindo-se os privilégios não essenciais.[117]

[115] Ibid., p. 89.

[116] Art. 179. A inviolabilidade dos Direitos Civis, e Políticos dos Cidadãos Brazileiros, que tem por base a liberdade, a segurança individual, e a propriedade, é garantida pela Constituição do Imperio, pela maneira seguinte.

...

XVI. Ficam abolidos todos os Privilégios, que não forem essenciais, e inteiramente ligados aos Cargos, por utilidade pública.

[117] Costa ressalta que neste dispositivo reside o embrião das imunidades tributárias no Direito Brasileiro, uma vez que apenas os privilégios essenciais, ou seja, aqueles que não podem ser suprimidos poderiam ser concedidos pelo Ente Estatal. COSTA, Regina Helena. **Imunidades Tributárias.** ..., op, cit., p. 28.

Soma-se o fato de que a Constituição do Império foi a pioneira a tratar de forma congênere a imunidade fiscal e o princípio da capacidade contributiva conforme ressalta Costa[118]:

> Na Constituição de 1824 – que pouco cuidava de matéria tributária – já se encontra as raízes das noções de capacidade contributiva e imunidade fiscal. Após dedicar alguns dispositivos à Fazenda Nacional (arts. 170 a 172), traz, em seu art. 179, inicialmente, a determinação de que "ninguém será isento de contribuir para as despesas do Estado em proporção de seus haveres" (inciso XV), preceito consagrador da essência dos princípios da isonomia e da capacidade contributiva.

No campo educacional, percebe-se um compromisso, especialmente por parte do imperador Dom Pedro I, em proporcionar instrução pública ao povo. Nesse diapasão, o artigo 179, XXXII e XXXIII, desse texto constitucional estabelecia a garantia do ensino primário a todos os cidadãos e sua realização, preferencialmente, pela família e pela Igreja.

Ademais, insta salientar que durante o período da Constituição de 1824 não existiu, sob o aspecto constitucional, uma atribuição precisa de competências entre as pessoas políticas para o desenvolvimento da educação, sendo a matéria relegada à legislação ordinária, o que implicou a descentralização da regulação do tema e o consequente embaraço do progresso educacional no país.

Com a Proclamação da República, iniciou-se uma nova fase para o direito constitucional brasileiro. A Constituição de 1891 consagrou o federalismo, com autonomia política, administrativa e financeira dos Estados-membros.[119]

Alusivo à educação, segundo Pistinizi[120], a maioria das alterações constatadas no contexto pós-constituição de 1891 foi decorrência direta da influência

[118] Ibid., p. 28.

[119] Na Constituição de 1891 consagrou-se expressamente as seguintes imunidades: a) Imunidade dos impostos no Estado por onde se exportar, a produção dos outros Estados (art. 9º, §2º); b) Imunidade dos impostos de trânsito pelo território de um Estado, ou na passagem de um para outro, sobre produtos de outros Estados da República ou estrangeiros, e, bem assim, sobre os veículos de terra e água que os transportarem (art. 11, 1º); c) Vedação aos Estados e à União de estabelecer, subvencionar ou embaraçar o exercício de cultos religiosos (art. 11, 2º); d) Imunidade recíproca entre Estados e União, uma vez que proibia ao Estados tributar bens e rendas federais ou serviços a cargo da União, e reciprocamente (art. 10).

[120] PISTINIZI, Bruno Fraga. **O direito à educação nas Constituições brasileiras.** IN: Revista de Direito Educacional, São Paulo: Editora Revista dos Tribunais, v. 1, n. 2, jul. /dez. 2010, p. 63

progressista, ou seja, dos adeptos do constitucionalismo norte-americano, caracterizado pela delimitação de competências legislativas em matéria educacional.

O direito à educação foi disciplinado nos artigos 35 e 72 da Constituição de 1891[121]. Houve uma concentração das atividades educacionais da União e dos Estados, cabendo ao Congresso estabelecer medidas para o desenvolvimento das letras, artes e ciências, bem como para a criação de estabelecimento de ensino superior e secundário nos Estados. O ensino ministrado nos estabelecimentos oficiais passou a ser laico, estabelecendo-se dessa forma a separação entre Estado e Igreja.

A Constituinte que deu origem à Carta de 1934, filiou-se aos princípios da Constituições mexicanas de 1917 e alemã de 1919, que na qualidade de serem as precursoras do constitucionalismo social, continham diversas disposições relativas aos direitos sociais, afastando-se dos movimentos liberais.[122]

[121] "Art. 35 – Incumbe, outrossim, ao Congresso, mas não privativamente:
(...)
2º) animar no País o desenvolvimento das letras, artes e ciências, bem como a imigração, a agricultura, a indústria e comércio, sem privilégios que tolham a ação dos Governos locais;
3º) criar instituições de ensino superior e secundário nos Estados;
4º) prover a instrução secundária no Distrito Federal. "
"Art.72 – A Constituição assegura a brasileiros e a estrangeiros residentes no país a inviolabilidade dos direitos concernentes à liberdade, à segurança individual e à propriedade, nos termos seguintes:
(...)
§ 6º Será leigo o ensino ministrado nos estabelecimentos públicos.

[122] Insta ressaltar que, conforme nos ensina Costa, a Constituição Federal de 1934 dedicou alguns dispositivos à imunidade tributária, dentre os quais cite-se: a) Imunidade de imposto concernente à renda cedular de imóveis (art. 6º, I, c); b) Imunidade das taxas de entrada e saída e à estadia de navios e aeronaves de mercadorias nacionais e estrangeiras que já tivessem pago o imposto de importação (artigo 6º, II); c) Imunidade do imposto de vendas e consignações na primeira operação efetuada pelo pequeno produtor (art. 8º, I, aliena "e"); d) Imunidade dos impostos de exportação de mercadorias de sua produção ao exterior, até o máximo de dez por cento ad valorem, vedados quaisquer adicionais (art. 8º, I, alínea "f"); e)Vedação ao embaraço dos cultos, (art. 17, II); f) Exoneração tributária aos combustíveis produzidos no país para motores de explosão (art. 17, VIII); g) Proibição de cobrança, sob qualquer denominação, de tributos interestaduais, intermunicipais, de viação ou de transporte, ou quaisquer tributos que, no território nacional, gravem ou perturbem a livre circulação de bens ou pessoas e dos veículos que os transportem (art. 17, IX); h)Assegura a imunidade recíproca entre as pessoas políticas, incluindo os Municípios (art. 17, X, parágrafo único); i) Imunidade dos emolumentos, custas, taxas e selos aos necessitados assistidos por assistência judiciária (art. 113, item 32); j) Imunidade referente a impostos que gravem diretamente a profissão de escritor, jornalista ou professor (art. 113, item 360); k) Imunidade das taxas à realização do casamento civil (art. 146); l) Imunidade dos selos ou emolumentos ao reconhecimento de filhos naturais (art. 147). (COSTA, op. cit., p. 28 e 29)

Dentre os significativos avanços na seara educacional, destaca-se a implementação durante o governo de Getúlio Vargas do Ministério da Educação e Saúde Pública e do Conselho Nacional de Educação, órgão responsável pela elaboração do plano nacional de educação. No que tange aos dispositivos constitucionais, convém destacar que o direito à educação restou, disciplinada nos artigos 5º, XIV[123] e no Capítulo II do Título V, do artigo 148 ao 158, aduzindo no artigo 149[124], que era direito de todos e deveria ser ministrada pela família e pelos poderes públicos. Soma-se o fato que, conforme expresso no artigo 156[125], o texto constitucional em epígrafe avançou ao vincular os recursos orçamentários das pessoas políticas à implementação da educação.

Convém ressaltar que o texto fundamental inovou ao instituir a imunidade de qualquer imposto aos estabelecimentos particulares de educação, gratuita primária ou profissional, oficialmente considerados idôneos, conforme demonstra seu artigo 154, *in verbis*:

> Art. 154 – Os estabelecimentos particulares de educação, gratuita primária ou profissional, oficialmente considerados idôneos, serão isentos de qualquer tributo.

Quanto à capacidade contributiva, segundo Sabbag[126], na Constituição de 1934 encontram-se três menções nos seguintes pontos:

> a) a progressividade dos impostos incidentes nas transmissões de bens por herança ou legado (art.128);

[123] Art. 5º – Compete privativamente à União:
(...)
XIV – traçar as diretrizes da educação nacional;

[124] Art. 149 – A educação é direito de todos e deve ser ministrada, pela família e pelos Poderes Públicos, cumprindo a estes proporcioná-la a brasileiros e a estrangeiros domiciliados no País, de modo que possibilite eficientes fatores da vida moral e econômica da Nação, e desenvolva num espírito brasileiro a consciência da solidariedade humana.

[125] Art. 156 – A União e os Municípios aplicarão nunca menos de dez por cento, e os Estados e o Distrito Federal nunca menos de vinte por cento, da renda resultante dos impostos na manutenção e no desenvolvimento dos sistemas educativos.
Parágrafo único – Para a realização do ensino nas zonas rurais, a União reservará no mínimo, vinte por cento das cotas destinadas à educação no respectivo orçamento anual.

[126] SABBAG, Eduardo de Moraes. **Manual de direito tributário**. 1 ed. São Paulo: Saraiva, 2009, p. 114.

b) a proibição de que nenhum imposto poderia ser elevado além de 20% de seu valor no instante de aumento (art.185);

c) a proibição de que as multas de mora impusessem ônus exorbitante ao contribuinte, que não poderia superar 10% do valor do imposto ou taxa devidos (art. 184, parágrafo único).

A Carta de 1937 trouxe poucos dispositivos sobre as imunidades tributárias[127]. Quanto à educação, na Constituição do Estado Novo, de 1937, observa-se que a mesma restou disciplinada nos artigos 15, IX, 16, XXIV, e nos artigos 124 ao 134. Dentre os comandos voltados ao tema, assentou-se, como competência privativa da União, fixar as diretrizes, bases e quadros da educação nacional[128]; manteve a gratuidade do ensino primário[129], considerou a educação física, o ensino cívico e os trabalhos manuais obrigatórios[130] e tornou facultativo o ensino religioso[131].

[127] A CF/1937 manteve a vedação ao embaraço aos cultos (art. 32, b), incluindo com a Emenda Constitucional de nº 9 de 1945, a imunidade recíproca, excluindo da mesma os serviços públicos da imunidade, exceto se outorgado por lei especial no interesse comum (art. 32 "c" e parágrafo único). Ademais, proibiu os Estados, Distrito Federal e os Municípios tributar, direta ou indiretamente, a produção e o comércio, inclusive a distribuição e a exportação de carvão mineral nacional e dos combustíveis e lubrificantes líquidos de qualquer origem (art. 35, d, na redação dada pela Lei Constitucional nº 3/1940).

[128] Art. 15 – Compete privativamente à União:

(...)

IX – Fixar as bases e determinar os quadros da educação nacional, traçando as diretrizes a que deve obedecer a formação física, intelectual e moral da infância e da juventude;

Art. 16 – Compete privativamente à União o poder de legislar sobre as seguintes matérias:

(...)

XXIV – diretrizes de educação nacional;

[129] Art. 130 – O ensino primário é obrigatório e gratuito. A gratuidade, porém, não exclui o dever de solidariedade dos menos para com os mais necessitados; assim, por ocasião da matrícula, será exigida aos que não alegarem, ou notoriamente não puderem alegar escassez de recursos, uma contribuição módica e mensal para a caixa escolar.

[130] Art. 131 – A educação física, o ensino cívico e o de trabalhos manuais serão obrigatórios em todas as escolas primárias, normais e secundárias, não podendo nenhuma escola de qualquer desses graus ser autorizada ou reconhecida sem que satisfaça aquela exigência.

[131] Art. 133 – O ensino religioso poderá ser contemplado como matéria do curso ordinário das escolas primárias, normais e secundárias. Não poderá, porém, constituir objeto de obrigação dos mestres ou professores, nem de frequência compulsória por parte dos alunos.

Após o final da Segunda Grande Guerra, o Brasil adotou o Regime Republicano, e com a retomada da democracia, promulgou-se a Constituição de 1946.[132]

Atrelada a esta nova Constituição, o direito à educação foi disciplinado nos artigos 5º, XV, "d", e nos artigos 166 ao 175. Importante ressaltar que a educação continuou caracterizada como direito público subjetivo, mantendo à União a competência para legislar sobre as diretrizes da educação nacional, facultando aos Estados legislarem em caráter complementar.

Ademais, a Carta de 1946 estabeleceu, no artigo 168, os princípios que deveriam ser obedecidos pela legislação, quais sejam: ensino primário obrigatório e em língua nacional; o ensino oficial para aqueles que provassem insuficiência de recursos; e manutenção de ensino primário pelas empresas industriais, comerciais e agrícolas, com mais de cem trabalhadores.

O princípio da capacidade contributiva restou consignado em seu artigo 202, *in verbis*: "Os tributos terão caráter pessoal, sempre que isso for possível, e serão graduados conforme a capacidade econômica do contribuinte". [133]

Entretanto, concernente à Constituição acima mencionada, Costa[134] afirma que a inserção do aludido dispositivo não foi aplaudida pela doutrina à época. Alguns consideravam como sendo uma subordinação dos interesses fazendários aos interesses de justiça social, outros afirmavam que era um idiotismo, havendo ainda aqueles que afirmavam que entendiam não ser

[132] A Constituição de 1946, referente à imunidade consignava: a) Imunidade dos impostos de consumo em relação aos artigos que a lei classificasse como mínimo indispensável à habitação, vestuário, alimentação e tratamento médico das pessoas de restrita capacidade econômica (art. 15, §1º); b) Imunidade do imposto de vendas e consignações na primeira operação efetuada pelo pequeno produtor (art. 19, IV); dos impostos de exportação de mercadorias de sua produção ao exterior, até o máximo de cinco por cento ad valorem, vedados quaisquer adicionais (art. 19, V); do sítio com até vinte hectares que o cultivem o produtor ou sua família, desde que esse seja seu único imóvel (art. 19, § 1º); c) Imunidade ao tráfego de pessoas ou mercadorias em relação a tributos interestaduais ou intermunicipais, ressalvadas a cobrança de taxas, inclusive pedágio (art. 27); d)Imunidade recíproca (art. 31, V, a); e) Imunidade dos templos, partidos políticos, instituições educacionais e de assistência social (art. 31, V, b) e do papel destinado exclusivamente à impressão de jornais, periódicos e livros (art. 31, V, c); f) Imunidade dos direitos do autor e a remuneração de professores e jornalistas, referente aos gravames diretos, excetuando-se os impostos gerais (art. 31, V, c); g) Imunidade dos impostos federais, estaduais e municipais que incidam sobre a transferência do imóvel no caso de propriedade desapropriada (art. 147, §1º); h) Imunidade dos direitos do autor, da remuneração dos professores e jornalistas (art. 203).

[133] BRASIL. Constituição dos Estados Unidos do Brasil, de 18 de novembro de 1946. Diário Oficial da União, Rio de Janeiro, RJ, 18 nov. 1946.

[134] COSTA, Regina Helena. **Princípio da Capacidade Contributiva**. ..., op, cit, p.18-19.

o princípio auto executável, tornando o dispositivo inócuo. Para piorar, em uma demonstração de insensatez, este princípio foi revogado pelo art. 25 da Emenda Constitucional nº 18 de 1965, cuja errônea diretriz interpretativa subsistiu e conseguiu alcançar ainda a vindoura Constituição de 1967.

A despeito da exoneração concernente às instituições de educação, depreende-se do texto inserto no artigo 31, V, "b" da Constituição de 1946, que a imunidade alcançava todos os impostos, não importando se tinham fins lucrativos, desde que aplicassem integralmente no País as suas rendas e nos objetivos para os quais foram criados:

> Art. 31 A União, aos Estados, ao Distrito Federal e aos Municípios é vedado:
>
> (...)
>
> V- lançar impostos sobre:
>
> (...)
>
> b) templos de qualquer culto, bens e serviços de Partidos Políticos, instituições de educação e de assistência social, desde que as suas rendas sejam aplicadas integralmente no País para os respectivos fins.

A Emenda Constitucional nº 18/65 reformou o sistema constitucional tributário, estendendo a imunidade recíproca às autarquias[135] e aboliu as imunidades em benefício de autores, professores e jornalistas, assim como do mínimo vital previstas, respectivamente, nos artigos 203 e 15, § 1º do texto constitucional.

Na seara educacional, a Emenda Constitucional nº 18/65 alterou significativamente a imunidade das instituições de educação e assistência social. A imunidade passou a ser restrita aos impostos incidentes sobre o patrimônio, a renda ou os serviços e deveria observar os requisitos fixados em lei

[135] Art. 2º É vedado à União, aos Estados, ao Distrito Federal e aos Municípios:
(...)
IV – Cobrar impostos sobre:
a) o patrimônio, a renda ou os serviços uns dos outros;
(...)
§ 1º O disposto na letra *a*, do nº IV é extensivo às autarquias, tão-somente no que se refere ao patrimônio, à renda ou aos serviços vinculados às suas finalidades essenciais, ou delas decorrentes.
§ 2º O disposto na letra *a*, do nº IV não é extensivo aos serviços públicos concedidos, cujo tratamento tributário é estabelecido pelo poder concedente no que se refere aos tributos de sua competência, ressalvados os serviços públicos federais concedidos, cuja isenção geral de tributos pode ser instituída pela União, por meio de lei especial e tendo em vista o interesse comum.

complementar. Ressalta-se que, mediante essa emenda constitucional, restou expresso a necessidade de lei complementar para a fixação de requisitos necessários para o usufruto da imunidade em epígrafe.

Veja o comando inserto no art. 2º da Emenda Constitucional nº 18/65, *in verbis*:

> É vedado à União, aos Estados, ao Distrito Federal e aos Municípios:
> (...)
> IV – cobrar impostos sobre:
> (...)
> c) o patrimônio, a renda ou serviços de Partidos políticos e de instituições de educação e de assistência social, observados os requisitos fixados em lei complementar. (BRASIL, 1965, art.2)

A Carta de 1967, por sua vez, reiterou as imunidades já previstas no regime anterior, acrescentando a imunidade tributária dos livros, jornais e periódicos (art. 20, "d") e instituindo a imunidade do ITR sobre pequenas glebas (art. 22,§1º), do ITBI sobre direitos reais de garantia (art. 24, I), dos proprietários na transferência da propriedade desapropriada para fins de reforma agrária (art. 157,§6º), assim como estendeu a imunidade dos partidos políticos que, além dos bens e serviços, passou a abarcar também a renda e o seu patrimônio (art. 20, III, "c").

Apesar de o princípio da capacidade contributiva não estar expresso na Constituição de 1967, alguns autores entendiam que estaria subentendido no §35 do artigo 150, emendada em 1969, nos seguintes termos: "a especificação dos direitos e garantias expressas nesta Constituição não exclui outros direitos e garantias decorrentes do regime e dos princípios que ela adota."

Falcão, Baleeiro e Carvalho afirmam que o princípio da capacidade contributiva não necessitaria figurar no texto constitucional, uma vez que não é um princípio autônomo decorrendo simplesmente do princípio da igualdade.[136]

Entretanto, relativo à Constituição de 1967, insta destacar que a mesma foi elaborada em um momento político brasileiro de comando ditatorial, capaz de desfigurar o conteúdo da democrática Constituição de 1946.

[136] Nessa linha de entendimento, Marco Aurélio Greco observa que, em que pese o princípio da capacidade contributiva não estivesse expresso no texto da Constituição de 1967, alterada pela EC nº 1 de 1969, ele estava presente como princípio implícito na constituição em epígrafe.

Houve a restrição de direitos individuais, assim como a adoção de medidas fortalecedoras da supremacia do poder do Estado em todas as esferas de atuação, inclusive no direito à educação. Neste Texto Magno, a educação foi disciplinada nos artigos 8º, XVI, XVII, "q" e §2º, 167, §4º, e nos artigos 168 ao 172. Dentre as disposições, destaca-se que foram insertos no artigo 168 deste texto constitucional os princípios da educação, enfatizando a unidade nacional e a solidariedade humana, e a substituição, sempre que possível, da gratuidade do ensino ulterior ao primário pela concessão de bolsas de estudos, cujo reembolso seria exigido no caso do ensino superior. Soma-se o fato de que na Constituição em epígrafe não houve menção ao tema da vinculação da aplicação de percentuais de receita tributária obrigatória na educação.

Pertinente à imunidade, esta Constituição alterou o comando anterior, afirmando que os requisitos agora seriam previstos em lei[137] e não mais em lei complementar:

> É vedado à União, aos Estados, ao Distrito Federal e aos Municípios:
> III- criar impostos sobre:
> (...)
> c) o patrimônio, a renda ou os serviços de Partidos Políticos e de instituições de educação ou de assistência social, observados os requisitos fixados em lei. (BRASIL, 1965, art.20)

Quanto à supressão da expressão "complementar" do artigo 20, III, "c" da CF/67, importante destacar os ensinamentos de Mânica[138] segundo o qual a mesma tornou-se desnecessária face a inserção do comando disposto em seu artigo 19, §1º, que demandava lei complementar para regular as limitações constitucionais do poder tributária. Nesse diapasão, em que pese não constar expressamente o qualitativo de complementar à lei apta a regular a matéria

[137] Mânica, ao analisar a supressão da expressão "complementar", entende que a mesma decorreu em virtude da disposição inserta no artigo 19, §1º desta Carta Constitucional que demandava de forma expressa lei complementar para regular as limitações do poder de tributar, tornando desnecessário, na visão do autor, que a mesma estivesse inserta de forma expressa no artigo 20 do texto constitucional de 1967. MÂNICA, Fernando Borges. **Terceiro setor e imunidade tributária: teoria e prática**. Belo Horizonte: Fórum, 2008, p. 238.

[138] MÂNICA, Fernando Borges. **Terceiro Setor e imunidade tributária: teoria e prática.** Belo Horizonte: Fórum, 2008, p. 238.

concernente as contraprestações materiais das instituições de educação, a lei complementar seria o instrumento apto face a inserção da disposição expressa no artigo 19, §1º, do mesmo texto constitucional.

Fruto do agravamento da situação de exceção política vivida pelo país, a Emenda Constitucional nº 1, de 1969, alterou profundamente as disposições contidas na Constituição de 1967 (redação original), não se tratando de emenda, mas de novel texto constitucional. [139]

Atinente às disposições relativas ao direito à educação merecem destaque a criação de lei para tutelar o direito à educação de excepcionais, trazido pelo artigo 175, §4º, além da instituição do salário-educação, acompanhado da destinação de 20% da receita municipal para o custeio do ensino primário de qualidade, conforme o artigo 15, §3º, "f".

No que tange à imunidade das instituições de educação, a emenda constitucional em epígrafe praticamente não alterou o seu objeto[140], modificando apenas termos e o número do artigo que passou a ser o 19º, senão vejamos:

> É vedado à União, aos Estados, ao Distrito Federal e aos Municípios:
> (...)
> III- instituir imposto sobre:
> (...)
> d) o patrimônio, a renda ou os serviços dos partidos políticos e de instituições de educação ou de assistência social, observados os requisitos da lei. (BRASIL,1988, art. 19)

Com a restauração da democracia, após o término do regime militar, iniciou-se um forte e constante apelo social pela promulgação de uma nova constituição. A CF/88, apelidada de Constituição Cidadã, foi a consolidação da transição do regime autoritário, a ditadura militar (1964 – 1985), para a democracia. Em 05 de outubro de 1988, sua promulgação é um marco na democracia brasileira porque determinou a proteção de diversos direitos

[139] Relevante mudança diz respeito ao fim do princípio da anualidade tributária, que obrigava a conter em lei orçamentária a previsão da cobrança do tributo, para fins de fixação do princípio da anterioridade.

[140] A disposição que estabelecia a reserva de lei complementar para regular as limitações constitucionais do poder de tributar restou consignada no artigo 18, §1º da Emenda Constitucional nº 1 de 1969.

e garantias fundamentais a todos os cidadãos[141], inserindo as imunidades tributárias das instituições de educação sem fins lucrativos, em seu artigo 150, VI, "c" do texto constitucional e retomando de maneira expressa o princípio

[141] Concernente às imunidades tributárias, segundo Ichiara, a Carta Magna de 1988 possui os seguintes dispositivos: a) Imunidade das taxas para o exercício do direito de petição (contra defesa de direito ou contra ilegalidade ou abuso de poder) e obtenção de certidões (defesa de direitos e esclarecimento de situações de interesse pessoal (art. 5º, LXXXIV, a e b, da CF/88); b) Imunidade das taxas para qualquer cidadão propor ação popular (art. 5º, LXXIII, da CF 88,);157 Imunidade das taxas, aos reconhecidamente pobres, de registro de nascimento e de certidão de óbito (art. 5º, LXXVI, da CF/ 88); c) Imunidade das taxas nas ações de habeas corpus e habeas data, atos necessários ao exercício da cidadania (art. 5º, LXXVII, da CF/ 88);d) Imunidade do imposto sobre produtos industrializados destinados ao exterior (art. 153, §3º, III, da CF/88); e) Imunidade das pequenas glebas rurais, quando as explore só ou com sua família, o proprietário que não possua outro imóvel (art. 153, §4º, da CF/88); f) Imunidade do ouro definido em lei como ativo financeiro ou instrumento cambial (art. 153, §5º, e 155, §2°, X, c, da CF 88); g) Imunidade do ICMS sobre operações que destinem a outros Estados petróleo, inclusive lubrificantes, combustíveis líquidos e gasosos dele derivado, e energia elétrica (art. 155, §2°, X, b, da CF/88); h)Imunidade do ICMS sobre o valor do IPI, quando a operação configure fato gerador dos dois impostos (art. 155, §2°, XI, da CF 88); i) Imunidade na exportação ao exterior de mercadorias e de serviços, por lei complementar (art. 155, XI, e, e 156, §3º da CF/88); j) Imunidade dos impostos, além dos expressamente previstos, sobre operações relativas à energia elétrica, serviços de telecomunicações, derivados de petróleo, combustíveis e minerais do país (art. 155, §3º, da CF/88); k) Imunidade do ITBI em relação aos direitos de garantia (art. 156, II, da CF); l) Imunidade do ITBI na realização de capital das empresas, na transmissão de bens e direitos na fusão, incorporação, cisão ou extinção de pessoa jurídica (art. 156, §2º, I, da CF/88); m) Imunidade dos impostos federais, estaduais e municipais nas operações de transferência de imóveis desapropriados para fins de reforma agrária (art. 184, §5º, da CF/88); n) Imunidade das taxas na celebração do casamento civil (art. 226, §1º, da CF/88); o) Imunidade das taxas de transportes coletivos urbanos, aos maiores de sessenta e cinco anos (art. 230, §2º, da CF/88); p)Imunidade da contribuição social, se após completar as exigências para a aposentadoria, continuar o servidor em atividade (art. 8º, §5º, da emenda constitucional 20, de 15.12.98); q) Imunidade recíproca de impostos sobre o patrimônio, renda ou serviços, uns dos outros (art. 150, VI, a, da CF/88); r) Imunidade dos templos de qualquer culto (art. 150, VI, b, da CF/88); s) Imunidade dos impostos sobre o patrimônio, renda ou serviços dos partidos políticos, inclusive suas fundações (art. 150, VI, c, da CF/88); s) Imunidade dos impostos sobre o patrimônio, renda, ou serviços das entidades sindicais dos trabalhadores (art. 150, VI, c, da CF/88); t)Imunidade dos impostos sobre o patrimônio, renda ou serviços das instituições de assistência social sem fins lucrativos (art. 150, VI, c, da CF/88); u) Imunidade dos impostos sobre livros, jornais, periódicos e o papel destinado à sua impressão (art. 150, VI, d, da CF/88); v) Imunidade das autarquias e fundações instituídas e mantidas pelo Poder Público, no que se refere ao patrimônio, à renda e aos serviços, vinculados a suas finalidades essenciais ou às delas decorrentes (art. 150, VI, §2º, da CF/88);w) Imunidade das contribuições para a seguridade social das entidades beneficentes de assistência social (art. 195, §7º da CF/88); x) Imunidade dos impostos sobre o patrimônio, renda ou serviços das instituições de educação sem fins lucrativos (art. 150, VI, c, da CF/88). ICHIHARA, Yoshiaki. **Imunidades Tributárias.** São Paulo: Atlas, 2000, p. 194-195.

da capacidade contributiva em seu art. 145, § 1º, que dispõe: "sempre que possível, os impostos terão caráter pessoal e serão graduados segundo a capacidade econômica do contribuinte (...)."[142]

[142] BRASIL. Constituição (1988). **Constituição da República Federativa do Brasil**: de 5 de outubro de 1988. 30. ed. São Paulo: Atlas, 2009, p.160.

2. IMUNIDADE DAS INSTITUIÇÕES DE EDUCAÇÃO SEM FINS LUCRATIVOS NA LEGISLAÇÃO BRASILEIRA VIGENTE

2.1 A educação na cf/88 e a imunidade de impostos das instituições de educação sem fins lucrativos

A Constituição da República Federativa do Brasil, promulgada em 05.10.1988 e atualmente em vigência, é a mais pródiga de nossas Constituições no que se refere ao reconhecimento de direitos fundamentais e garantias para o seu exercício.

A educação está relacionada entre os direitos sociais, no *caput* do artigo 6º da CF/88, *in verbis*:

> São direitos sociais a educação, a saúde, a alimentação, o trabalho, a moradia, o lazer, a segurança, a previdência social, a proteção à maternidade e à infância, a assistência aos desamparados, na forma desta Constituição. (BRASIL, 1988, art. 6)

Sobre o tema, em que pese o critério topográfico não indicar qualquer hierarquia das normas constitucionais, convém destacar, conforme preceitua Adamy[143], que a educação é o primeiro dos direitos sociais garantidos no mencionado dispositivo. Dentre as preocupações do constituinte, esse tema obviamente ocupou lugar de destaque. Tanto é que foi alçado a um dos objetivos primordiais do Estado Brasileiro e elencado como o primeiro direito social do cidadão.

143 ADAMY, Pedro Augustin. **As imunidades tributárias e o direito fundamental à educação.** In: Revista Tributária de Finanças Pública, São Paulo: Editora Revista dos Tribunais, v. 96, p. 101, jan. 2011.

Segundo a perspectiva atual, ninguém ousa negar a importância da educação para o desenvolvimento de qualquer sociedade. De acordo com Machado[144], a afirmação de que a educação é essencial constitui uma unanimidade em qualquer lugar do mundo hodierno.

Educar, segundo Rousseau, é o processo segundo o qual o homem adquire as habilidades e capacitações necessárias para o desenvolvimento das atividades a serem desempenhadas no curso de nossas vidas. Quanto ao significado do termo "educar" reconhece o nobre filósofo:

> Nascemos fracos, precisamos de força, nascemos desprovidos de tudo, temos necessidade de assistência.
>
> Tudo o que não temos ao nascer e de que precisamos quando adultos é nos dado pela educação. Essa educação nos vem da natureza, ou dos homens ou das coisas. O desenvolvimento interno de nossas faculdades e de nossos órgãos é a educação da natureza. O uso que nos ensinam a fazer desse desenvolvimento é a educação dos homens, e o ganho da nossa experiência sobre os objetos que nos afetam é a educação das coisas.[145]

Em nossa obra, nos atemos à educação das pessoas. Nesse cenário a educação é o instrumento mediante o qual a pessoa capacita-se a organizar seus pensamentos, tornando-se apto a exercer seu papel de sujeito da história. Coadunando com esse entendimento Freire, propõe a educação como forma de libertação do ser humano, ser histórico responsável pela produção da realidade, a quem cabe transformá-la quando opressora.[146]

Importante ressaltar que, conforme salienta Ghiraldelli, desde o século XVIII, quanto à educação, no intuito de tornar os ideais do iluminismo realidade, percebe-se uma defesa por uma ampliação do conteúdo dos programas de estudo e uma promoção de um maior acesso ao processo educativo sem distinção de classe social, ou seja, devendo ser oferecida em consonância com o princípio da universalidade e moldada no reconhecimento da igualdade natural entre os homens. Defende o autor:

144 MACHADO, Hugo de Brito. **Curso de Direito Tributário.** 34. Ed. São Paulo: Malheiros Editores, 2013, p.33.

145 ROUSSEAU, Jean Jacques, tradução de MILLIET, Sérgio. **Emílio ou da educação**. 3ª edição, DIFEL: Rio de Janeiro – São Paulo, 1979, p. 10 e 11.

146 FREIRE, Paulo. **Pedagogia do oprimido**. 33ª ed. Rio de Janeiro: Paz e Terra, 2002, p. 35-38.

> Para garantir a sua eficácia numa sociedade democrática, a educação deve ser controlada pelo Estado. Todas as escolas devem ser abertas para todos, independentemente de sexo, religião, raça ou classe social. Qualquer outra solução é um obstáculo à aprendizagem dos valores democráticos e torna impossível uma educação autêntica.[147]

Ademais, insta destacar que além de se pautar no princípio da universalidade, a educação não pode se pautar em um modelo escolar denominado por Paulo Freire de "educação bancária", no qual o homem é um mero expectador e não recriador do mundo:

> Concebe a sua consciência como algo especializado neles e não aos homens como "corpos conscientes (...) importando uma prática, essa concepção só pode interessar a sistemas opressores, em que as grandes maiorias se adaptam às finalidades prescritas pelas minorias dominadoras. Razão pela qual um de seus objetivos fundamentais seja o de "dificultar o pensar autêntico", pois "no momento em que se funda num conceito mecânico, estático, especializado da consciência e em eu transforma, por isto mesmo, os educandos em recipientes, em quase coisas não pode esconder sua marca necrófila. [148]

No modelo crítico de educação, pautado na democracia, por sua vez, os sujeitos e não o conteúdo passa a ser o foco do processo educacional. Educador e educando cujo comportamento é determinado pelo diálogo. Nas palavras de Freire:

> O educador não é o que apenas educa, mas o que enquanto educa, é educado, em diálogo com o educando que, ao ser educado, também educa. Ambos se tornam assim um sujeito do processo. [149]

Numa sociedade democrática, a educação deve visar a formação de um cidadão, sujeito da história e preparado para atuar democraticamente em

[147] GHIRALDELLI Junior, Paulo. **História da educação brasileira**. São Paulo: Cortez, 2006, p. 263.
[148] FREIRE, Paulo. **Pedagogia do Oprimido**. 33ª ed. Rio de Janeiro: Paz e Terra, 2002, p. 65
[149] Ibid., p. 68.

sociedade. Nesse sentido, Freire destaca que "falar em democracia e silenciar o povo é uma farsa. Falar em humanismo e negar os homens é uma mentira"[150].

Assim, no Estado Democrático de Direito, a educação é essencial para a formação de uma sociedade mais justa e igualitária e deve ser universal e visar a formação de um cidadão, ou seja, a educação deve possibilitar o desenvolvimento de todos os homens, tornando-os senhores de sua história.

Nesse cenário, insta destacar que o Estado brasileiro, conformes ditames insertos expressamente no artigo 1º da CF/88, constitui-se em um Estado Democrático de Direito. Soma-se o fato de que a atual Carta Magna reconhece em seu artigo 1º, III, a dignidade da pessoa humana como um de seus princípios fundamentais, que deve ser garantida mediante o reconhecimento de direitos capazes de promovê-la.

Isto posto, pode-se inferir segundo o modelo adotado de organização política, qual seja a democracia, que a elevação da educação a um direito vai ao encontro do reconhecimento de sua importância para a promoção da dignidade humana, uma vez que capacita o agir consciente do homem sobre o mundo, tornando-o apto a exercer seu papel de sujeito da história.

Nesse diapasão, cite-se Alvin:

> O reconhecimento da dignidade da pessoa humana é operação que necessita de consciência viva e plena, sintonizada com o ambiente vital e com a sociedade. É a maneira mais segura de garantir essa consciência é o investimento, pessoal e social, na educação. [151]

Na atual Carta Magna, a disciplina específica acerca da educação encontra-se no título relativo à Ordem Social, em especial nos artigos 205 ao 214, que ditam as diretrizes que capitaneiam o sistema educacional brasileiro.

O artigo 205 do Texto Constitucional afirma que:

> A educação, direito de todos e dever do Estado e da família, será promovida e incentivada com a colaboração da sociedade, visando ao pleno desenvolvimento da pessoa, seu preparo para o exercício da cidadania e sua qualificação para o trabalho. (BRASIL, 1988, art. 205)

[150] Ibid., p. 82.

[151] ALVIN, Márcia Cristina de Souza. **A educação e a dignidade da pessoa humana**. In FERRAZ, Anna Cândida da Cunha e BITTAR, Eduardo C. B. (org.). **Direitos Humanos fundamentais: positivação e concretização**. São Paulo: EDIFIEO, 2006, P. 183.

Do emoldurado descrito, depreende-se que a educação deverá ser tutelada pelo Estado, pela família, com a ajuda de toda a sociedade, sendo um direito para todos e, portanto, informada pelo princípio da universalidade. Como objetivos básicos da educação, são elencados o pleno desenvolvimento da pessoa, seu preparo para o exercício da cidadania e sua qualificação para o mercado de trabalho.

A jurisprudência do Supremo Tribunal Federal é rica em decisões que conferem ao direito à educação a chancela de direito de todos e dever do Estado, implicando maior espaço de concretização e realização da garantia fundamental. É, por exemplo, o que restou assentado no RE n. 594.018:

> AGRAVO REGIMENTAL NO RECURSO EXTRAORDINÁRIO. AÇÃO CIVIL PÚBLICA. CARÊNCIA DE PROFESSORES. UNIDADES DE ENSINO PÚBLICO. OMISSÃO DA ADMINISTRAÇÃO. EDUCAÇÃO. DIREITO FUNDAMENTAL. INDISPONÍVEL. DEVER DO ESTADO. ARTS 205, 208, IV 211, PARÁGRAFO 2º, DA CONSTITUIÇÃO DO BRASIL. 1. A educação é um direito fundamental e indisponível dos indivíduos. É dever do Estado propiciar meios que viabilizem o seu exercício. Dever a ele imposto pelo preceito veiculado pelo artigo 205 da Constituição do Brasil. A omissão da Administração importa afronta à Constituição do Brasil. A omissão da Administração importa afronta à Constituição. 2. O Supremo fixou entendimento sentido de que "(a)educação infantil, por qualificar-se como direito fundamental de toda criança, não se expõe, em seu processo de concretização, a avaliações meramente discricionárias da Administração Pública, nem se subordina a razões de puro pragmatismo governamental (...) Embora resida, primariamente, nos Poderes Legislativos e Executivos, a prerrogativa de formular e executar políticas públicas, revela-se possível, no entanto, ao Poder Judiciário, determinar, ainda que em bases excepcionais, especialmente nas hipóteses de políticas públicas definidas pela própria Constituição, sejam essas implementadas pelos órgãos estatais inadimplentes , cuja omissão- por importar em descumprimento dos encargos políticos- jurídicos que sobre eles incidem em caráter mandatório – mostra-se apta a comprometer a eficácia e a integridade de direitos sociais impregnados de estatura constitucional." Precedentes. Agravo regimental a que se nega provimento. (RE 594018 AGR, Relator (a): Min. EROS GRAU, Segunda Turma, julgado em 23/06/2009, DJe-14 DIVULG 06-08-2009 PUBLIC 07-08-2009 EMENT VOL-02368-11 PP-02360 RTJ VOL-0211 – PP-00564 RMP n. 43, 2012, p. 217-225).

Soma-se o fato de que a Educação pode ser prestada por entes públicos ou privados. O artigo 209 do Texto Constitucional é expresso ao afirmar as condições para que a iniciativa privada preste a educação:

> Art. 209. O ensino é livre à iniciativa privada, atendidas as seguintes condições:
>
> I – cumprimento das normas gerais da educação nacional;
>
> II- autorização e avaliação de qualidade pelo Poder Público.

Cabe à iniciativa privada, atendidos os limites normativos, prestar o serviço educacional, carecendo de autorização estatal para tanto. Além disso, as entidades educacionais privadas devem cumprir as normas gerais do setor, cabendo ao Poder Público avaliar o cumprimento desses requisitos e a qualidade do ensino ministrado.

Quanto à prestação da educação pelo setor público a atual constituição já prevendo a ineficiência do Estado em implementar políticas públicas voltadas ao desenvolvimento dos direitos sociais, dentre os quais se insere o direito à educação, e no intuito de incentivar a participação da sociedade para, exercitando tarefas essencialmente públicas, agir onde o Estado deveria e não o fez, inseriu no em seu texto a imunidade tributária de impostos das instituições de educação sem fins lucrativos. Veja os ditames do artigo 150, VI, "c" e §4º, todos da CF/88:

> Art. 150. Sem prejuízo de outras garantias asseguradas ao contribuinte, é vedado à União, aos Estados, ao Distrito Federal e aos Municípios:
>
> (...)
>
> VI – instituir impostos sobre:
>
> c) patrimônio, renda ou serviços dos partidos políticos, inclusive suas fundações, das entidades sindicais dos trabalhadores, das instituições de educação e de assistência social, sem fins lucrativos, atendidos os requisitos da lei;
>
> **(...)**
>
> § 4º As vedações expressas no inciso VI, alíneas "b" e "c", compreendem somente o patrimônio, a renda e os serviços, relacionados com as finalidades essenciais das entidades nelas mencionadas.

Quanto ao fundamento da imunidade tributária entende-se que o legislador constituinte querendo efetivar determinados valores, dentre eles o do bem comum e da isonomia tributária, tenha criado zonas de não tributação concernente a certas pessoas, bens e situações.

Nas palavras de Amaro:

> O fundamento das imunidades é a preservação de valores que a Constituição reputa relevantes (...), que faz com que se ignore a eventual (efetiva) capacidade econômica revelada pela pessoa (ou revelada pela situação), proclamando-se, independentemente da existência dessa capacidade, a não tributabilidade das pessoas ou situações imunes.[152]

Dessa forma, no intuito de melhor compreender as divergências doutrinárias que envolvem a imunidade tributária inserta no artigo 150, VI, "c" da CF/88, torna-se fundamental adentrar nos valores que norteiam este instituto, uma vez que os fins de qualquer ordenamento jurídico encontram-se na realização de determinados valores. Nos dizeres de Carvalho[153]: "... onde houver direito, haverá certamente o elemento axiológico", e como leciona Reale: "sem a ideia de valor, não temos a compreensão do dever ser; " e continua afirmando "a história humana é um processo dramático de conversão de valores em fins".[154]

Nesse mesmo sentido, Vieira e Valle nos ensinam que:

> Sem a ideia do valor, não temos a compreensão do direito, pois na ausência do (s) valor (es), não nos será possível posicionar a norma no ordenamento, inviabilizando o traçado de toda a rede de conexões normativas, sejam as de coordenação, sejam as de subordinação; e, tal como não há texto sem contexto, não há norma sem ordenamento, donde inviabilizado o próprio direito. [155]

[152] AMARO, Luciano da Siva. **Direito Tributário Brasileiro,** 9 ed. São Paulo: Saraiva, 2003, p. 149

[153] CARVALHO, Paulo de Barros. **Direito Tributário: Linguagem e Método.** 5 ed. São Paulo: Noeses, 2013, p.174.

[154] REALE, Miguel. **Filosofia do Direito.** 10 ed. São Paulo: Saraiva, 1983, p. 379 e 380.

[155] VIEIRA, José Roberto; VALLE, Maurício Dalri Timm do Valle. **Direitos Fundamentais Tributários: em busca dos fundamentos da sua fundamentalidade.** Instituto Brasileiro de Estudos Tributários, p. 780.

Não pairam dúvidas que a educação é um direito fundamental protegido pela nossa constituição e que, em virtude do princípio da subsidiariedade norteador do Estado Democrático de Direito, as imunidades insertas no texto constitucional visam incentivar e fomentar as instituições que contribuem para o exercício e incremento dessa atividade. Mas qual a educação esperada do Estado e qual contrapartida que as instituições de educação sem fins lucrativos devem prestar à sociedade para fazer jus à essa benesse constitucional?

Nesse contexto, importante ressaltar que o artigo 206 da CF/88 trouxe em seu bojo os princípios sobre os quais o sistema de ensino deve se desenvolver, dentre os quais destaca-se a igualdade de acesso e permanência na escola, a gratuidade do ensino público em ensinos oficiais, e a garantia de padrão de qualidade.[156]

Referente ao primeiro princípio, insta destacar que, conforme pontua Maliska, o artigo 206 da CF/88 destaca o princípio da igualdade de condições para o acesso e permanência na escola (inciso I), como um princípio derivativo da isonomia. Segundo o aludido autor:

> O acesso e a permanência na escola devem ser vistos sob a perspectiva das diferenças, e isso significa, por exemplo, que o acesso de pessoas com deficiência física aos prédios deve ser garantido mediante rampas de acesso, que o indígena tem o direito de utilizar-se da sua língua materna

[156] Art. 206. O ensino será ministrado com base nos seguintes princípios:
I – igualdade de condições para o acesso e permanência na escola;
II – liberdade de aprender, ensinar, pesquisar e divulgar o pensamento, a arte e o saber;
III – pluralismo de ideias e de concepções pedagógicas, e coexistência de instituições públicas e privadas de ensino;
IV – gratuidade do ensino público em estabelecimentos oficiais;
V – valorização dos profissionais da educação escolar, garantidos, na forma da lei, planos de carreira, com ingresso exclusivamente por concurso público de provas e títulos, aos das redes públicas; (Redação dada pela Emenda Constitucional nº 53, de 2006)
VI – gestão democrática do ensino público, na forma da lei;
VII – garantia de padrão de qualidade.
VIII – piso salarial profissional nacional para os profissionais da educação escolar pública, nos termos de lei federal. (Incluído pela Emenda Constitucional nº 53, de 2006)
IX – garantia do direito à educação e à aprendizagem ao longo da vida. (Incluído pela Emenda Constitucional nº 108, de 2020)
Parágrafo único. A lei disporá sobre as categorias de trabalhadores considerados profissionais da educação básica e sobre a fixação de prazo para a elaboração ou adequação de seus planos de carreira, no âmbito da União, dos Estados, do Distrito Federal e dos Municípios. (Incluído pela Emenda Constitucional nº 53, de 2006)

> e dos seus processos próprios de aprendizagem no ensino fundamental, que a identificação de elementos de discriminação que acabam por impedir o acesso e a permanência de grupos da sociedade na Universidade merecem tratamento diferenciado, enfim, que sem desprestigiar o tratamento isonômico, os elementos de caráter não pessoal que possuem fundamento constitucional, aqui o direito à diferença e o direito ao pluralismo também devem ser levados em conta.[157]

Frente ao segundo princípio, insta destacar que o art. 208 da CF/88, por sua vez é expresso ao garantir a educação infantil, em creche e pré-escola às crianças até 5 anos, oferta obrigatória e gratuita do ensino fundamental e a progressiva universalização do ensino médio gratuito, o atendimento especializado aos portadores de deficiência, a oferta de ensino noturno regular, entre outras. Soma-se o fato de que no §1º do art. 208 da Carta Magna artigo foi reconhecido que o acesso ao ensino fundamental, obrigatório e gratuito, é um direito público subjetivo. Assim, o segundo princípio, qual seja, a gratuidade do ensino público em estabelecimentos oficiais, é um direito público subjetivo.

Segundo Duarte, direito público subjetivo pode ser conceituado como sendo a:

> Capacidade reconhecida ao indivíduo em decorrência de sua posição especial como membro da comunidade, que se materializa no poder de colocar em movimento normas jurídicas no interesse individual. Em outras palavras, o direito público subjetivo confere ao indivíduo a possibilidade de transformar a norma geral e abstrata contida num determinado ordenamento jurídico em algo que possua como próprio. A maneira de fazê-lo é acionando as normas jurídicas (direito objetivo) e transformando-as em seu direito (direito subjetivo). [158]

[157] MALISKA, Marcos Augusto. **"Comentário ao art. 206".** In: CANOTILHO, J.J. Gomes; MENDES, Gilmar F.; SARLET, Ingo W.; STRECK, Lenio L. (Coords.). Comentários à Constituição do Brasil. São Paulo: Saraiva/Almedina, 2013, p. 1966.

[158] DUARTE, Clarice Seixas. **Direito público subjetivo e políticas educacionais**, p. 113. Disponível em: https://www.scielo.br/j/spp/a/RNxzrfZJ5H5HTnBVJFNH3vx/?lang=pt&format=pdf. Acesso em 17 de setembro de 2021.

Corresponde a um direito do indivíduo ainda que coletivamente considerado, cujo objeto é a prestação obrigatória de outrem, qual seja, o Estado ofertar de forma adequada o ensino fundamental, obrigatório e gratuito, passível de ser exigida em juízo quando de seu descumprimento, efetivada, nos termos do §2º do aludido artigo, mediante a previsão da responsabilização da autoridade competente pelo seu oferecimento ou por sua oferta irregular.

Importante frisar que no Estado Democrático de Direito a atuação do Estado deve voltar-se ao cumprimento dos objetivos e programas de ação governamentais constitucionalmente delineados ou de sistemas públicos necessários a efetivação dos direitos sociais. Dessa forma o enquadramento constitucional do direito à educação fundamental como direito público subjetivo acarreta a necessidade de realização de políticas públicas cuja titularidade se estende aos grupos vulneráveis.

Soma-se o fato de que o direito a educação além de garantir que o indivíduo curse o ensino fundamental para alcançar melhores oportunidades de emprego e contribuir para o desenvolvimento econômico da nação, deve visar o desenvolvimento de inúmeras capacidades individuais, ou seja, deve, conforme expresso no artigo 205 da CF/88, visar o pleno desenvolvimento da pessoa, preocupando-se em fomentar valores como respeito aos direitos humanos, além da participação social na vida pública, sempre em condições de igualdade e dignidade.

Nesse sentido, Duarte:

> A implantação de um sistema público adequado de educação interessa não apenas aos beneficiários diretos dos serviços (alunos), mas à coletividade, já que a educação escolar constitui um meio de inserir novas gerações no patrimônio cultural acumulado pela humanidade, dando-lhe continuidade.[159]

Dessa forma, haja vista que o direito público subjetivo resguarda interesses individuais que coincidem com o interesse público, tem-se que a implantação de um sistema público adequado de educação ultrapassa o nível de satisfação dos beneficiários diretos do serviço, interessando toda a coletividade na medida em que a educação escolar eleva o bem-estar de toda a sociedade. A possibilidade de participação de todos nos bens da coletividade, dentre os quais se insere o acesso à educação, e uma melhor distribuição desses bens é

[159] DUARTE, op. cit., p.113.)

um dos fundamentos do Estado Democrático de Direito, exigindo por parte do Estado políticas públicas voltadas à sua execução.

Quanto ao terceiro princípio, qual seja o direito à educação de qualidade, importa não só esperar que o Poder Público construa escolas, como também ofereça condições em preservar o direito à qualidade do ensino.

Ademais, de acordo com as concepções da UNESCO – Organização das Nações Unidas para a Educação, a Ciência e a Cultura: "a educação de qualidade para todos, como direito humano fundamental, está associada a três dimensões básicas: a equidade, a relevância e a pertinência".[160]

Nas palavras de Rocha e Jobim:

> Sinteticamente, a equidade está na intenção de buscar uma educação ajustada às necessidades de cada um, observada as capacidades individuais, para garantir o direito à igualdade de oportunidades, gerando condições para aproveitá-las. Em outras palavras, é oferecer mais para quem precisa mais e não apenas dispensar tratamento homogêneo, tendo em vista as desigualdades que as crianças chegam às escolas. A relevância e pertinência são dimensões estreitamente relacionadas entre si, pois a educação será relevante quando promove uma aprendizagem significativa, buscando alcançar as finalidades que se propõe, e pertinente, quando é flexível o suficiente ao considerar as necessidades e características dos estudantes no contexto da sociedade que participam.[161]

Destaca-se que o texto constitucional é rico em referências à qualidade do ensino como objetivo educacional. O art. 209, II, CF/88, trata da qualidade do ensino quando prevê que o Poder Público irá avaliar as escolas privadas por este parâmetro, bem como quando distribui competência à União para organizar um sistema federal de ensino, de forma a garantir um "padrão mínimo de qualidade" (art. 211, §1º, CF). Por fim, o constituinte exige que a distribuição de recursos para financiar a educação, por parte da União, deverá assegurar, entre outros, a garantia de padrão de qualidade e equidade (art. 212, §3º, CF) e que o Plano Nacional de Educação – PNE, a ser estabelecido em

[160] **Educação de qualidade para todos: um assunto de direitos humanos**. Brasília: UNESCO, OREALC, 2007, p. 56.

[161] ROCHA, Marcelo Hugo da; JOBIM, Marco Félix. STF, **direito à educação de qualidade**. Disponível em: file:///C:/Users/Novo/Desktop/mestrado/curso/tese/CAPITULO%202%20-%20VALOR%20-%20BIBLIOGRAFIA/STF_direito_a_educacao_de_qualidade.pdf , acesso em 17/09/2021.

lei, dentre diversos objetivos, deverá conduzir para melhoria da qualidade de ensino (art. 214, III, CF). Portanto, a qualidade que se propugna na educação não é casual, mas evidente e necessária para alcançar os fins que se buscam com este direito fundamental.

Nas palavras de Filho:

> A educação objetiva propiciar a formação necessária ao desenvolvimento das aptidões, das potencialidades e da personalidade do educando. O processo educacional tem por meta: a) qualificar o educando para o trabalho; e b) prepará-lo para o exercício consciente da cidadania. O acesso à educação é uma das formas de realização concreta do ideal democrático. A educação, processo contínuo e complexo que é, deve ser vista e analisada como um exercício de liberdade, na medida em que, desenvolvendo e ampliando a capacidade do educando, qualifica-o a compreender e avaliar, criticamente, as experiências ministradas pela realidade social. A aquisição de conhecimentos e a formação de uma consciência crítica integram-se no conceito global de educação.[162]

Em suma, a educação deve observar os princípios elencados no artigo 206 da CF/88, em especial, a igualdade de acesso e permanência na escola, a gratuidade do ensino público em ensinos oficiais, e a garantia de padrão de qualidade. Resta agora adentrar se as contraprestações exigidas das instituições de educação sem fins lucrativos para o enquadramento e gozo da imunidade inserta no artigo 150, VI, "c" da CF/88 vão ao encontro dessa educação almejada pela sociedade e cobrada do Estado.

2.1.1 O Terceiro Setor

Para que se possa compreender a imunidade concedida às instituições de educação sem fins lucrativos relacionada no artigo 150, VI, "c" da CF/88, mister se faz adentrar no significado e na dimensão do que vem a ser o "Terceiro Setor" do qual faz parte estas entidades.

Tradicionalmente, o Primeiro Setor se consubstancia na figura do Estado, exerce função pública e se exterioriza através de seus entes Políticos.

[162] MELLO FILHO, José Celso de. **Constituição Federal Anotada**. São Paulo: Saraiva, 1984, p. 418.

De outra sorte, quando nos referimos ao Segundo Setor, trata-se do mercado, representado pelas empresas, as quais exercem função evidentemente de natureza privada.

Feitas essas considerações, podemos passar a definição do que vem a ser Terceiro Setor. Em apertada síntese, podemos afirmar que as entidades integrantes do Terceiro Setor ocupam uma posição entre o setor público e o privado, ou seja, são organizações que apesar de possuírem natureza privada, não possuem fins lucrativos e são dedicadas à realização de objetivos sociais ou públicos, apesar de não integrarem a Administração Pública. O Terceiro Setor é denominado por Fernandes[163] de "privado, porém público".

O termo Terceiro Setor varia de país para país e reflete diferentes culturas, tradições e contextos políticos. Enquanto na França o terceiro setor é designado de economia social, nos países anglo-saxónicos é chamado de setor voluntário e de organizações não lucrativas e no Terceiro Mundo de organizações não governamentais.[164]

De modo geral, Santos relaciona o Terceiro Setor à contraposição do princípio da comunidade face à hegemonia do Princípio do Estado e do Mercado.

Para Paes, o Terceiro Setor:

> É aquele que não é público nem privado, no sentido convencional desses termos; porém guarda uma relação simbiótica com ambos, na medida em que ele deriva sua própria identidade da conjugação entre a metodologia deste com as finalidades daquele. Ou seja, o Terceiro Setor é composto por organizações de natureza "privada" (sem objetivo do lucro) dedicadas à consecução de objetivos sociais ou públicos, embora não seja integrante do governo (Administração Estatal).[165]

Segundo Santos:

> "Terceiro setor" é uma designação residual e vaga com que se pretende dar conta de um vastíssimo conjunto de organizações sociais que não são

[163] FERNANDES, Rubem César. **Privado porém público – O Terceiro Setor na América Latina**. Rio de Janeiro: Relume/Dumará, 1994.

[164] SANTOS, Boaventura de Sousa. **A reinvenção solidária e participativa do Estado**, p. 15. Texto apresentado no congresso "A sociedade e a Reforma do Estado". São Paulo, março de 1998. Disponível em: https://ces.uc.pt/publicacoes/oficina/ficheiros/134.pdf. Acesso em 02/10/2021.

[165] PAES, José Eduardo Sabo. **Fundações, Associações e Entidades de Interesse Social**. 9ª ed., ver e atual: Rio de Janeiro: Forense, 2018, p. 76.

> nem estatais nem mercantis, ou seja, organizações sociais que, por um lado, sendo privadas, não visam fins lucrativos, e, por outro lado, sendo animadas por objetivos sociais, públicos ou coletivos, não são estatais. [166]

Desta forma, temos que o Terceiro Setor tem como escopo atuar nas lacunas deixadas pelos setores estatal e privado, tendo como objetivo precípuo a promoção do bem-estar social. Ademais insta destacar que a sua atuação não visa eximir responsabilidades governamentais, tampouco tornar-se substituto dos entes públicos, na sua função precípua, qual seja, a administração pública. Tais organismos sem fins lucrativos atuam de forma complementar, prestando auxílio em diversos setores da sociedade.

Soma-se o fato de que do ponto de vista da dinâmica social, sobre a utilização do Terceiro Setor para mudar a realidade atual, o seu maior desafio é compreender que sua função extrapola a realização de atividades públicas, devendo assumir um papel de instrumento de concretização do Estado Democrático de Direito. Nesse sentido Paes, Valle e Santos:

> O Terceiro Setor deve ser entendido como um movimento democrático que emerge da sociedade, sendo utilizado por ela para atender as suas necessidades e concretizar os direitos fundamentais reconhecidos expressa ou implicitamente pela ordem constitucional, mas que não são totalmente realizados.[167]

Quanto às características inerentes às instituições que compõem o Terceiro Setor, Alves[168] elenca as seguintes:

a) Formalização, ou seja, apresentam alguma forma de institucionalização, quer seja pelo registro público de suas atividades, quer seja por outras formas que justifiquem a sua existência formal (reuniões

[166] SANTOS, op. cit., 1998.

[167] PAES, José Eduardo Sabo.; VALLE, Maurício Dalri Timm do,; SANTOS, Júlio Edstron S. O posicionamento estratégico do Terceiro Setor na Atualidade. **Revista de Estudos e Pesquisas posicionamento estratégico do Terceiro Setor na Atualidade**. Revistas de Estudos e Pesquisas Avançadas do Terceiro Setor, Brasília, v. 4, n. 2, p. 19, 2017. Disponível em: file:///C:/Users/Novo/Desktop/mestrado/curso/tese/bibliografia%20diversas/O_POSICIONAMENTO_ESTRATEGICO_DO_TERCEIRO.pdf . Acesso em 03/10/2021

[168] ALVES, Mario Aquino. **Terceiro Setor: as origens do conceito**. p.8. Disponível em: https://www.ufjf.br/virgilio_oliveira/files/2014/10/01-b-Alves-2002.pdf. Acesso em 02/10/2021.

regulares, representantes reconhecidos, ou outras formas de regularidade estrutural);

b) Natureza privada, ou seja, institucionalmente separadas do Estado (organizações não-lucrativas, para este projeto, não são parte do aparato do Estado, nem são dirigidas por conselhos formados majoritariamente por representantes de governos);

c) Não distribuição de lucros, ou seja, se houver excedentes de natureza econômica, estes não podem ser de forma alguma repassados a sócios ou membros, mas revertidos para a própria atividade-fim;

d) Auto-gestão, ou seja, são capazes de controlar a gestão de suas atividades; e a

e) Participação voluntária quer seja em suas atividades, em sua gestão ou em sua direção.

Cabe considerar que, conforme nos leciona Paes, as entidades do Terceiro Setor, não obstante o regime privado a que estão sujeitas, devem se sujeitar à observância dos princípios da legalidade, impessoalidade, moralidade, publicidade, economicidade e da eficiência tendo em vista a importância e a atuação das mesmas na promoção e defesa do interesse público. [169]

Concernente ao seu funcionamento, Santos ressalta que o Terceiro Setor é integrado por organizações mais flexíveis, se comparadas ao Primeiro Setor, e que ao executar atividades com finalidade social visando maximizar a eficiência e a equidade, diferentemente das integrantes do Segundo Setor, não estão adstritas ao princípio do mercado.

> A eficiência do mercado na gestão dos recursos foi considerada incontestável, em contraste com o funcionamento burocrático do Estado. A eficiência do mercado na gestão dos recursos colidia, no entanto, com a ineficiência (quando não, total perversidade) no mercado no que respeita à equidade na distribuição dos recursos antes confiada ao Estado. Sobretudo as organizações sociais e políticas progressivas, ainda que desarmadas no que respeita à defesa da administração pública do Estado que elas próprias tinham contestado, conseguiram manter na agenda

[169] PAES, José Eduardo Sabo. **Fundações, Associações e Entidades de Interesse Social..**, op, cit. p. 594.

> política a tensão entre eficiência e equidade. O terceiro setor surgiu então como o campo privilegiado para gerir essa tensão e gerar compromissos.[170]

Desta forma, pode-se inferir que as entidades pertencentes ao Terceiro Setor, se por um lado, conseguem realizar suas atividades com uma maior eficiência uma vez que não estão sujeitas à rígida estrutura normativa que rege a administração pública, por outro lado, dado seu caráter filantrópico, conseguem concatenar a eficiência com a busca de equidade social inerente a qualquer instituição pública.

Importante ressaltar que além da eficiência e equidade as entidades do Terceiro Setor também zelam pela qualidade na realização de suas atividades. Quanto ao aspecto qualitativo, pode-se afirmar que decorre da sua própria existência, caracterizado pelo idealismo de suas atividades, pela preocupação com o desenvolvimento econômico e a consolidação de valores democráticos, pluralistas, comprometido com a solidariedade, com o sentimento de comunidade, com o exercício de cidadania e com a responsabilidade social.

Neste cenário, pode-se inferir que a imunidade inserta no artigo 150, VI, "c" da CF/88, conferida às instituições de educação sem fins lucrativos integrantes do Terceiro Setor, visou privilegiá-las e mobilizá-las haja vista seu potencial de realização em complementariedade ao Estado de serviços de educação com agilidade, comprometimento e capacidade técnica.

Entretanto, em que pese as ações das aludidas instituições serem imprescindíveis para o desenvolvimento do Estado Brasileiro, para o seu correto enquadramento na benesse constitucional, tal tema deve ser constantemente analisado, criticado e auditado, no intuito de preservar tanto o sistema tributário constitucionalmente desenhado quanto o papel definido para tais entidades na busca da concretização do Estado Social e Democrático de Direito.

Ademais, tendo em vista que a imunidade, objeto desta obra, enquadra-se como uma exoneração fiscal de imposto, tributo não vinculado, que pode ser utilizado pelo Estado em ações imprescindíveis a efetivação de direitos fundamentais, possíveis distorções devem ser evitadas e punidas.

Nesse contexto, no intuito de melhor compreender a aludida imunidade, torna-se fundamental dissertar sobre a correlação que existe entre o princípio da solidariedade e o chamamento das instituições de educação sem fins lucrativos para prestar ao lado do Estado a educação almejada pela CF/88.

[170] SANTOS, Boaventura de Sousa. **A reinvenção solidária e participativa do Estado**, ps. 21 e 22. Texto apresentado no congresso "A sociedade e a Reforma do Estado". São Paulo, março de 1998. Disponível em: https://ces.uc.pt/publicacoes/oficina/ficheiros/134.pdf. Acesso em 03/10/2021.

2.1.2 O princípio da solidariedade e o Terceiro Setor

O conceito de solidariedade, segundo Silva[171], decorre de solidário, radicado no *solidus* latino, que significa inteiro, compacto. Assim, em realidade, revela-se a solidariedade numa comunidade de interesses, ou numa corresponsabilidade. Está relacionado também ao conceito de humanidade, o qual decorre do latim *humanitas*, de *humanus* (de homem ou pertencente ao homem), geralmente para designar o gênero humano ou conjunto de homens, de todas as regiões, formando um ser coletivo. Dessa forma pode-se afirmar que a solidariedade está inserida na constituição do ser humano, uma vez que ela é fundamental para a sua própria existência. Consoante Morais e Massaú:

> O princípio da solidariedade está sustentado na natureza do Homem, pois ele constitui sua natureza, com isso sua identidade. Ela existirá enquanto existir o Homem, este é o fundamento da tese do ser humano como ser social.[172]

Acerca da solidariedade, Nabais ensina-nos o conceito de "cidadania solidária", compreendendo que a solidariedade "mais não é do que um aspecto ou dimensão nova, e um aspecto ou dimensão nova ativa da cidadania"[173]. Na cidadania solidária, o cidadão assume um novo papel, com novas responsabilidades e encargos que não podem ser encarados como tarefas exclusivamente do Estado.

> [...]implica o empenhamento simultaneamente estadual e social de permanente inclusão de todos os membros da respectiva comunidade de modo a todos partilharem um mesmo denominador comum.[174]

171 SILVA, De Plácido e. **Vocábulo Jurídico**. 32ª Edição. Rio de Janeiro. Editora Forense, 2016. p. 3476.

172 MORAIS, José Luiz Bolzan de; MASSAÚ, Guilherme Camargo. **A solidariedade como elemento constitutivo da res pública.** Pensar, Fortaleza, v. 16, n. 1, p. 166, jan. /jun. 2011.

173 NABAIS, José Casalta. Solidariedade Social, cidadania e direito fiscal in **Solidariedade social e Tributação**. Coord. Marco Aurélio Greco e Marciano Seabra de Godói. São Paulo: Dialética, 2005, p. 124.

174 Ibid., p. 125.

Nesse mesmo sentido, Neto ao afirmar que solidariedade significa a cooperação social entre particulares, povos, e entre eles e o Estado, num verdadeiro pacto de responsabilidade recíproca.[175]

Nabais divide a incidência da solidariedade em vertical e horizontal da seguinte forma:

> Podemos dizer que foi este tipo de solidariedade (vertical) a que foi convocada para a resolução da chamada questão social, quando a pobreza deixou de ser um problema individual e se converteu num problema social a exigir intervenção política.
>
> (...)
>
> Por outro lado, a solidariedade pode também ser vista em seu sentido horizontal, agora não tomada apenas como um dever do Estado, mas também como obrigação de toda a sociedade civil. Determina a solidariedade que a efetivação dos direitos fundamentais seja vista como obrigação não apenas do Estado, mas da própria sociedade. [176]

Essa dupla dimensão do princípio da solidariedade também é abordada por Santos ao afirmar que a mesma já era adotada por Rousseau ao referir-se ao princípio da comunidade:

> O grande teorizador do princípio da comunidade foi Rousseau que o concedeu como contraponto indispensável ao princípio do Estado. Enquanto este último estabelecia a obrigação política vertical entre os cidadãos e o Estado, o princípio da comunidade afirmava a obrigação política horizontal e solidária de cidadão a cidadão. Segundo ele, é esta a obrigação política originária, a que estabelece a inalienabilidade da soberania do povo de que deriva a obrigação política com o Estado.[177]

[175] NETO, Antônio Nogueira Pereira. **Neoliberalismo e Solidariedade: breves apontamentos da teoria crítica do Direito**. Disponível em: https://siaiap32.univali.br/seer/index.php/rdp/article/view/15075/8611. Acesso em 25/09/2021.

[176] NABAIS, op. cit., 2005, p. 114 .

[177] SANTOS, Boaventura de Sousa. **A Reinvenção Solidária e Participativa do Estado**. 1999, p. 17. Disponível em: https://estudogeral.sib.uc.pt/bitstream/10316/11019/1/A%20Reinven%c3%a7%c3%a3o%20Solid%c3%a1ria%20e%20Participativa%20do%20Estado.pdf. Acesso em: 30/09/2021.

Para melhor delimitar a interface existente entre solidariedade e tributação, torna-se mister realizar um breve percurso entre os diferentes perfis de estatalidade, quais sejam do Estado Liberal ao Estado Democrático e Social de Direito.

No Estado liberal, organizado sob os cânones do liberalismo, sob a lógica do *laissez-faire*, a solidariedade era reconduzida pela concepção intelectual das doutrinas cristãs, a um sentimento genérico de fraternidade, que poderia ou não ser exercido pelo indivíduo, uma vez que não gozava de nenhum prestígio jurídico.

Segundo Sepulcri:

> Em termos de solidariedade, o que predomina no paradigma liberal, em traços grossos, é (a) a fraca coesão entre os indivíduos, na medida em que o dogma da liberdade econômica não propiciava laços de união entre classes, nem mesmo entre os membros das classes desfavorecidas, a quem a liberdade se apresentava claramente como mera construção retórica; (b) ausência de postura solidária do Estado, ou seja, inexistência de instrumentos jurídicos/políticos para integração dos marginalizados, acabando por reforçar o vácuo de solidariedade entre os cidadãos.[178]

O modelo de Estado Social, por sua vez, é resultado da superação ideológica do Estado Liberal. Nesse cenário a solidariedade passa a ser concebida como um dever jurídico, fundamentando seu discurso nas políticas assistenciais e no dilatamento da abrangência dos serviços públicos. Entretanto no Estado Social, a solidariedade foi centrada em sua concepção vertical, numa solidariedade estatal em relação à sociedade.[179]

[178] SEPULCRI, Nayara Tataren. **O princípio da solidariedade no sistema constitucional tributário brasileiro.** Disponível em: https://acervodigital.ufpr.br/bitstream/handle/1884/30582/R%20-%20D%20-%20NAYARA%20TATAREN%20SEPULCRI.pdf?sequence=1. Acesso em 20/03/2021, p. 29.

[179] O que se pretende pôr em relevo, então, é que a marca predominante, tomada como linha condutora do modelo social de Estado (na multiplicidade de suas expressões), é a de uma solidariedade vertical, que propunha a realizar o bem-estar da sociedade através do Estado, e não através da sociedade ela mesma, ou de uma cooperação entre as duas esferas. Portanto, é possível afirmar, em apertada síntese, que a solidariedade no Estado Social se apresentava vertical, do tipo um (Estado) por todos (indivíduos/sociedade). SEPULCRI, Nayara Tataren. **O princípio da solidariedade no sistema constitucional tributário brasileiro. P. 37-41**

A insustentabilidade do modelo social do Estado[180] teve de ceder espaço a uma nova conformação entre a sociedade e Estado. O novo Estado Democrático e Social de Direito pretendeu compor os ideais do Estado Liberal com as exigências de socialidade incorporadas pelo modelo de bem-estar.

> O Estado Democrático e Social de Direito, então, compreende, assimila, incorpora este novo modo de relacionamento entre o público e o privado – cujas fronteiras, aliás, já não são tão claras – e abre espaço à sociedade para persecução de fins sociais, sem renunciar a sua participação, direta ou indireta, na construção de uma sociedade mais livre, justa e solidária.[181]

No Estado Democrático de Direito, a solidariedade decorre não somente das limitações do Estado de ordem técnica ou financeira, mas também da circunstância de certos elementos de humanidade que só a sociedade civil e cada um de seus membros é capaz de proporcionar. Nesse sentido, Nabais:

> (...) o Estado convoca a colaboração economicamente desinteressada dos indivíduos e grupos sociais, mobilizando-a para a realização daqueles direitos sociais ou dos direitos sociais daqueles destinatários relativamente aos quais a atuação estadual, ou mais amplamente a atuação de caráter institucional, não está em condições de satisfazer. E não está em condições de satisfazer não só ou não tanto porque lhe falte capacidade técnica, humana ou financeira, mas sobretudo porque lhe falta aquele ou aqueles elementos de humanidade que só a sociedade civil e cada um dos seus membros, individual ou coletivamente, está em condições de proporcionar. Pois não podemos esquecer que alguns dos problemas que hoje convocam a nossa solidariedade, designadamente os colocados em sede de algumas das exclusões sociais do nosso tempo, requerem, mais do que prestações pecuniárias ou mesmo em espécie de Estado ou de outras instituições, o contato e o calor humano que promovam a recuperação do sentido útil da vida, reconduzindo os excluídos ao seio da família,

[180] O Estado Social além de ser financeiramente inviável, mostrou-se ser socialmente inadequado, uma vez que propunha criar uma interfase substitutiva dos liames sociais, e a realizar o bem-estar da sociedade através do Estado, e não através da sociedade ou de uma cooperação entre as duas esferas.
[181] SEPULCRI, op. cit., p. 29.

> ao mundo do trabalho, ou ao exercício duma atividade útil inclusivamente em sede de voluntariado social[182].

No Estado Democrático e Social de Direito, o princípio da solidariedade foi inserto nos textos constitucionais vinculando não apenas o Estado, como também toda a sociedade e seus componentes, de forma que toda uma estrutura de direitos fundamentais, individuais, coletivos, sociais devem ser perseguidos e observados, verticalmente e horizontalmente, pelo Estado, sociedade, grupos, indivíduos e entidades. Nos moldes do Estado Democrático e Social de Direito uma solidariedade multidimensional que "envolve não somente o Estado, mas a totalidade dos participantes da vida comunitária na divisão das responsabilidades decorrentes da coexistência coletiva".[183]

Na CF/88 o princípio da solidariedade foi incorporado ao texto legal[184], dando nova dimensão à tributação que, marcada tradicionalmente pela ideia de expressão do poder de império, passa a ser concebida como modalidade de dever fundamental de colaboração patrimonial do membro da comunidade para assegurar, mediante parcela de sua riqueza, o ingresso de recursos financeiros necessários para a realização do projeto de bem-estar individual e coletivo delineado pelo complexo normativo constitucional. A construção de uma sociedade solidária, no modelo do Estado Democrático de Direito, pressupõe o abandono do egocentrismo e a assunção de responsabilidade sociais em relação à comunidade e em especial àqueles de maior vulnerabilidade.

182 NABAIS, José Casalta. **Solidariedade social, cidadania e direito fiscal**. In: GRECO, Marco Aurélio; GODOI, Marciano Seabra de (Coords.). Solidariedade social e tributação. São Paulo: Dialética, 2005, p. 117.

183 CONTIPELLI, Ernani de Paula. **Solidariedade Social Tributária na perspectiva da teoria Tridimensional do Direito de Miguel Reali**. Disponível em https://tede2.pucsp.br/bitstream/handle/8749/1/Ernani%20de%20Paula%20Contipelli.pdf
Acesso em 20/03/2022, p. 191

184 O artigo 3º, inciso I da atual Carta Magna elenca como objetivo fundamental do Estado Brasileiro a construção de uma "sociedade livre, justa e solidariedade". Desta forma pode-se afirmar que liberdade, justiça e solidariedade, são os princípios que norteiam a vivência em sociedade e representam o Estado Democrático e Social de Direito constante no art. 1º da CF/88.

Importante ressaltar a correlação que existe entre dever de pagar tributos e o de exigir do Estado a redistribuição das riquezas arrecadadas. Nesse sentido, Contipelli[185]:

> o dever de colaboração de pagar tributos correlaciona-se direta e imediatamente com o direito de exigir (ou dever) do Estado de redistribuir adequadamente as riquezas arrecadadas no cumprimento dos objetivos constitucionais orientados pelo valor da solidariedade social, para possibilitar sua atuação na atribuição de condições satisfatórias de vida digna a toda comunidade, criando ambiente propício à conscientização das relações de alteridade e de respeito mútuo que devem existir entre seus membros, para devida realização do programa constitucional de ação destinado ao bem comum, o que conduz logicamente, ao fortalecimentos dos vínculos de cooperação recíproca, à preservação das liberdades individuais, e à garantia do desenvolvimento das potencialidades humanas, dando cabo das metas pretendidas pela adoção de um Estado Democrático de Direito.

Compreendido nesses termos, no exercício das competências tributárias no Estado Democrático de Direito estão intrinsicamente correlacionados a exigência do dever de colaboração com o dever de exigir do Estado a redistribuição adequada das riquezas arrecadadas. Assim sendo, a solidariedade tem o papel de aproximar a tributação e as finanças públicas, uma vez que a instituição e cobrança do dever de colaboração de pagar tributos encontra-se vinculada na configuração do dever do Estado de redistribuir adequadamente as riquezas arrecadadas nos moldes proposto no âmbito normativo constitucional.

Ademais, a justiça social é indissociável da ideia da solidariedade, na medida em que cria um vínculo mútuo entre o Estado, os detentores de riqueza e as pessoas ou grupos beneficiários da redistribuição dos bens sociais. Segundo Tavares[186], o Estado deve atuar na eliminação da pobreza por meio de prestações sociais mínimas que permitam o exercício da autonomia privada, pois a miséria, a doença e a ignorância impossibilitam o homem de ser livre e de se emancipar em sua condição social.

[185] CONTIPELLI, op. cit., p.348

[186] TAVARES, Marcelo Leonardo. **Direito Previdenciário**. 4ª edição, Rio de Janeiro: Lumen Juris, 2002, p. 52.

Torres[187] menciona três formas possíveis de atingir a justiça social por meio da justa distribuição da renda. Na primeira a distribuição da renda seria obtida, espontaneamente, pelo desenvolvimento econômico e pela economia de mercado. Na segunda a distribuição da renda decorre da transferência de bens da classe rica para a pobre e na terceira a função de distribuir a renda é delegada a certas instituições sociais.

Dessa forma, o princípio constitucional da solidariedade identifica-se, desse modo, com o conjunto de instrumentos voltados a garantir uma existência digna, comum a todos, em uma sociedade que se desenvolva como livre e justa, sem excluídos ou marginalizados.

Neste cenário, o conceito de solidariedade vem com uma nova perspectiva de pensar a sociedade por uma política concreta, não somente de um sistema de proteção social, mas também como "um fio condutor indispensável à construção e à conceitualização das políticas sociais".[188]

Importante ressaltar que a tributação constitui um poderoso instrumento para atingir o objetivo estampado no artigo 3º, inciso I da CF/88, qual seja: construir uma sociedade livre, justa e solidária.

Concernente à solidariedade, tanto a tributação exercida com viés fiscal ou arrecadatório como aquela desempenhada com caráter predominantemente extrafiscal prestam-se a ensejar manifestações dessa solidariedade.

Quanto a sua função fiscal, a tributação é o meio pelo qual o Estado obtém o recurso necessário para realizar os objetivos sociais estampados na CF/88. A tributação sob esse viés é vista como uma fonte de financiamento dos direitos fundamentais. O dever de pagar tributos traz subjacente o princípio da solidariedade que pretende fundamentar a realização de interesses de todo o grupo social, dentre os quais se enquadra a educação. Nesse domínio o princípio da solidariedade impõe, primeiramente, que todos contribuam para a consecução dos objetivos que a sociedade pretende alcançar, devendo para tanto o dever de suportar financeiramente o Estado. A solidariedade social implica que os tributos passem a ser concebidos não mais sob um enfoque individual de quem contribui, mas por meio de uma relação indissociável do coletivo. Pagar tributos ou zelar pelo cumprimento desta obrigação é um dever que está vinculado à noção de um dever solidário para com o outro.

187 TORRES, Ricardo Lobo. **Tratado de direito constitucional financeiro e tributário...**, op, cit, p. 275.

188 FARIAS, José Fernando de Castro. **A origem do direito de solidariedade**. Rio de Janeiro: Editora Renovar, 1998, p. 190.

Configura-se desta forma a íntima relação entre o dever fundamental de pagar impostos e o dever fundamental de solidariedade social.

Nesse sentido Torres: "a ideia de solidariedade se projeta com muita força no direito fiscal por motivo de extraordinária importância: o tributo é um dever fundamental".[189]

Concernente à função extrafiscal da tributação, a solidariedade também irradia seus efeitos. O princípio da solidariedade autoriza a modulação do ônus tributário, aumentando ou reduzindo, dada sua conexão com a extrafiscalidade. Sob essa ótica, todos os cidadãos são portadores de direitos, mas somente aqueles dotados de capacidade contributiva têm o dever de pagar tributos.

A esse propósito, Sanches:

> O princípio da solidariedade social implica, pelo menos, que todos contribuam para as despesas coletivas de um Estado de acordo com a sua capacidade, tributando os cidadãos de modo a que as desigualdades efetivas entre estes se esbatam – e desejavelmente se extingam – propiciando, a cada um, uma existência mais digna e plena, porque mais livre. [190]

Nesse aspecto, se de um lado os direitos sociais positivos e o dever de solidariedade social fundamentam e legitimam, respectivamente, o dever de pagar impostos, de outro lado, são esses mesmos pressupostos que determinam o limite para a aplicação desse dever. Dessa forma o Ente Estatal no desempenho de sua competência tributária está condicionado à observância de garantias individuais previstas na CF/88, sobretudo a capacidade contributiva.

O fundamento da capacidade contributiva encontra-se na solidariedade social, ou seja, na atenuação da incidência da carga tributária que recai sobre os mais desfavorecidos e na liberação dos que se encontram abaixo do mínimo existencial. Nesse aspecto, configuram-se como solidários conjuntamente os contribuintes e os beneficiários da redistribuição, promovida pelo Estado, da riqueza de forma menos desigual, por meio da satisfação dos direitos sociais e individuais.

[189] TORRES, Ricardo Lobo. **Tratado de direito constitucional financeiro e tributário ...**, op, cit, p. 181.

[190] SANCHES apud GRECO, op. cit., p. 90.

Quanto à correlação entre o princípio da capacidade contributiva e o princípio da solidariedade, Yamanshita nos ensina que o princípio da solidariedade deve ser aplicado mesmo quando ausente a capacidade contributiva:

> (...) nesta hipótese ele permanece eficaz, mas inverte sua polaridade de passiva (responsabilidade tributária) para ativa (limitação constitucional ao poder de tributar): o princípio da solidariedade genérica compõe a matriz conceitual da capacidade econômico- contributiva, na medida em que protege da tributação o mínimo existencial. [191]

Nesse contexto, no intuito de estimular a sociedade a prestar diretamente aos hipossuficientes serviços sociais que deveriam ser prestados pelo Estado, o princípio da solidariedade pode ser utilizado de forma inversa, conforme nos ensina Costa[192]: "esse modo de atuação é que tem sido denominado de aplicação do princípio da solidariedade social de forma inversa, a revelar que a solidariedade poderá ser efetivada pela desoneração total ou parcial da tributação. "

No que tange à imunidade dos impostos inserta no artigo 150, VI, "c", CF/88, concedida às instituições de educação sem fins lucrativos, integrantes do terceiro setor, a finalidade da exoneração fiscal, sob o prisma do princípio da solidariedade visa a recompensar essas entidades, criadas com o propósito de servir à coletividade, colaborando com o Estado na realização do direito social da educação, almejada pelo texto constitucional, cuja atuação do Poder Público é deficiente.

Trata-se da aplicação do princípio da solidariedade em sua dimensão negativa no eixo horizontal, qual seja, estabelecendo exoneração fiscal às entidades educacionais sem fins lucrativos que desempenham atividade própria do Estado e no eixo vertical, a outorga da imunidade aparece como um direito em face do Estado. Nesse sentido, Costa:

> A razão da outorga dessa imunidade é o desempenho, pelas instituições abrangidas pela norma, de atividades próprias do Estado, de relevante interesse público: a educação, o acesso à cultura (...). Assim, por

[191] YAMANSHITA, Douglas. **Princípio da Solidariedade no Direito Tributário**. In: GRECO, Marco Aurélio; GODOI, Marciano Seabra de (Coords.). **Solidariedade Social e Tributação**. São Paulo: Dialética, 2005, p. 60.

[192] COSTA, Regina Helena. **O princípio da solidariedade social no sistema tributário nacional**. Disponível em: https://periodicos.ufc.br/nomos/article/view/41334. Acesso em 25/09/2021.

> ajudarem a suprir as deficiências da atuação estatal nessas áreas, são recompensadas com a vedação constitucional da exigência de impostos. [193]

Sob o prisma da solidariedade ao inverso, tem-se que no intuito de suprir a deficiência do Estado, a educação prestada por essas instituições deveria ser realizada de forma a garantir a efetividade dos princípios estampadas no artigo 206 da CF/88, dentre os quais destaca-se a igualdade de acesso e permanência na escola, a gratuidade do ensino público em ensinos oficiais, e a garantia de padrão de qualidade.[194]

De fato, a lógica na concessão dessa exoneração de sede constitucional reside no fato que o terceiro setor está suprindo as deficiências do Estado, incapaz de formular e executar políticas públicas que visem a atender, no que tange à educação, os princípios estabelecidos no art. 206 da CF/88. Assim sendo, nada mais razoável que imunizar as instituições de educação sem fins lucrativos ao pagamento de tributos instituídos com a finalidade de, exatamente, financiar as políticas públicas que o Estado não dá conta de executar com o alcance e a eficiência necessários.

Importante ressaltar que a imunidade concedida pelo artigo 150, VI "c" da CF/88, é condicionada ao atendimento de requisitos previstos em lei.

[193] COSTA, Regina Helena. **O princípio da solidariedade social no sistema tributário nacional** ...op. cit.

[194] Art. 206. O ensino será ministrado com base nos seguintes princípios:
I – igualdade de condições para o acesso e permanência na escola;
II – liberdade de aprender, ensinar, pesquisar e divulgar o pensamento, a arte e o saber;
III – pluralismo de idéias e de concepções pedagógicas, e coexistência de instituições públicas e privadas de ensino;
IV – gratuidade do ensino público em estabelecimentos oficiais;
V – valorização dos profissionais da educação escolar, garantidos, na forma da lei, planos de carreira, com ingresso exclusivamente por concurso público de provas e títulos, aos das redes públicas; (Redação dada pela Emenda Constitucional nº 53, de 2006)
VI – gestão democrática do ensino público, na forma da lei;
VII – garantia de padrão de qualidade.
VIII – piso salarial profissional nacional para os profissionais da educação escolar pública, nos termos de lei federal. (Incluído pela Emenda Constitucional nº 53, de 2006)
IX – garantia do direito à educação e à aprendizagem ao longo da vida. (Incluído pela Emenda Constitucional nº 108, de 2020)
Parágrafo único. A lei disporá sobre as categorias de trabalhadores considerados profissionais da educação básica e sobre a fixação de prazo para a elaboração ou adequação de seus planos de carreira, no âmbito da União, dos Estados, do Distrito Federal e dos Municípios. (Incluído pela Emenda Constitucional nº 53, de 2006)

Do exposto, torna-se fundamental analisar se os requisitos previstos no texto constitucional e infraconstitucional para a fruição deste beneplácito constitucional estão indo ao encontro da prestação de uma educação inclusiva de qualidade e gratuita exigido pela CF/88 do Poder Público. Ademais, torna-se mister verificar se os aludidos requisitos são suficientes para excluir dessa exoneração fiscal aquelas entidades que, embora cumpram o formato legal do terceiro setor, tratam-se de organizações de fachada, cuja lógica é basicamente o lucro, afastando-se desta forma da filosofia basilar do Terceiro Setor.

2.2 O conceito de instituição sem fins lucrativos

Inicialmente há de se colocar que o primeiro requisito para a imunidade tributária ser alcançada consiste na entidade ser considerada, perante os órgãos públicos, como uma instituição de educação, nos termos da legislação regente.

Seguindo a classificação feita por Silva[195], é importante observar que o artigo 150, VI, "c" da CF, ao estabelecer que, para fazer jus à imunidade, as instituições de educação sem fins lucrativos devem atender aos requisitos da lei; enquadram-se como normas de eficácia contida e aplicabilidade imediata, mas passíveis de restrição.

Nas palavras de Silva[196], as normas de eficácia contida:

> [...] são aquelas em que o legislador constituinte regulou suficientemente os interesses relativos à determinada matéria, mas deixou margem à atuação restritiva por parte da competência discricionária do Poder Público, nos termos que a lei estabelecer ou nos termos dos conceitos gerais nelas enunciados.

Ocorre que nem a Constituição de 1988 nem a legislação que regula a imunidade cuidaram de delimitar o conceito de todos os institutos sobre o qual recai a imunidade. Diante do silêncio da lei, esse instituto acabou gerando grandes debates tanto na doutrina como na jurisprudência.

[195] SILVA, José Afonso da. **Aplicabilidade das Normas Constitucionais**. 3ª ed. São Paulo: Malheiros, 1998.

[196] Ibid., p. 116

Trata-se de matéria a exigir análise minuciosa, sendo tema dos mais relevantes no estudo do direito tributário constitucional.

Torna-se importante frisar que a doutrina e a jurisprudência oscilam quanto ao conceito de instituição de educação inserto no artigo 150, VI, "c" da CF/88 [197].

Quanto à jurisprudência do STF, no final de 2015, a 2ª Turma do Supremo Tribunal Federal (STF) proferiu decisão RE 862.852/ES[198], segundo a qual a imunidade seria restrita às instituições de ensino devidamente credenciadas pelas autoridades educacionais. Nesse julgado a Colenda Corte firmou o entendimento de que visto o texto constitucional, na parte que trata da educação, estabelecer condições para o exercício do ensino, não há como reconhecer a caracterização de uma instituição educacional sem o cumprimento das normas gerais de educação nacional e sem a autorização e avaliação de qualidade pelo Poder Público.

Esse entendimento, do qual somos adeptos, também foi adotado pela Segunda Turma dessa Corte nos autos do RE nº 378.666/DF-AgR, Relator o Ministro Ricardo Lewandowski, DJe de 20/4/12:

> AGRAVO REGIMENTAL NO RECURSO EXTRAORDINÁRIO. TRIBUTÁRIO. IMUNIDADE DAS INSTITUIÇÕES DE EDUCAÇÃO. ART. 150, VI, C, DA CONSTITUIÇÃO. NECESSIDADE DE OBSERVÂNCIA DOS REQUISITOS CONSTITUCIONAIS PARA A ATUAÇÃO DA INICIATIVA PRIVADA NA ÁREA DE ENSINO. PREVISÃO DO ART. 209, II, DA CONSTITUIÇÃO. IMPOSSIBILIDADE DE O TEXTO CONSTITUCIONAL INCENTIVAR ATIVIDADES QUE NÃO ATENDAM OS DITAMES POR ELE ESTIPULADOS. PROCESSUAL CIVIL. ART. 462 DO CPC. INAPLICABILIDADE EM RECURSO EXTRAORDINÁRIO. 3 Documento assinado digitalmente conforme MP n° 2.200-2/2001 de 24/08/2001, que institui a Infraestrutura de Chaves Públicas Brasileira – ICP-Brasil. O documento pode ser acessado no endereço eletrônico http://www.stf.jus.br/portal/autenticacao/ sob o número 8135563. RE 862852 / ES VERIFICAÇÃO IN CONCRETO DA EXISTÊNCIA DE AUTORIZAÇÃO PARA O DESEMPENHO

[197] BRASIL. Constituição (1988). **Constituição da República Federativa do Brasil:** de 5 de outubro de 1988. 30. ed. São Paulo: Atlas, 2009, p. 116

[198] BRASIL. Supremo Tribunal Federal. **Agravo Regimental em Recurso Extraordinário n. 862.852/ES**. Relator: Ministro Dias Toffoli Ricardo Lewandowksy. 24-11-2015. DJ 17-12-2015. Disponível em: http://www.stf.gov.br. Acesso em: 27/05/2022.

> DA ATIVIDADE DE ENSINO. IMPOSSIBILIDADE EM SEDE DE RECURSO EXTRAORDINÁRIO. SÚMULA 279 DO STF. AGRAVO IMPROVIDO. I – A imunidade prevista no art. 150, VI, c, da Constituição em benefício das instituições de ensino busca incentivar a cooperação entre o Poder Público e a iniciativa privada na concretização do direito social à educação. II – A autorização pelo Poder Público, prevista no art. 209, II, da Constituição, constituiu requisito indispensável à legitimidade constitucional para o exercício da atividade de ensino pela iniciativa privada. III – Estender o benefício em questão às instituições de ensino não autorizadas a funcionar pelo Poder Público equivaleria a admitir-se que o texto constitucional estaria a fomentar o desempenho de atividade realizada em desconformidade com as suas próprias disposições. IV – A jurisprudência desta Corte firmou-se no sentido de que o art. 462 do CPC não se aplica na instância extraordinária. V – Inviável em recurso extraordinário o exame do conjunto fático probatório constante dos autos. Incide, no caso, a Súmula 279 do STF. VI – Agravo regimental improvido.[199]

Nessa esteira, insta observar que referente ao enquadramento o inciso II do artigo 209 da CF é expresso ao afirmar que somente mediante autorização pelo Poder Público a entidade poderá ser enquadrada como instituição de educação. Soma-se ao fato de que a entidade deverá, nos termos do art. 214 da Carta Magna, atender às condições básicas para cumprimento da educação Nacional estabelecidas pela Lei de Diretrizes de Bases, qual seja a Lei nº 9.394/1996. Nesse contexto, entende-se que somente com a apresentação de Portaria do Ministério da Educação (no caso de ensino superior), da Secretaria de Educação Estadual (no caso de ensino médio), da Secretaria de Educação Municipal (no caso de educação infantil e ensino fundamental), ou no âmbito do Distrito Federal de sua Secretaria de Educação do Distrito Federal (no caso de educação infantil, e ensinos fundamental e médio), a entidade poderá comprovar seu enquadramento como instituição de educação apta a usufruir da imunidade estabelecida no artigo 150, VI, "c", CF/88.

Convém ressaltar que a administração fiscal federal bem como a distrital acolhem esse entendimento. A Instrução Normativa nº 113/1998 da Secretaria da Receita Federal, em regulamentação aos artigos 12 a 14 da Lei

[199] BRASIL. Supremo Tribunal Federal. **Recurso Extraordinário nº 378.666/DF-AgR/DF**. Relator o Ministro Ricardo Lewandowski. 03-04-2012. DJ 20-04-2012. Disponível em: http://www.stf.gov.br. Acesso em: 27/05/2022.

nº 9.532/1997, estabelece em seu artigo 2º c/c artigo 1º que considera-se imunes as instituições de educação que prestem serviços de pré-escola, fundamental, médio e superior. No âmbito da legislação distrital a Instrução Normativa nº 17/2018 da Subsecretaria da Receita é expressa ao consignar o reconhecimento como instituição de educação pelo Ministério de Educação ou pela Secretaria de Educação do Distrito Federal como condição para fazer jus ao enquadramento na imunidade de que trata o artigo 150, VI, "c" da Constituição Federal de 1988.

Nesse sentido, manifesta-se tanto o Conselho Administrativo de Recursos Fiscais – CARF quanto o Tribunal Administrativo de Recursos Fiscais do Distrito Federal – TARF/DF:

> ASSUNTO: IMPOSTO SOBRE A RENDA DE PESSOA JURÍDICA (IRPJ) Ano-calendário: 2006 FUNDAÇÃO DE APOIO A INSTITUIÇÃO EDUCACIONAL. IMUNIDADE INEXISTENTE. Entidades que não prestem, per si, os serviços de educação a que se refere o artigo 209 da Constituição Federal, mediante o cumprimento das normas gerais de educação nacional e com a autorização e avaliação de qualidade pelo Poder Público, não estão abrangidas pela imunidade a que alude a letra "c" do inciso VI do seu artigo 150.[200]

> **ACÓRDÃO DA 2a. CÂMARA No. 246 / 2000 (8661)**
> EMENTA : IPTU – IMUNIDADE TRIBUTÁRIA – ATENDIMENTO AOS REQUISITOS ESTABELECIDOS EM LEI – IMPOSSIBILIDADE – Não faz jus à manutenção da imunidade tributária, consedida por meio de ato declaratório, se não comprovado o preenchimento de requisitos estabelecidos em lei. PAGAMENTO DO TRIBUTO – EXTINÇÃO DO PROCESSO – É de se declarar extinto o processo e a lide decorrente quando constatado nos autos o pagamento que deu ensejo à sua instauração.[201]

[200] BRASIL. Ministério da Economia. Conselho Administrativo de Recursos Fiscais. **Acórdão nº 1402-006.032** – 1ª Seção de Julgamento / 4ª Câmara / 2ª Turma Ordinária. 09-12-2021. Disponível em: https://carf.fazenda.gov.br/sincon/public/pages/ConsultarJurisprudencia/lista JurisprudenciaCarf.jsf . Acesso em 19/08/2022

[201] DISTRITO FEDERAL. Secretaria de Economia do Distrito Federal Tribunal Administrativo Fiscal – TARF/DF **ACÓRDÃO DA 2a. CÂMARA No. 246 / 2000 .** Recurso Voluntário 328/1999. Relator. Conselheiro Luiz Airton Figurelli Gorga. 29-08-2000. Disponível em: http://www.fazenda.df.gov.br//aplicacoes/legislacao/tarf/TelaSaidaAcordao.cfm?Camara=2&Acordao=246&AnoAcordao=2000 . Acesso em 19/08/2022

Na doutrina, Hable[202] compatibiliza com esse posicionamento jurisprudencial e administrativo, ao afirmar ser necessário que a entidade cumpra todos os requisitos legais formais constitutivos necessários para que seja considerada instituição de educação, e seja então autorizado o seu funcionamento pelo Poder Público. [203]

Entretanto, é importante destacar que, em que pese os ditames expressos nos artigos 209 e 214, ambos do texto constitucional, por vezes, o STF reconheceu a imunidade de instituição de educação em sentido amplo, não constituindo entrave à imunidade de impostos consagrada no art. 150, VI, "c", da Constituição o fato de a instituição dedicar-se à educação por meio de atividades outras que não a educação formal ou escolar.[204]

Na doutrina, segue o mesmo entendimento Baleeiro ao defender que instituição de educação

> [...] não significa apenas a de caráter estritamente didático [mas, diversamente] toda aquela que aproveita à cultura em geral, como o laboratório, centro de pesquisa, o museu, o "atelier" de pintura ou escultura, o ginásio de desportos, as academias de letras, artes e ciências. [...] O importante [prosseguiu ele] é que seja realmente "instituição", acima e fora de

[202] HABLE, José. **Terceiro Setor e Tributação.** In: PAES, José Eduardo Sabo (coord.). A imunidade tributária das instituições de educação, a aplicação integral, no País, de seus recursos na manutenção de suas finalidades essenciais. Brasília: Fortium, 2008.

[203] Posição reiterada no AgR RE 862.852/ES que consigna de forma expressa que a exploração de serviços de educação pela iniciativa privada deve atender os requisitos fixados no artigo 209 do texto constitucional. (BRASIL. Supremo Tribunal Federal. Agravo Regimental em Recurso Extraordinário n. 862.852. Relator: Ministro Dias Toffoli Ricardo Lewandowksy. 24-11-2015. DJ 17-12-2015. Disponível em: http://www.stf.gov.br. Acesso em: 31de maio de 2022.

[204] A título ilustrativo, confiram-se as seguintes decisões: RE 183.216-9/RJ – Ag. Reg. – 2ª Turma (1998): Sociedade Brasileira de Cultura Inglesa; AI 481.586-6/MG – Ag. Reg. – 2ª Turma (2005): Fundação Arthur Bernardes (Funarbe); RE 192.899-9/MG – Ag. Reg. – 1ª Turma (2006): Fundação de Desenvolvimento da Pesquisa (Fundep); AI 713.981/SP – Decisão monocrática do ministro Menezes Direito (2008): Fundação de Apoio Institucional ao Desenvolvimento Científico e Tecnológico – FAI Ufscar; AI 688.808/SP – Decisão monocrática do ministro Marco Aurélio (2011): Instituto Eldorado; RE 543.413/DF – Ag. Reg. – 1ª Turma (2013): Conselho Cultural Thomas Jefferson; AI 748.917/SP – Decisão monocrática do ministro Gilmar Mendes (2013): Fundação Richard Hugh Fisk; RE 801.394/RS – Decisão monocrática do ministro Roberto Barroso (2014): Fundação Luiz Englert; ARE 906.131/RJ – Decisão monocrática do ministro Roberto Barroso (2015): Fundação Universitária José Bonifácio (FUJB).

> espírito de lucro, e não simples 'empresa' econômica, sob o rótulo educacional ou de assistência social.[205]

Nesse mesmo sentido, cite-se Souza:

> A educação, para fins de enquadramento da instituição no conceito de imunidade previsto no artigo 150, VI, "c", da Constituição Federal, deve ser considerada de forma ampla, em sua plena acepção.
>
> [...]
>
> Como instituição de educação, portanto, deve ser considerada toda aquela que volte suas atividades à promoção dos valores que engloba o conceito pleno de educação, nos termos aqui expostos. Não há, em nossa Constituição, qualquer dispositivo limitador deste conceito; ao contrário, o espírito constitucional propugna por uma acepção ampla de educação, a permitir o enquadramento de inúmeras categorias de instituições no albergue imunizante [...][206]

Insta ainda destacar um terceiro posicionamento doutrinário com pretensões conciliatórias, qual seja, de que o reconhecimento formal somente seria exigível para as instituições que se dediquem ao ensino curricular, sendo dispensável para todas as demais instituições, conforme explana Pannunzio:

> é preciso atentar que as condições impostas pelo texto constitucional em seu art. 209 (cumprimento das normas gerais da educação nacional, e autorização e avaliação de qualidade pelo Poder Público) aplicam-se apenas às instituições de "ensino", como indica o próprio *caput* do dispositivo, e não às que se dedicam à educação de outras formas.[207]

Ademais, para que uma instituição de educação seja considerada imune, é necessário que seja uma entidade sem fins lucrativos. Assim, a imunidade tributária das instituições de educação é do tipo "condicionada", ou seja, deve

[205] BALEEIRO, op. cit., p. 314-315.

[206] SOUZA, op. cit., p. 163-164.

[207] PANNUNZIO, Eduardo. **Imunidade das instituições de educação em xeque: uma crítica à decisão do STF no RE 862.852/ES.** Disponível:http://www.direitodoestado.com.br/colunistas/eduardo-pannunzio/imunidade-das-instituicoes-de-educacao-em-xeque-uma-critica-a-decisao-do-stf-no-re-862852es. Acesso em: 31 de maio de 2022.

obedecer ao artigo 150, inciso VI, alínea "c", da CF/88,[208] no tocante à expressão "sem fins lucrativos".

Para Barreto, consideram-se entidades sem fins lucrativos:

> É instituição sem fins lucrativos toda entidade que não tenha por objetivo distribuir os seus resultados, nem o fazer retornar seu patrimônio às pessoas que a instituíram. Para que sejam classificados como "sem fins lucrativos", é mister que as instituições preencham dois requisitos: a) não distribuam lucros (mais correto seria dizer seus superávits); e b) não revertam seu patrimônio às pessoas que as criaram. Preenchidos esses pressupostos, tem-se instituição sem fins lucrativos.[209]

Imperioso se faz salientar que é admitido que as entidades de educação obtenham superávit no exercício de suas atividades, pois, conforme jurisprudência pacificada da Suprema Corte, a ausência de fins lucrativos não implica, necessariamente, a prestação gratuita de serviços. Nesse sentido, cita-se o RE 211.790 Agr-ED /MG, no qual segundo o Relator Ministro Ilmar Galvão: "[...] a ausência de fins lucrativos não é, obviamente, incompatível com a exigência, pela instituição de ensino, de contribuição de seus alunos, destinada a manutenção de seus serviços." RE 211.790 -Agr/MG, 1ª Turma, Rel. Min. Ilmar Galvão, j. 12.11.2002, DJ 19.12.2002.

Dessa forma, a prestação de serviços de educação gratuita não é condição para que a entidade seja enquadrada no conceito de instituição de educação previsto no artigo 150, VI, "c" da CF/88[210], desde que todo rendimento da entidade seja revertido integralmente aos seus objetivos sociais e não haja distribuição ou apropriação dos resultados financeiros pelos seus sócios, dirigentes ou empregados.[211]

Relativo ao valor da mensalidade, convém consignar que a cobrança exorbitante de preços por uma instituição de educação sem fins lucrativos já foi de certa forma tratada pelo Supremo Tribunal Federal no RE 599194 AgR/CE, no qual apesar de julgar improcedente o recurso sob o argumento de que a Fazenda Pública durante o processo de constituição do crédito tributário, ou no curso dos embargos à execução fiscal, não colacionou provas de que

[208] BRASIL, op. cit.,1988.

[209] BARRETO, Aires. **Imunidades Tributárias: Limitações Constitucionais ao Poder de Tributar.** São Paulo, Dialética, 1999, p. 23

[210] BRASIL, op. cit.,1988.

[211] Ibid.

a atividade desenvolvida era desproporcional ou irrisória em relação ao benefício constitucional recebido e de sua impossibilidade de reexame probatório em sede de Recurso Extraordinário, admitiu a possibilidade desse controle de proporcionalidade entre a exoneração fiscal auferida pela instituição e a atividade assistencial oferecida à sociedade. Dessa forma, a cobrança de mensalidade exorbitante de forma a reduzir a prestação educacional a um grupo reduzido de pessoas em condições privilegiadas pode, a depender da análise fática, retirar a natureza de instituição não lucrativa da organização.

Concernente à ausência de fins lucrativos insta ainda destacar a posição de alguns doutrinadores no sentido de que a imunidade não pode ser interpretada em detrimento do Princípio da Livre Concorrência. Nesse sentido, Schoueri defende que existem situações em que a imunidade tributária conferida às instituições de educação sem fins lucrativos pode ferir o Princípio da Livre Concorrência. Segundo o autor:

> Não é porque uma entidade educacional, por sua condição de imune, cobra mensalidades escolares mais em conta, que se terá, de imediato, afastada a imunidade. Pesará a seu favor o fato de que a cobrança de mensalidades reduzidas abre a maior camada da população o acesso à educação, o que sem dúvida implica atender o desiderato constitucional. Se, entretanto, a cobrança de tais mensalidades força as instituições de educação com fins lucrativos a reduzir igualmente suas mensalidades, não obstante estejam elas sujeitas a imposto, então prevalece adequado trazer o argumento da Livre Concorrência.[212]

Em sentido contrário, Carmo[213] afirma que a imunidade prevista no artigo 150, VI, "c" da CF/88, não afronta o princípio da livre concorrência uma vez que, se de um lado, a Constituição desenha a livre concorrência sadia, garantidora de condições equânimes aos agentes econômicos em competição no mercado, de outro lado, a Constituição opta pela imunidade de instituições sem fins lucrativos que tem por escopo a realização de valores e do direito fundamental à educação. Seguindo esse raciocínio, a autora argumenta que as instituições de educação imunes não são iguais ou equiparáveis aos agentes

[212] SCHOUERI, Luís Eduardo, **Direito Tributário,** São Paulo: Saraiva, 2011, p. 397.
[213] CARMO, Aendria de Souza do **A Imunidade Tributária das Instituições de Educação e de Assistência Social e a Livre Concorrência.** Belo Horizonte: Editora D'Plácido, 2015.

econômicos em competição no mercado, não merecendo, portanto, tratamento jurídico igual, pelos seguintes motivos:

a) A livre concorrência pressupõe a igualdade jurídico-formal dos agentes de dado mercado. Como as empresas educacionais e as instituições sem fins lucrativos não são iguais do ponto de vista jurídico-formal (as últimas, e.g., não podem fazer uso indiscriminado de suas rendas), a imunidade que beneficia as últimas não contraria a livre concorrência;
b) Dadas as características do mercado de educação (multiplicidade de agentes, inexistência de elevadas barreiras à entrada e reduzida possibilidade de imposição de preços abaixo do custo), a imunidade não se caracteriza como lesiva à livre concorrência;
c) A livre concorrência, enquanto garantia pelo Estado de um ambiente concorrencial sadio, compatibiliza-se com a imunidade tributária, também por pautar-se pelo interesse público e por benefícios coletivos cuja proteção constitucional igualmente anima a própria norma imunizante.

Quanto ao conceito de instituição de educação sem fins lucrativos, no que concerne à prestação dos serviços educacionais, deve também ser analisado se a Carta Magna estabeleceu a generalidade como condição para que a entidade usufrua da imunidade. Em relação à generalidade da prestação de serviços de educação, Torres entende que se trata de requisito intrínseco da pessoa imune. Carrazza[214], por outro lado, leciona que a generalidade deve ser entendida em termos. Para ele, não é necessário que a instituição de educação esteja aberta a toda coletividade, mas que ela não faça discriminações arbitrárias, restringindo excessivamente seus cursos.

Por fim, alusivo à natureza jurídica das instituições de educação que fazem jus ao beneplácito constitucional inserto no artigo 150, VI, "c" da CF/88, Baleeiro realiza uma interpretação mais extensiva afirmando que independentemente da forma jurídica específica, seja ela uma sociedade, uma associação ou uma fundação, a instituição deve colimar a prestação de serviços educacionais sem o intuito de lucro e com o cumprimento integral dos requisitos arrolados no art. 14 do Código Tributário Nacional[215].

[214] CARRAZZA, Roque Antônio. **Curso de direito constitucional tributário**. 19 ed. São Paulo: Malheiros, 2003, p. 679.

[215] Nesse sentido, Baleeiro: "São inst'ituições de educação sem fins lucrativos todas aquelas entidades que prestam serviços de ensino em qualquer grau e em qualquer área do conhecimento humano, com vistas a promover os fins elencados no artigo 205 da Constituição Federal." BALEEIRO, op. cit., p. 532.

Entretanto, em que pese o posicionamento do nobre doutrinador, a maior parte da doutrina afirma que as instituições de educação sem fins lucrativos devem conforme o Código Civil adotar a forma de associações ou fundações, uma vez que as sociedades são pessoas jurídicas de direito privado com fins econômicos ou lucrativos, razão pela qual o legislador decidiu trata-las em separado, fazendo-o no Livro II da Parte Especial do Código Civil, que dispõe especificamente sobre o Direito de Empresa. [216]

As associações, nos termos do artigo 53 do Código Civil, são pessoas jurídicas de direito privado através da qual pessoas se congregam objetivando realizar determinada atividade fim sem o intuito de obter lucro.

Quanto à finalidade de uma entidade associativa nos ensina Grazzioli e Paes:

> Nessa linha, é possível identificar, de forma geral, a existência de entidades com finalidade altruísta, como ocorre com as associações beneficentes, por exemplo; finalidade egoística, como na hipótese de uma associação literária, esportiva ou recreativa; e, também, uma finalidade econômica não lucrativa, na hipótese de uma entidade criada para prestação de socorro mútuo a seus associados.[217]

Assim sendo, as associações de interesse social têm sua existência fundamentada no desenvolvimento de atividades que transcendem aos interesses próprios de quem a integra, atuando de forma difusa em favor da própria sociedade.

A sua criação fica condicionada ao registro dos atos constitutivo no cartório competente[218], cujo estatuto, em observância ao artigo 54 do CC deverá, sob pena de nulidade, conter: a denominação, os fins e a sede da associação; os requisitos para a admissão, demissão e exclusão dos associados; os direitos e deveres dos associados; as fontes de recursos para sua manutenção; o modo de constituição e de funcionamento dos órgãos deliberativos; as condições para a alteração das disposições estatutárias e para a dissolução; e a forma de gestão administrativa e de aprovação das respectivas contas.

[216] Vide artigos 44, 53, 62 e 981 do Código Civil.

[217] GRAZZIOLI, op. cit., p. 35.

[218] O estatuto da associação deve ser inscrito no Registro Civil de Pessoas Jurídicas, conforme orientação da Lei nº 6.015/1973.

Quanto às fontes de recursos, ou seja, a maneira que os recursos serão captados para que a associação se mantenha, podem ser monetárias e não monetárias e sua receita poderá ser decorrente de atividades econômicas ou não, sem finalidade lucrativa, podendo ser oriundas de prestação de serviços, doações, subvenções sociais, dentre outras modalidades. Convém observar que a renda proveniente de suas atividades deverá ser revertida para os seus objetivos estatutários.

Importante ressaltar que nos termos do artigo 61 do Código Civil[219] a forma de dissolução de uma associação deve estar expressa no seu estatuto sendo que, depois de deduzidas, se for o caso, os valores das contribuições prestadas ao patrimônio da associação[220], o remanescente do patrimônio líquido da associação deverá ser destinado de fins não econômicos designada no estatuto ou, omisso este, por deliberação dos associados, à instituição municipal, estadual ou federal, de fins idênticos ou semelhantes.

Quanto às associações cujo estatuto dispõe que em caso de dissolução ou extinção os seus bens/patrimônios serão destinados para uma entidade de fins lucrativos, torna-se mister trazer à baila o posicionamento de Paes:

> Nosso entendimento é de que, de acordo com o atual ordenamento jurídico civil, não será possível dar cumprimento a esta norma estatutária, devendo seus associados providenciarem uma alteração para adequação

[219] Art. 61. Dissolvida a associação, o remanescente do seu patrimônio líquido, depois de deduzidas, se for o caso, as quotas ou frações ideais referidas no parágrafo único do art. 56, será destinado à entidade de fins não econômicos designada no estatuto ou, omisso este, por deliberação dos associados, à instituição municipal, estadual ou federal, de fins idênticos ou semelhantes. § 1º Por cláusula do estatuto ou, no seu silêncio, por deliberação dos associados, podem estes, antes da destinação do remanescente referida neste artigo, receber em restituição, atualizado o respectivo valor, as contribuições que tiverem prestado ao patrimônio da associação. § 2º Não existindo no Município, no Estado, no Distrito Federal ou no Território, em que a associação tiver sede, instituição nas condições indicadas neste artigo, o que remanescer do seu patrimônio se devolverá à Fazenda do Estado, do Distrito Federal ou da União.

[220] Quanto à possibilidade de restituição das contribuições realizadas pelos associados ao patrimônio da associação, no caso de sua dissolução, observa-se que a decisão para a restituição deve ser deliberada antes da distribuição do remanescente do patrimônio; a deliberação dos associados deve ser oriunda da assembleia-geral, em convocação específica e com decisão condicionada a quórum qualificado; a restituição, atualizado o valor são apenas das contribuições destinadas especificamente ao patrimônio da entidade e não à destinada ao custeio ou manutenção das atividades da associação; a atualização deverá ser efetuada com base em índice oficial de correção monetária, vedada a incidência de juros e por fim, a devolução deverá ser efetuada a título de restituição e não de distribuição de lucros face à natureza jurídica de associação, qual seja, organização de fins não econômicos.

da redação ao preconizado pelo art. 61, sob pena de que seja o patrimônio em caso de dissolução destinado a uma instituição pública de fins idênticos ou semelhantes (art. 61, in fine) ou caso não haja deliberação dos associados ou inexistência de uma instituição nessas condições o que remanescer do seu patrimônio será devolvido à Fazenda do Estado, do Distrito Federal ou da União (conforme estabelece o §2º, do art. 61 do CC)[221].

As fundações, por sua vez, são organizações sem fins lucrativos, públicas ou privadas, constituídas a partir de um patrimônio personalizado, destinado a um fim social. As fundações são acompanhadas e fiscalizadas pelo Ministério Público nos termos do artigo 66 do Código Civil, o qual tem a função de atestar a correta aplicação dos recursos e o cumprimento dos objetivos estatutários[222].

A fundação tanto pode ser criada por pessoa jurídica ou física, ambas denominadas de instituidoras ou fundadoras. Ademais, insta consignar que a criação de uma fundação, conforme disposto no artigo 62 do Código Civil, deverá ser realizada por escritura pública ou testamento, no qual o seu instituidor fará uma dotação especial de bens livres especificando o fim a que se destina e declarando, se quiser, a maneira de administrá-la. No sistema jurídico brasileiro a fundação somente adquire personalidade jurídica de direito privado após o registro do seu estatuto no Cartório do Registro das Pessoas Jurídicas.

Quanto a sua definição, Grazzioli e Paes nos ensinam:

> Uma fundação nada mais é do que um complexo de bens que, por uma escritura pública ou manifestação última de vontade, são destinados por um instituidor à consecução de determinados fins obrigatoriamente sociais, ao qual a lei confere personalidade jurídica. [223]

[221] PAES, José Eduardo Sabo. **Fundações, Associações e Entidades de Interesse Social: aspectos jurídicos, administrativos, contábeis, trabalhistas e tributários.** 9ª ed. Rio de Janeiro: Forense, 2018, p. 148

[222] No âmbito do Conselho Nacional do Ministério Público – CNMP, a Reclamação Disciplinar nº 0.00.000.0001622/2011-16 asseverou a legitimidade do Ministério Público para fiscalizar as associações de interesse social. No que concerne ao posicionamento da Ordem dos advogados do Brasil (OAB), no bojo da Representação nº 118/2013, em decisão de seu plenário, entendeu no mesmo sentido. Na mesma esteira, o Supremo Tribunal Federal, em sede da Ação Direta de Inconstitucionalidade nº 1.923, decidiu pela legitimidade da instituição ministerial para fiscalizar as pessoas jurídicas qualificadas como organização social.

[223] GRAZZIOLI, op. cit., p. 42.

Nesse mesmo sentido, Szazi[224] define a fundação "como um patrimônio destinado a servir, sem intuito de lucro, a uma causa de interesse público determinada, que adquire personificação jurídica por iniciativa de seu instituidor".

Soma-se o fato que o documento constitutivo de uma fundação, assim como as demais pessoas jurídicas de direito privado, deverá conter os itens exigidos do art. 46 do Código Civil, quais sejam: a denominação, os fins, a sede, o tempo de duração e o fundo social, quando houver; o nome e a individualização dos fundadores ou instituidores, e dos diretores; o modo por que se administra e representa, ativa e passivamente, judicial e extrajudicialmente; se o ato constitutivo é reformável no tocante à administração, e de que modo; se os membros respondem, ou não, subsidiariamente, pelas obrigações sociais; as condições de extinção da pessoa jurídica e o destino do seu patrimônio, nesse caso. O patrimônio com o qual instituidores deverão dotar o ente fundacional, já expresso na escritura, terá que ser adequado e suficiente para a realização das finalidades que a fundação se propõe a cumprir, bem como para suas necessidades mínimas de funcionamento. Referente às receitas da fundação, semelhantemente às associações, farão parte as rendas provenientes dos resultados das suas atividades, as doações, benefícios, subvenções, dotações, contribuições e outros auxílios estipulados em favor da fundação pelos Entes Públicos, bem como por pessoas físicas, instituições públicas ou privadas, nacionais ou estrangeiras. Entretanto, insta consignar que no capítulo da constituição da receita deverá ser estabelecido que os recursos deverão ser empregados na manutenção e no desenvolvimento das atividades que lhes são próprias.

Importante ressaltar que, conforme nos alerta Paes[225], na prática verifica-se em alguns casos, a existência de empresas instituidoras de fundações que não se desvinculam da entidade instituída em nenhum momento, a par de influenciar ou até decidir sobre o direcionamento de suas finalidades e de seu orçamento. Tal situação anômala muitas vezes serve tão somente como forma de captação de recursos governamentais para repassá-los à instituidora que irá executar suas finalidades de forma mercantil ou comercial, deixando a fundação de direito privada inativa. Esse tipo de entidade deve ter descaracterizada sua personalidade jurídica fundacional uma vez que não cumpre nenhum papel social e possibilita uma vantagem competitiva desleal

[224] SZAZI, E. **Terceiro setor:** regulação no Brasil. 3. ed. São Paulo: Peirópolis, 2003, p. 37
[225] PAES, op.cit., p. 207

por parte de suas instituidoras, sociedade comercial assentada na economia capitalista quem tem por objetivo a maximização do lucro.

Quanto à sua extinção, em consonância com o artigo 69 do Código Civil, pode esta ser requerida pelo Ministério Público ou qualquer interessado sempre que vencer o prazo de sua existência ou sua finalidade se tornar ilícita, impossível ou inútil. Constatada a impossibilidade de manutenção da fundação, a liquidação deve necessariamente passar pelo recebimento de seus créditos e pagamentos de débitos (CC, art. 51), para só então destinar o patrimônio eventualmente remanescente à uma instituição com finalidade idêntica ou assemelhada designada pelo juiz, caso não haja disposição estatutária em contrário.

Insta ainda observar que na dissolução da fundação a vontade do instituidor deve prevalecer, razão pela qual o destino do patrimônio será o designado no ato constitutivo e nos estatutos quando este for expresso em seu texto. Entretanto, conforme nos alerta Paes[226], tal interpretação deve ser efetuada com ressalvas quando o instituidor manifestar sua vontade de que devem os bens, em casos de extinção, se reverter para o seu patrimônio ou de seus herdeiros. Essa reversão não poderia ser aceitável seja pelo motivo de que quando da criação da fundação os bens foram dispostos e destinados a favor de uma coletividade ou também pelo fato de que separados da esfera de domínio dos seus instituidores, os bens passam a ser administrados sob um regime administrativo e fiscal menos rigoroso em razão justamente das finalidades sociais afetadas a esse patrimônio.

Ademais, quanto à natureza jurídica das instituições de educação sem fins lucrativos, vale salientar que as entidades do Terceiro Setor podem modificar sua estrutura original por meio de fusão, incorporação, cisão e transformação. Entretanto, no caso de modificação da estrutura das entidades de interesse social (associações e fundações) a análise deve ser feita de forma mais acurada levando-se conta que usufruem, ao longo de sua existência, de reconhecimento tributário diferenciado.

Apesar da transformação de associações em outras formas ser aceitável no Ordenamento Jurídico Brasileiro[227], imprópria a sua transformação em

[226] PAES, op.cit., p. 384

[227] Entidades Educacionais podem assumir qualquer das formas admitidas em direito conforme previsão expressa do art. 7º -A da Lei nº 9.131/1995, *in verbis*: “Art. 7º-A. As pessoas jurídicas de direito privado, mantenedoras de instituições de ensino superior, previstas no inciso II do art. 19 da Lei nº 9.394, de 20 de dezembro de 1996, poderão assumir qualquer das formas admitidas em direito, de natureza civil ou comercial e, quando constituídas como fundações, serão regidas pelo disposto no art. 24 do Código Civil Brasileiro. (Incluído pela Lei nº 9.870, de 1999)”

fundação, haja vista a natureza jurídica dessas entidades. Enquanto uma é a personificação jurídica de um patrimônio, a outra decorre de uma associação de pessoas em busca de finalidades comuns, ambas sem fins lucrativos. Insta ainda observar que a Instrução Normativa nº 81/2020, publicada pelo Departamento Nacional de Registro e Integração de Empresas (DREI), do Ministério da Economia, em observância aos dispositivos da Lei da Liberdade Econômica (Lei nº 13.874/19), prevê expressamente no seu artigo 84 a possiblidade de conversão de associações e cooperativas em sociedades empresárias e vice-versa. [228] Entretanto, convém destacar que esse tema é passível de controvérsias, uma vez que na esfera das associações, formada pela reunião de pessoas, físicas ou jurídicas, com objetivos não econômicos, inexistindo, entre os associados, obrigações recíprocas, não se buscando fins lucrativos e nem havendo entre os associados partilha e distribuição de lucros, a sua transformação em sociedade empresária infringiria a finalidade principal em que foi constituída. [229]

A fusão também é possível, entretanto, por tratar-se de um fenômeno jurídico contábil em que ocorre a extinção das entidades fusionadas para formar uma nova instituição com personalidade jurídica distinta das anteriores, não é na prática utilizada no âmbito do Terceiro Setor por ser fato mais complexo que a incorporação, e poder, em tese, produzir os mesmos efeitos. Cabe salientar, ao fim, que, nos termos do artigo 2033 do CC, as consequências

[228] A IN nº 81/2020 revogou a IN 35/17 que vedava expressamente em seu artigo 30 a conversão de sociedade empresária em sociedade sem fins lucrativos e vice-versa. A vedação apresentada pela IN 35 baseava-se no entendimento de que o regime jurídico das sociedades empresárias era incompatível com o regime jurídico das associações sem fins lucrativos, que não podem distribuir lucro e patrimônio aos seus associados. Em tal situação, portanto, a associação deveria ser extinta para, em seguida, constituir-se uma nova sociedade empresária. Isso porque, segundo o art. 61 do Código Civil, em caso de dissolução de uma associação, o remanescente do seu patrimônio líquido deve ser destinado à entidade de fins não econômicos designada no estatuto ou à instituição municipal, estadual ou federal de fins idênticos ou semelhantes. Transformar a associação em sociedade empresária significaria criar uma possibilidade de retornar patrimônio aos sócios. Argumentava-se também que o artigo 1.113do Código Civil não seria aplicável às sociedades sem fins lucrativos, dado que está incluído na Parte Especial do Código Civil, referente a sociedades, e não em sua Parte Geral, que seria aplicável a pessoas jurídicas em geral.

[229] Coadunando com esse entendimento cite-se o entendimento consolidado pela Corregedoria-Geral da Justiça de São Paulo: Capítulo XVIII, Seção V, item 32 das Normas de Serviços da Corregedoria Geral da Justiça- NSCGJ, in verbis: "32. É vedada a averbação de transformação de associação ou fundação em sociedade, ressalvada a hipótese de instituição de ensino superior referidas no art. 13 da Lei nº 11.096/2005 e as associações que tenham seu patrimônio dividido em cotas ou frações ideais, nos termos do art. 56, parágrafo único, do Código Civil. "

normativas decorrentes da modificação dos atos constitutivos das pessoas jurídicas do Terceiro Setor, bem como sua transformação, incorporação, fusão ou cisão, salvo disposição de lei especial, serão regulamentadas pelos dispositivos do Código Civil[230].

2.3 Imunidades de patrimônio, renda e serviços e suas finalidades essenciais

O §4º do art. 150 da CF/88[231] dispõe que a imunidade das instituições de educação, prevista no seu art. 150, IV, "c", compreende somente o patrimônio, a renda e os serviços relacionados com as finalidades essenciais da entidade.

Segundo Martins[232], esse comando abarcaria apenas os impostos e não as demais espécies (taxas, contribuições de melhoria, contribuições especiais e empréstimos compulsórios). Nesse mesmo sentido, já se pronunciou o STF em várias decisões dentre as quais citemos o AI 458.856 AgR[233], o RE nº 129.930- SP[234] e o RE nº 211.782- PR.[235]

Soma-se o fato de que a imunidade refere-se exclusivamente à obrigação principal, não dispensando as entidades do cumprimento das obrigações acessórias. Sobre o tema pronunciou-se o TARF/DF, conforme acordão publicado:

> **ACÓRDÃO DA 2a. CÂMARA No. 212 / 2018**
> EMENTA : ICMS. CONSTITUIÇÃO FEDERAL. IMUNIDADE. OBRIGAÇÃO ACESSÓRIA. MULTAS. NÃO ABRANGÊNCIA. A imunidade tributária não engloba o conceito de multa, porquanto o preceito

230 **Art. 2.**033. Salvo o disposto em lei especial, as modificações dos atos constitutivos das pessoas jurídicas referidas no art. 44, bem como a sua transformação, incorporação, cisão ou fusão, regem-se desde logo por este Código.

231 BRASIL, op. cit.,1988.

232 MARTINS, Ives Gandra da Silva (coord.). **Comentários ao Código Tributário Nacional,** v.1, São Paulo: Saraiva, 1998.

233 BRASIL. Supremo Tribunal Federal. **Agravo de Instrumento nº 458.856/SP**. Relator Ministro Eros Grau. 05-10-2004. DJ 20-04-2007. Disponível em: http://www.stf.gov.br. Acesso em: 27/05/2022.

234 BRASIL. Supremo Tribunal Federal. **Recurso Extraordinário nº 129.930/SP**. Relator Ministro Carlos Veloso. 07-05-1991. DJ 16-08-1991. Disponível em: http://www.stf.gov.br. Acesso em: 27/05/2022.

235 BRASIL. Supremo Tribunal Federal. **Recurso Extraordinário nº 211.782/PR**. Relator Ministro Néri da Silveira. 28-08-1998. DJ 24-03-2000. Disponível em: http://www.stf.gov.br. Acesso em: 27/05/2022.

constitucional (artigo 150, inciso VI, alínea "c", da Constituição Federal) só faz alusão expressa a imposto, não dispensando a empresa do cumprimento das obrigações acessórias. LEI N.º 4.159/2008. IDENTIFICAÇÃO DO CONSUMIDOR NO LIVRO FISCAL ELETRÔNICO. DESCUMPRIMENTO. PORTARIA N.º 113/2009. RETIFICAÇÃO. NÃO COMPROVAÇÃO. Nos termos da legislação de regência do Nota Legal, art. 10-A, da Lei n.º 4.159/2008, é obrigação do contribuinte informar no Livro Fiscal Eletrônico os dados necessários à identificação do consumidor, quando essas informações constarem no documento fiscal emitido. Consoante art. 5.ª-A, da Portaria n.º 113/2009, ao contribuinte é dada a oportunidade para regularizar os dados junto à administração tributária, após a ciência da reclamação do consumidor. Constatado nos autos o descumprimento, pelo contribuinte, da referida obrigação acessória, bem como deixou de regularizar as informações, correta a penalidade aplicada.[236]

Entretanto, merece destaque a celeuma sobre a possibilidade de a instituição de educação gozar da imunidade tributária em relação aos demais impostos não diretamente relacionados com o patrimônio, renda e serviços, desde que observados objetivos institucionais da entidade educacional.

Quanto às espécies de impostos, Alves[237] sustenta que a imunidade prevista no artigo 150, VI, "c", da CF/88 refere-se somente a impostos sobre o patrimônio (IPTU, ITR, ITBI, ITCD, IPVA), sobre a renda (IR) e sobre os serviços (ISS). Nesse diapasão a Constituição ao se referir a patrimônio, bens e serviços, utilizou-se da classificação constante no Código Tributário Nacional não estendendo a imunidade aos tributos indiretos, ainda que destinados a compor o patrimônio das entidades imunes. Estariam, portanto, excluídos do beneplácito constitucional o Imposto de importação (II), o Imposto de exportação (IE), o Imposto sobre produtos industrializados (IPI), o Imposto sobre operações financeiras (IOF) e o Imposto sobre a circulação de mercadorias (ICMS).

[236] DISTRITO FEDERAL. Secretaria de Economia do Distrito Federal Tribunal Administrativo Fiscal – TARF/DF **ACÓRDÃO DA 2a. CÂMARA No. 212 / 2018 .** Recurso Voluntário 207/2016. Relator. Conselheiro Juarez Boaventura da Silva. 16-10-2018. Disponível em: http://www.fazenda.df.gov.br//aplicacoes/legislacao/tarf/TelaSaidaAcordao.cfm?Camara=2&Acordao=212&AnoAcordao=2018. Acesso em 24/08/2022

[237] ALVES apud MARTINS, Ives Gandra da Silva (coord.). **Imunidades Tributárias**, Pesquisas Tributárias nº04. São Paulo: Resenha Tributária e Centro de Extensão Universitária, 1998.

Representando esse entendimento, reproduzem-se alguns julgados administrativos exarados pelo Conselho Administrativo de Recursos Fiscais – CARF:

> **ASSUNTO: IMPOSTO SOBRE A IMPORTAÇÃO II**
> Data do fato gerador: 20/11/1992
> IMUNIDADE CONSTITUCIONAL. TRIBUTOS SOBRE COMÉRCIO EXTERIOR. NÃO ALCANCE. A imunidade do artigo 150, inciso IV, alínea "c", da CF/88 alcança somente os impostos sobre patrimônio, renda ou serviços, não se estendendo ao impostos sobre o comércio exterior onde se enquadra o Imposto Sobre a Importação, nem Impostos Sobre Produtos Industrializados.
> ISENÇÃO DA LEI Nº8.010/90. FRUIÇÃO DO BENEFÍCIO FISCAL. NECESSIDADE DE PREENCHIMENTO DOS REQUISITOS Exige-se de oficio o Imposto de Importação e Imposto Sobre Produtos Industrializados, multa e demais acréscimos legais correspondentes, referentes aos equipamentos que, importados com o benefício da isenção, com relação aos quais, em ação fiscal, não foram localizados, e, por consequência, não preenchem os requisitos para usufruir do beneficio.
> ASSUNTO: IMPOSTO SOBRE PRODUTOS INDUSTRIALIZADOS IPI
> Data do fato gerador: 20/11/1992
> IMUNIDADE CONSTITUCIONAL. TRIBUTOS SOBRE COMÉRCIO EXTERIOR. NÃO ALCANCE. A imunidade do artigo 150, inciso IV, alínea "c", da CF/88 alcança somente os impostos sobre patrimônio, renda ou serviços, não se estendendo ao impostos sobre o comércio exterior onde se enquadra o Imposto Sobre a Importação, nem Impostos Sobre Produtos Industrializados. ISENÇÃO DA LEI 8.010/90. FRUIÇÃO DO BENEFÍCIO FISCAL. NECESSIDADE DE PREENCHIMENTO DOS REQUISITOS Exigese de oficio o Imposto de Importação e Imposto Sobre Produtos Industrializados, multa e demais acréscimos legais correspondentes, referentes aos equipamentos que, importados com o beneficio da isenção, com relação aos quais, em ação fiscal, não foram localizados, e, por consequência, não preenchem os requisitos para gozar do beneficio. [238]

[238] BRASIL. Ministério da Economia. Conselho Administrativo de Recursos Fiscais. **Acórdão nº 3402-006394** – 4ª Câmara / 2ª Turma Ordinária. 28-03-2019. Disponível em: https://carf.fazenda.gov.br/sincon/public/pages/ConsultarJurisprudencia/listaJurisprudenciaCarf.jsf. Acesso em 23/08/2022

> **IMPOSTODEIMPORTAÇÃO.IMUNIDADECONSTITUCIONAL** A imunidade do artigo 150, inciso IV, alínea "c", da CF/88 alcança somente os impostos sobre patrimônio, renda ou serviços, não se estendendo ao impostos sobre o COMÉRCIO EXTERIOR onde se enquadra o imposto sobre a IMPORTAÇÃO nem impostos sobre PRODUTOS INDUSTRIALIZADOS. [239]
>
> **INSTITUIÇÃO EDUCACIONAL SEM FINS LUCRATIVOS. IMUNIDADE DO ART. 150, VI, "C", DA CONSTITUIÇÃO DA REPÚBLICA DE 1988.** A imunidade mencionada trata de impostos sobre o patrimônio, renda ou serviços, e no caso vertente, há incidências de imposto de importação e de imposto sobre produtos industrializados vinculado à importação, impostos sabida e consabidamente sobre comércio exterior, portanto não abarcados pela regra constitucional. [240]

Em posição diversa, doutrinadores defendem que a benesse constitucional visa proteger o patrimônio, a renda e os serviços da entidade, motivo pelo qual a interpretação deve ser no sentido de proteger os valores que a imunidade tributária pretende prestigiar e não a classificação infraconstitucional dos impostos.[241]

Nesse sentido Mânica afirma que "o preceito imunitório protege o patrimônio, a renda e os serviços da entidade imune, qualquer que seja o imposto que economicamente os grave."[242]

Quanto à incidência de tributos indiretos em operações mercantis praticadas por sujeitos imunes insta destacar o debate no STF entre os ministros Aliomar Baleeiro e Bilac Pinto na década de 70.

O Ministro Baleeiro defendia a interpretação econômica ou substancial segundo a qual a análise deve privilegiar a realidade econômica. Diante disso, nas situações em que o ente imune estiver comprando mercadorias sujeitas ao

239 BRASIL. Ministério da Economia. Conselho Administrativo de Recursos Fiscais. **Acórdão nº 303-28.492** – Terceira Câmara do Terceiro Conselho de Contribuintes. 24-09-1996. Disponível em: https://carf.fazenda.gov.br/sincon/public/pages/ConsultarJurisprudencia/listaJurisprudencia Carf.jsf. Acesso em 23/08/2022

240 BRASIL. Ministério da Economia. Conselho Administrativo de Recursos Fiscais. **Acórdão nº 0237.372**– Segunda Câmara do Terceiro Conselho de Contribuintes. 21-03-2006. Disponível em: https://carf.fazenda.gov.br/sincon/public/pages/ConsultarJurisprudencia/listaJurisprudencia Carf.jsf. Acesso em 23/08/2022

241 Nesse sentido, cite-se Baleeiro, Torres e Machado.

242 MÂNICA, Fernando Borges. **Terceiro setor e imunidade tributária: teoria e prática**. Belo Horizonte: Fórum, 2008, p. 257

ICMS, estaria suportando o ônus financeiro do imposto e como contribuinte de fato estaria albergada pela imunidade tributária.

O Ministro Bilac, em polo oposto, era adepto à interpretação formal ou jurídica, segundo a qual somente o contribuinte de direito, ou seja, aquele elencado pela lei como sujeito passivo, pode ser imune, sendo irrelevante o sujeito que suportará de fato o encargo tributário. Essa interpretação prevaleceu à época do debate, sendo inclusive editada a Súmula 591 de 15 de dezembro de 1976: " A imunidade ou a isenção tributária do comprador não se estende ao produtor, contribuinte do imposto sobre produtos industrializados". [243]

Entretanto conforme nos ensina Presser, no âmbito do STF a jurisprudência é oscilante, e mesmo com a edição da Súmula 591, a interpretação econômica ou substancial veio a prevalecer entre os anos de 1996 a 1999.[244]

Quanto à aplicação da interpretação econômica estendendo a imunidade prevista no art. 150, IV, "c" da CF/88 ao ICMS nas aquisições no mercado interno, cite-se o julgamento do RE 203.755/ES[245]:

> EMENTA: - CONSTITUCIONAL. TRIBUTÁRIO. ICMS. IMUNIDADE TRIBUTÁRIA. INSTITUIÇÃO DE EDUCAÇÃO SEM FINS LUCRATIVOS. C.F., art. 150, VI, "c". I. - Não há invocar, para o fim de ser restringida a aplicação da imunidade, critérios de classificação dos impostos adotados por normas infraconstitucionais, mesmo porque não é adequado distinguir entre bens e patrimônio, dado que este se constitui do conjunto daqueles. O que cumpre perquirir, portanto, é se o bem adquirido, no mercado interno ou externo, integra o patrimônio da entidade abrangida pela imunidade. II. - Precedentes do STF. III. - R.E. não conhecido

[243] BRASIL. Supremo Tribunal Federal. **Súmula nº 591**

[244] PRESSER. Ilan. A não incidência dos impostos indiretos em operações de venda realizadas por entidades imunes. Jus Navegandi, Teresina, ano 12, n. 19588, 14 fev. 2008. Disponível em: https://jus.com.br/artigos/10947/a-nao-incidencia-dos-impostos-indiretos-em-operacoes-de-venda-realizadas-por-entidades-imunes. Acesso em 24/08/2022. " São exemplos da adoção da tese esposada por Aliomar Baleeiro os seguintes julgados do Supremo Tribunal Federal: RE 164162-SP,, r. Ministro Ilmar Galvão DJU 13.09.96 ; RE 191.067-4, r. Ministro Moreira Alves, j. 26.10.99; RE 189.912-3-SP, r. Ministro Ilmar Galvão, DJU 25.06.99".

[245] BRASIL. Supremo Tribunal Federal. **Recurso Extraordinário nº 203755/ES.** Relator Ministro Carlos Velloso. 17-09-1996. DJ 08-11-1996. Disponível em: http://www.stf.gov.br. Acesso em: 27/05/2022.

Entretanto, a Suprema Corte, em 2003[246], reviu a jurisprudência de 1996 a 1999, e em consonância com a Súmula 591, julgou, em 23/02/2017, em sede de Repercussão Geral o Recurso Extraordinário 608872/MG de uma entidade filantrópica, no caso um hospital que pugnava, com base na imunidade tributária prevista no artigo no 150, VI, "c" da CF, a dispensa de pagamento de ICMS incidente na compra de equipamentos hospitalares e medicamentos no mercado interno. No entendimento do ministro relator Dias Toffoli, em se tratando de hipótese de imunidade subjetiva, a mesma somente se aplica nos casos em que a entidade for a contribuinte de direito, ou seja, quando esta estiver comercializando bens e mercadorias. Contudo, nos casos em que está adquirindo-os, o contribuinte de direito do imposto é o vendedor e a este não se aplica à imunidade. O STF declarou, com base nesse julgado, levando em consideração a interpretação formal ou jurídica, a seguinte tese de Repercussão Geral[247]:

> A imunidade tributária subjetiva aplica-se a seus beneficiários na posição de contribuinte de direito, mas não na de simples contribuinte de fato, sendo irrelevante para a verificação da existência do beneplácito constitucional a repercussão econômica do tributo envolvido.

Sobre essa temática, relevante destacar que no caso de importação de bens adquiridos para uso próprio o STF no RE 243.807/SP[248], reconheceu o direito à imunidade prevista no art. 150, IV, "c" da CF/88 à instituição de educação em relação ao Imposto sobre Produtos Industrializados e ao Imposto de Importação sobre os bens adquiridos no exterior para uso próprio, uma vez que nesta situação específica a entidade reunia tanto a qualidade de contribuinte de fato como de direito, não havendo assim transferência do ônus a qualquer outra pessoa.

Cabe asseverar que a jurisprudência da Suprema Corte ao conceder um tratamento diferenciado nas aquisições no mercado interno e externo para

[246] PRESSER. Ilan, op. cit . " EdivRE 210251-SP, r. ministro Gilmar Mendes, j. 26.02.2003 (informativo 299)"

[247] BRASIL. Supremo Tribunal Federal. **Recurso Extraordinário nº 608872/MG.** Relator: Ministro Dias Toffoli. 23-02-2017. DJ 01-03-2017. Disponível em: http://www.stf.gov.br. Acesso em: 1 jun. 2020.

[248] BRASIL. Supremo Tribunal Federal. **Recurso Extraordinário nº 243807/SP**. Relator Ministro Ilmar Galvão. 15-02-2000. DJ 28-04-2000. Disponível em: http://www.stf.gov.br. Acesso em: 27/05/2022.

uso próprio, em detrimento ao princípio da isonomia tributária e da livre concorrência, sujeita o fornecedor interno a uma tributação mais expressiva se comparada ao externo. Soma-se o fato de que estender a interpretação a imunidade inserta no artigo 150, VI, "c" da CF/88 a tributos indiretos implica em tornar nula a expressão "patrimônio, renda e serviços" constante no texto constitucional, uma vez que todos os impostos vão gravar em última instância o patrimônio das entidades nas operações por elas realizadas.

Outro ponto que deve ser analisado refere-se à interpretação da expressão "relacionados com as finalidades essenciais" inserta no §4º do artigo 150 da CF/88.

A doutrina diverge quanto à interpretação desse mandamento constitucional. Uma primeira corrente, adotando uma interpretação mais restritiva, afirma que somente se submeteria a esse mandamento constitucional o patrimônio, a renda e o serviço estritamente vinculados às finalidades estatutárias.

Nesse sentido, aponta Greco:

> O art. 14 do CTN contém regras dizendo para onde os recursos e disponibilidades das entidades devem ir. O §4º do art. 150 da CF/88 se preocupa de onde as rendas vêm. Assim, para fins de aplicação do dispositivo constitucional, não importa a sua aplicação (no País, na finalidade essencial, etc.), mas, sim, é preciso identificar se eles foram gerados por atividades ligadas às suas finalidades essenciais. Se uma renda veio de uma atividade não relacionada com as finalidades essenciais da entidade, não haverá imunidade, ainda que venha a ser aplicada segundo as exigências do CTN.[249]

Compondo posição contrária, uma segunda corrente tem interpretado de forma extensiva o referido mandamento constitucional, estendendo a imunidade a outras atividades, desde que sua renda seja utilizada como meio de financiamento da finalidade essencial da instituição de educação.

Nesse sentido, pronunciou-se o STF quando editou a Súmula Vinculante nº 52:

> Súmula nº 52 – Ainda quando alugado a terceiros, permanece imune ao IPTU o imóvel pertencente a qualquer das entidades referidas pelo

[249] GRECO, Marco Aurélio. Imunidade Tributária. Coord. Martins. **Imunidades Tributárias.** São Paulo: Editora Revistas dos Tribunais, 1998, p. 718.

> art. 150, VI, c, da Constituição Federal, desde que o valor dos aluguéis seja aplicado nas atividades para as quais tais entidades foram constituídas.[250]

Concernente a tributos indiretos a Suprema Corte ao apreciar o RE 210.251-2[251], fixou interpretação extensiva ao reconhecer a imunidade de ICMS sobre a comercialização de pães por uma instituição de assistência social. Embasaram a decisão em epígrafe os argumentos de que a tributação desfalcaria a eficiência dos serviços prestados e o patrimônio da instituição, que a classificação infraconstitucional não pode ser invocada para restringir a norma de imunidade e que o reconhecimento da imunidade não geraria prejuízo ao erário face o exercício de uma atividade que caberia ao Estado realizar em primeiro lugar.

Importante ressaltar que embora já sumulada pelo colendo STF, a matéria comporta reflexões. Yang[252] defende que a matéria deve ser interpretada com limitações. Afirma a autora que, além da destinação dos recursos captados, deve ser analisado se a atividade desenvolvida pelas entidades imunes para arcar como fonte de captação de recursos estaria relacionada à sua atividade fim e à sua finalidade essencial. A nobre doutrinadora defende a utilização do princípio da proporcionalidade e razoabilidade no tratamento das finalidades essenciais e as atividades efetivamente exercidas pelas entidades, uma vez que não foi o intuito da Constituição conceder a imunidade às instituições de educação quando ela atua de forma empresarial.

Uma terceira corrente doutrinária, por sua vez, admite a aplicação da imunidade não apenas sobre o patrimônio, renda ou serviços estritamente vinculados aos fins a que se dedica a entidade, mas em sua totalidade desde que os recursos advindos da exploração desses bens sejam revertidos para os fins essenciais, bem como que não se viole o princípio da livre concorrência e da razoabilidade, de forma a provocar uma concorrência desleal. Nesta linha leciona Castro:

250 BRASIL. Supremo Tribunal Federal. **Súmula Vinculante nº 52**

251 BRASIL. Supremo Tribunal Federal.. **Recurso Extraordinário nº 210.251-2/SP.** Relator: Ministra Ellen Gracie. 26-02-2003. DJ 28-11-2003. Disponível em: http://www.stf.gov.br. Acesso em: 27/05/2022.

252 YANG, SuYun. **Imunidade Tributária nas Instituições Educacionais e Assistenciais, aplicação no imóvel de sua propriedade submetido a regime de locação – repercussões no IPTU**. In: PAES, José Eduardo Sabo (coord.). Terceiro Setor e Tributação 2. Brasília: Fortium, 2008, p. 43 a 73.

> São duas as linhas básicas de interpretação da cláusula constitucional das "finalidades essenciais", inscrita no art. 150, parágrafo quarto. (...). O entendimento mais aberto ou flexível não significa exegese ilimitada ou absoluta. São duas as ordens de limitações a serem consideradas: a) não pode subsistir a imunidade tributária quando resta afetada a concorrência econômica e b) não pode prosperar a imunidade tributária quando afetada a razoabilidade da conduta da entidade destinatária da exoneração impositiva máxima.[253]

Essa ponderação foi destacada na decisão exarada pelo STF no RE nº 259976 AgR-ED/RS[254]:

> PROCESSUAL CIVIL. EMBARGOS DE DECLARAÇÃO. PROPÓSITO MODIFICATIVO. EXCEPCIONALIDADE AUSENTE. ALEGADA CONTRADIÇÃO. INEXISTÊNCIA. ACÓRDÃO QUE TOMA COMO PREMISSA A VINCULAÇÃO DA IMUNIDADE TRIBUTÁRIA RECÍPROCA À ATIVIDADE ESSENCIAL DA ENTIDADE PROTEGIDA. APLICAÇÃO AO PRODUTO DE OPERAÇÕES FINANCEIRAS PARA AFASTAR O IOF. 1. Conforme assentado em uma série de precedentes e no próprio acórdão embargado, a imunidade tributária é indiferente à integral gratuidade dos serviços prestados e abarca os meios de existência da entidade, ainda que inconfundíveis com a respectiva atuação institucional. 2. O benefício não será aplicável, dentre outros motivos, se ficar constatado (i) desvio de finalidade ou (ii) risco à concorrência e à livre iniciativa. 3. Tanto a decisão agravada como o acórdão recorrido indicaram explicitamente que as razões de recurso extraordinário basearam-se em meras presunções, que não são toleradas à luz do devido processo legal de constituição do crédito tributário. 4. O trânsito em julgado desta decisão não restringe inexoravelmente a atividade de fiscalização, de forma a cobrir todo e qualquer investimento da entidade contra a incidência do IOF, independentemente das circunstâncias e para todo o sempre. Recurso de embargos de declaração rejeitado.

[253] CASTRO, Aldemário Araújo. In: PAES, José Eduardo Sabo (Org.). **O condicionamento das imunidades tributárias presente na cláusula constitucional das "finalidades essenciais"**. Fortium Editora, 2006, p. 9-12

[254] BRASIL. Supremo Tribunal Federal. **Recurso Extraordinário nº 259.976 AgR-ED/RS**. Relator Ministro Joaquim Barbosa. 19-10-2010. DJ 12-11-2010. Disponível em: http://www.stf.jus.br. Acesso em: 27/05/2022.

Nesse sentido, a imunidade deveria ser analisada no caso concreto, pautada, de forma pormenorizada, nas circunstâncias fáticas e jurídicas de cada atividade desenvolvida, sendo afastada quando configurado que as entidades desempenham atividades ou obtêm rendimentos que impliquem agressão ao princípio da livre concorrência, de forma a extrapolar as suas próprias finalidades educativas, razão mesma da existência de tais instituições.

Sobre o tema discorre Hable:

> Desse modo, no reconhecimento da imunidade tributária, exige-se, além da verificação quanto à concorrência desleal e quanto aos resultados das atividades secundárias – se são revertidas às finalidades essenciais da entidade imune, a aplicação de outros princípios, como o da proporcionalidade da razoabilidade, evitando-se assim a ocorrência de abusos no exercício do aludido beneplácito constitucional, sob o risco de estar desvirtuando, "a olhos nus", o verdadeiro sentido constitucional da expressão estudada.[255]

Diante do exposto, em que pese o entendimento sumulado do STF, ao se analisar o §4º do art. 150 da CF/88, deve sempre ter em mente todos os objetivos e os princípios sistematizados na Carta Magna.

Debruçando-se sobre a questão probatória quanto à afetação do patrimônio, renda e serviços às finalidades essenciais das entidades, a jurisprudência dominante entende que o ônus de elidir a presunção de vinculação às atividades essenciais é do fisco e não do contribuinte no caso de imunidade. Adquirido o status de imune, as presunções sobre o enquadramento originalmente conferido devem militar a favor do contribuinte, de modo que o afastamento da imunidade só pode ocorrer mediante a constituição de prova em contrário produzida pela administração tributária.

> PROCESSUAL CIVIL. AGRAVO REGIMENTAL NO AGRAVO. RECURSO ESPECIAL. TRIBUTÁRIO. ITBI. ENTIDADE RELIGIOSA. IMUNIDADE TRIBUTÁRIA. ART. 333, INCISO II, DO CPC. ÔNUS DA PROVA. 1. Tratando-se a recorrida de entidade religiosa, há presunção relativa de que o terreno adquirido para construção do templo gerador do

[255] HABLE, José. **Curso de processo administrativo fiscal: teoria e prática, com ênfase nas decisões do Tribunal Administrativo de Recursos Fiscais**. Rio de Janeiro: Lumen Juris, 2020, p. 287

> débito é revertido para as suas finalidades essenciais. Assim é que caberia à Fazenda Pública, nos termos do artigo 333, inciso II, do CPC, apresentar prova de que o terreno em comento estaria desvinculado da destinação institucional. 2. Precedentes: AgRg no AREsp 380.953/ES, Rel. Min. Eliana Calmon, Segunda Turma, DJe 14.11.2013; AgRg no AREsp 239.268/MG, Rel. Min. Mauro Campbell Marques, Segunda Turma, DJe 12.12.2012; AgRg no Ag 849285/MG, Rel. Min. Denise Arruda, Primeira Turma, DJ 17.5.2007; AgRg no REsp 1215119/RJ, Rel. Min. Humberto Martins, Segunda Turma, DJe 4.4.2011. 3. Agravo regimental não provido.[256]

Convém observar que no tocante a lote vagos a Suprema Corte, ao analisar o RE 767332/MG[257] , fixou o tema 693 de modo a fixar o entendimento no sentido de que a imunidade prevista no art. 150, VI, "c" da CF/88 abarca os bens imóveis, temporariamente ociosos, de propriedade das instituições de educação e de assistência social, para assim afastar a incidência do IPTU na espécie. Importante ressaltar que a presunção de vinculação objeto da aludida decisão deve ser analisada em consonância com o conteúdo semântico da expressão "temporariamente ociosos", devendo ser afastada nos casos em que se restar comprovada a utilização dos imóveis com especulação imobiliária.

2.4 Imunidades condicionadas

Além de ser considerada instituição de Educação sem fins lucrativos, nos termos da legislação regente, a imunidade conferida pelo art. 150, IV, "c", da CF/88[258] às instituições de educação também é condicionada ao preenchimento de requisitos previstos em lei. No que concerne à natureza jurídica da norma que trata da imunidade, muito se tem discutido na doutrina e jurisprudência dos tribunais superiores acerca de qual espécie de lei seria legitimamente editada para fins de regulamentar a aludida imunidade. A lei a que

[256] BRASIL. Supremo Tribunal de Justiça. **AgRg no AREsp nº 444193 RS 2013/0398718-0**. Relator Ministro Mauro Campbell Marques. 04-02-2014. DJ 10-02-2014. Disponível em: http://www.stj.jus.br. Acesso em: 02/06/2022.

[257] BRASIL. Supremo Tribunal Federal. **Recurso Extraordinário n. 767.332/MG**. Relator: Ministro Gilmar Mendes. Julgamento: 01-11-2013. DJe- 22-11-20103. Disponível em: http://www.stf.jus.br . Acesso em: 02 de junho de 2022

[258] Ibid., loc. cit.

se reporta o texto constitucional deve ser apenas a complementar, ou haveria espaço para a lei ordinária regular algumas matérias?

Alguns doutrinadores defendem a possibilidade de regulamentação tanto dos requisitos externos como também dos internos para a obtenção da imunidade tributária, em âmbito infraconstitucional, por lei ordinária, uma vez que a Constituição Federal[259] determina que a imunidade será concedida às entidades que "atendam às exigências estabelecidas em lei", portanto, não necessariamente uma lei complementar, como também por uma lei ordinária.

Assim, para os fiéis defensores deste posicionamento, a Constituição Federal delimita expressamente o campo de atuação da lei complementar e, quando não o faz, é facultado ao legislador editar uma lei ordinária visando a regulamentação de determinado assunto.

Como fiel defensor desta premissa, temos o posicionamento de Paulsen, ao afirmar que:

> [...] penso que os preceptivos do art. 150, VI, c, do art. 153, §2º, e do art. 195, §7º, todos da mesma Carta, condicionam ao gozo das imunidades tributárias ao atendimento dos requisitos fixados em lei, justamente para excepcionar a previsão de lei de natureza complementar para a espécie, pois, se isto não fosse verdade, esta exigência das supracitadas normas constitucionais teria sido perfunctória, tendo em vista o mandamento constitucional genérico do art. 146, II. [...] a lei ordinária nacional pode dispor sobre normas configuradoras das condições para o gozo da imunidade, podendo, em tese, inclusive extrapolar os requisitos já estipulados pelo §1º, do art. 9º, e pelo art. 14, ambos do Código Tributário Nacional, desde que não restrinja o alcance da imunidade estabelecido pela Constituição.[260]

Imperioso se faz registrar que existem alguns julgados de tribunais superiores que corroboram a premissa ventilada por Paulsen, senão veja-se o Recurso Extraordinário 693.941 (STF):

> EMENTA: TRIBUTÁRIO. ART. 195, § 7º, DA CARTA POLÍTICA. IMUNIDADE. CONTRIBUIÇÃO PARA A SEGURIDADE SOCIAL.

[259] BRASIL, op. cit.,1988.

[260] PAULSEN, Leandro. **Direito Tributário: Constituição e Código Tributário à Luz da Doutrina e da Jurisprudência.** 10ª Edição. Porto Alegre: Livraria do Advogado; ESMAFE, 2008.

> ART. 55 DA LEI Nº 8.212/91. REQUISITOS. CERTIFICADO DE ENTIDADE DE FINS FILANTRÓPICOS. EFICÁCIA *EX TUNC*. LEI 12.101/2009. [...]
> 2. O art. 195, § 7º, da CF, cuida de hipótese de imunidade, passível de esmiuçamento por lei ordinária, desnecessária a via complementar para tal desiderato. [261]

Em contrapartida a tal posicionamento, existem defensores da premissa de que os requisitos para usufruir da imunidade tributária devem ser apenas os previstos em lei complementar, em face do artigo 146, inciso II, da CF/88.

De acordo com os ensinamentos de Martins[262], somente lei complementar poderia regulamentar as condições para a fruição da imunidade constitucional, não podendo ser disciplinados por simples lei ordinária.

Nesse mesmo sentido, entende Paes:

> O instituto da imunidade decorre de limitações do poder de tributar que o próprio Estado impõe a si mesmo, e a Constituição Federal exige expressamente no art. 146, II, que a regulação dessas limitações ao poder de tributar do Estado seja feita por lei complementar. Nesse sentido, considerar possível que lei ordinária fixe os requisitos para o gozo da imunidade seria admitir processos legislativos distintos para tratar de uma só matéria, configurando-se assim, no dizer de Sandro Roberto dos Santos, "a existência de evidente antinomia entre o art. 146, II e o art. 150, VI, "c" da Constituição – o que é inaceitável, em se tratando de interpretação das normas jurídicas."[263]

Existe ainda uma terceira corrente mais restritiva que sustenta caber à lei complementar regular apenas os aspectos formais da imunidade tributária. Corroborando com tal entendimento, pontua Mânica:

[261] BRASIL. Supremo Tribunal Federal. **Recurso Extraordinário nº 693.941/RS.** Relator: Ministro Luiz Fux. 13-02-2014, DJ 04/04/2014. Disponível em: http://www.stf.gov.br. Acesso em: 27/05/2022.

[262] MARTINS, Ives Gandra da Silva (coord.). **Comentários ao Código Tributário Nacional**, v.1, São Paulo: Saraiva, 1998, p. 1.

[263] PAES, José Eduardo Sabo. **Fundações, Associações e Entidades de Interesse Social**.... op. cit., p. 723.

> Assim, podemos concluir, com os autores acima citados, que a lei complementar possui a função restrita de regulamentar aspectos formais da imunidade tributária, devendo restringir-se a explicitar o texto da Constituição e definir instrumentos capazes de garantir a efetiva eficácia do comando constitucional imunitório. Não pode a legislação infraconstitucional restringir, deturpar ou anular a imunidade constitucionalmente prevista. Deve apenas proporcionar sua concretização e garantir seu controle.[264]

Outras correntes doutrinárias entendem que existem na matéria campos específicos para a incidência da lei complementar e da lei ordinária. Segundo as argumentações de Botallo[265] a lei complementar deve veicular os requisitos a serem cumpridos pelas entidades, uma vez configurarem limitações ao poder de tributar, sendo permitido à lei ordinária disciplinar interesses fazendários que tratam da suspensão da imunidade diante do não cumprimento das condições estabelecidas em lei complementar.

Derzi[266], por sua vez, admite a incidência de lei ordinária para as normas de direito privado que disciplinam a constituição, organização interna e funcionamento das entidades imunes.

Debruçando-se sobre a reserva de lei complementar, Araújo traça quatro hipóteses que poderiam ser regradas por lei ordinária uma vez não consistirem efetivamente em limitações ao poder de tributar, quais sejam: a) normas que disponham sobre constituição e funcionamento das instituições de educação sem fins lucrativos[267]; b) normas que regulam

[264] MÂNICA, Fernando Borges. **Terceiro setor e imunidade tributária: teoria e prática**. Belo Horizonte: Fórum, 2008, p.239.

[265] BOTALLO, Eduardo. **Imunidade das Instituições de Educação e de Assistência Social; e Lei Ordinária - um Intricado Confronto.** In: ROCHA, Valdir de Oliveira (Coord.)Imposto de Renda: alterações fundamentais. São Paulo: Dialética, 1998, v. 2, p. 51-64.

[266] BALEEIRO, Aliomar. **Limitações Constitucionais ao Poder de Tributar**. Atual. Por Misabel Abreu Machado Derzi.. 8 Ed. Rio de Janeiro: Forense, 2010, p. 512.

[267] "Ora, não se discute em relação às outras hipóteses de imunidade do art. 150, VI a possibilidade de tratamento por via ordinária, sobretudo nas matérias que dizem respeito à identificação do destinatário do comando constitucional. Dessa forma, não se questiona a validade de dispositivos que tratam da constituição e funcionamento de sindicatos, partidos políticos, autarquias e fundações. Tampouco se sustenta que estas instituições não precisem estar instituídas e reconhecidas na forma que estes dispositivos determinam para eventual reconhecimento de imunidade tributária. Isto porque essas normas não veiculam, a rigor, limitações ao poder de tributar, são normas de Direito Civil ou Administrativo que estabelecem requisitos subjetivos atrelados à estrutura e funcionamento dessas organizações. Observe-se o cumprimento dessas normas gera inquestionável ônus

o processo administrativo[268]; c) disposições que tratam de deveres instrumentais[269] e d) disposições que confiram concretude aos requisitos materiais dispostos em lei complementar.[270]

Em remate, cumpre observar que a Suprema Corte, por meio do julgamento do Recurso Extraordinário 566.622/RS[271], com repercussão geral reconhecida, em total consonância com entendimento já formulado através do julgamento da Medida Cautelar na Ação Direta de Inconstitucionalidade 1.802/DF[272], fixou a tese relativa ao tema 32 de que "Os requisitos para o gozo de imunidade hão de estar previstos em lei complementar".[273]

a essas instituições, o que não constitui em limitação ao poder de tributar. " ARAÚJO, Henrique Paiva. **A Lei Ordinária e o Poder Regulamentar na Normatização das Imunidades do Terceiro Setor**. Tese de Mestrado apresentada UCB, 2020, p. 197.

268 Essa interpretação foi adotada na Ação Direta de Inconstitucionalidade nº 4480, na qual a Suprema Corte registrou a constitucionalidade formal do art. 32, §1º da Lei n. 12.101/2009. BRASIL. Supremo Tribunal Federal. **Ação Direta de Inconstitucionalidade nº 4480**. Relator: Ministro Gilmar Mendes. 27-03-2020. DJ 14-04-2020. Disponível em: http://www.stf.gov.br. Acesso em: 31 de março de 2022

269 "Isto porque a exigibilidade de cumprimento das obrigações acessórias não decorre do dever de contribuir para o custeio do Estado, mas do dever fundamental de colaboração com Fisco, autônomo e paralelo àquele. Não resultando do poder de tributar, o dever de colaboração alcança inclusive aquele que não está obrigado ao pagamento do tributo, seja em razão da não ocorrência da subsunção, seja porque contemplado com isenção ou imunidade. Disso decorre que a disciplina desses deveres instrumentais também não consiste em limitação ao poder de tributar, não sendo aplicável o art. 146, II da CF/88. " ARAÚJO, Henrique Paiva. **Ibid.**, p. 198 e 199.

270 STF manifestou-se na ADI nº 2028-5 no sentido de que disposições que tratam de aspectos procedimentais, fiscalização e controle são precauções direcionadas a evitar que falsas instituições de assistência e educação sejam favorecidas pela imunidade. BRASIL. Supremo Tribunal Federal. **Ação Direta de Inconstitucionalidade n. 2028-5.** Relator: Ministro Joaquim Barbosa. 02-03-2017. DJE 08/05/2017 – ATA Nº 62/2017. Disponível em: http://redir.stf.jus.br/paginadorpub/paginador.jsp?docTP=TP&docID=12850820. Acesso em: 31 de março de 2022.

271 BRASIL. Supremo Tribunal Federal. **Recurso Extraordinário nº 566.622/RS**. Relator Ministro Marco Aurélio. 23-02-2017. DJ 23-08-2017. Disponível em: http://www.stf.gov.br. Acesso em: 27/05/2022.

272 BRASIL. Supremo Tribunal Federal. **Ação Direta de Inconstitucionalidade n. 1.802/DF**. Relator: Ministro Dias Toffoli. 12-04-2018, DJ 20-04-2018. Disponível em: http:.//www.stf.gov.br. Acesso em: 27 maio 2022.

273 O Ministro Marco Aurélio, relator do voto condutor, ressaltou que na ADI 1.802/DF, o relator Ministro Sepúlveda Pertence enfrentou a questão do campo de atuação da lei complementar e da lei ordinária no tocante à cláusula "atendidos os requisitos da lei" inserta no artigo 150, VI, "c" da CF/88. Como consta no acordão formalizado da ADI nº 1.802/DF o STF assentara o entendimento de que compete ao legislador complementar disciplinar as limitações da imunidade e ao legislador ordinário a fixação de normas sobre os aspectos procedimentais necessários à verificação do atendimento das finalidades constitucionais da regra da imunidade, tais como as referentes à certificação, à fiscalização e ao controle administrativo, continuam passíveis de definição por lei ordinária.

Entretanto, face à contradição entre a tese firmada no RE nº 566.622/RS e as decisões proferidas nas Ações Diretas de Inconstitucionalidade (ADIs) nº 2.028, 2.036, 2.228 e 2.621, foram interpostos embargos declaratórios. O Plenário do Supremo Tribunal Federal no julgamento dos embargos de declaração no Recurso Extraordinário (RE) 566.622/RS, com repercussão geral reconhecida, e nas Ações Diretas de Inconstitucionalidade (ADIs) 2.028, 2.036, 2.228 e 2.621, esclareceram que apenas lei complementar, que exige aprovação por maioria absoluta (metade mais um dos membros de cada casa parlamentar), pode estabelecer as contrapartidas materiais para que as entidades usufruam da imunidade tributária prevista na Constituição Federal. Entretanto, de acordo com a decisão, os aspectos procedimentais da imunidade, relacionados à certificação, à fiscalização e ao controle das entidades beneficentes de assistência social podem ser regulamentados por lei ordinária.

Nesse diapasão a tese de repercussão geral foi reformulada no seguinte sentido: "A lei complementar é forma exigível para a definição do modo beneficente de atuação das entidades de assistência social contempladas pelo art. 195, parágrafo 7º, da Constituição Federal, especialmente no que se refere à instituição de contrapartidas a serem por elas observadas".

Dessa forma, segundo a jurisprudência atual, toda e qualquer norma inerente aos requisitos que tratam das contrapartidas materiais a serem preenchidos pelos sujeitos contemplados pela imunidade tributária prevista nos artigos 150, VI, "c", CF/88 deverá ser editada em sede de "Lei Complementar". Entretanto, os procedimentos referentes à certificação, fiscalização e controle administrativo poderão ser definidos mediante lei ordinária.

2.4.1 CEBAS – Educação e imunidade de contribuições e impostos

A CF/88 inovou ao trazer em seu artigo 195, §7º a imunidade das contribuições previdenciárias para instituições beneficentes de assistência social[274]. Neste tópico será analisado a diferença entre a imunidade de impostos prevista no artigo 150, VI, "c", CF/88 concedida às instituições de educação sem fins lucrativos e a imunidade de contribuições sociais inserta no artigo 195,

[274] Quanto ao dispositivo merece destaque duas questões relevantes, quais sejam 1) o texto apesar de mencionar "isenção" refere-se à "imunidade", e 2) foi incluído o requisito "entidade beneficente" ao gozo do benefício do artigo 195, §7º.

§7º, CF/88 para as entidades beneficentes de assistência social, para as quais são emitidas o CEBAS – Certificação de Entidades Beneficentes de Assistência Social.

Para melhor compreender o conceito de entidade beneficente de assistência social, preliminarmente insta ressaltar a sua distinção com entidades de assistência social. Tema passível de controvérsia uma vez que o constituinte de 1988 além de não definir o que seriam entidades beneficentes de assistência social para fins da imunidade do artigo 195, §7º , remeteu ao legislador infraconstitucional a definição dos requisitos para fruição da imunidade para instituições de educação sem fins lucrativos e de assistência social prevista no artigo 150, VI, “c” da CF/88.

A celeuma foi submetida ao Supremo Tribunal Federal que no julgamento da ADI 2.028/DF,[275] transformada em Arguição de Descumprimento de Preceito Fundamental – ADPF, assentou entendimento de que a entidade beneficente de assistência social não é conceito equiparável a entidade de assistência social sem fins lucrativos.

Nesse contexto, oportuno se torna assinalar que o artigo 203 da CF/88, define o caráter e a abrangência da assistência social ao afirmar expressamente que a assistência social deverá ser prestada a quem dela necessitar, independentemente de contribuição à seguridade social. Neste sentido, cumpre ratificar que a universalidade e a gratuidade dos serviços, segundo o texto constitucional, são características inerentes de uma instituição de assistência social. Em contrapartida, temos entidades que operam no campo da assistência social na condição de beneficentes, ou seja, não reunindo as características de universalidade e gratuidade das entidades de assistência social. De fato, quando uma entidade, por exemplo, coloca parte de seus serviços de educação, à população carente de maneira gratuita está realizando um trabalho beneficente de assistência social, mas isso não a transforma essa instituição em uma instituição de assistência social. Os serviços beneficentes realizados pelas instituições de educação são um complemento à atividade de assistência social preconizada no artigo 203 da CF/88 realizadas pelas instituições de assistência social, mas de forma alguma se igualam.

Soma-se o fato de que, em seu artigo 204, inciso I, mais uma vez a Constituição deixa claro a diferença entre esses dois tipos de entidades ao afirmar

[275] BRASIL. Supremo Tribunal Federal. **Ação Direta de Inconstitucionalidade 2028**. Relator Ministro Joaquim Barbosa. 02-03-207. DJ 08-05-2017. Disponível em: http://www.stf.gov.br. Acesso em: 27/05/2022.

que as ações governamentais na área da assistência social serão realizadas com recursos do orçamento da seguridade social, previstos no art. 195, além de outras fontes, e organizadas com base na descentralização político-administrativa, cabendo a coordenação e as normas gerais à esfera federal e a coordenação e a execução dos respectivos programas às esferas estadual e municipal, bem como a entidades beneficentes e de assistência social.

Coadunando com esse entendimento, cite-se trecho do acórdão da ADI nº 2028/DF – transformada em ADPF – publicado em 08 de maio de 2017, no qual o Relator, quando se referindo às entidades beneficentes de assistência social, coloca com clareza a distinção entre essas entidades e as entidades de assistência social:

> [...]
> "Por seu turno, o art. 203 da Constituição define os contornos da assistência social, indicando quais as finalidades devem ser atingidas com as respectivas ações (art. 203, I a V). Para caracterizar-se como ação de assistência social, a prestação dos benefícios e serviços deve ainda ser universal, isto é, "prestada a quem dela necessitar", e gratuita, "independente de contribuição".
>
> Assim, observo que nenhum dos artigos citados (art. 150, VI, c, 195, § 7º e 203) condicionam o reconhecimento da imunidade à exclusividade da prestação de serviços ou benefícios gratuitos, pois os conceitos de beneficência e ação de assistência social não se confundem no plano constitucional. A circunstância de a entidade cobrar pela prestação de alguns de seus serviços ou benefícios, ou ainda possuir outras fontes de receita que visem o lucro, não lhe retira a condição de beneficente.
>
> É evidente que a circunstância de a entidade cobrar pela prestação de alguns de seus serviços ou benefícios, ou ainda possuir outras fontes de receita que visem o lucro, não lhe retira a condição de beneficente, como aliás, já decidiu esta Corte em diversas oportunidades (cf., v.g., o RE 116.118, rel. min. Sydney Sanches, Segunda Turma, DJ de 16.03.1990; o RE 108.796, rel. min. Carlos Madeira, Segunda Turma, DJ de 12.09.1986; o RE 89.012, rel. min. Moreira Alves, Segunda Turma, RTJ 87/684).
>
> De fato, é improvável que uma entidade beneficente privada consiga recursos suficientes para atender seus objetivos apenas com doações voluntárias de particulares. Por outro lado, é da essência das atividades privadas beneficentes não contar necessariamente com subsídio público.

> Nesse aspecto, é necessário também resguardar outro princípio constitucional, que assegura aos cidadãos atuar livremente, segundo suas crenças e consciências, no campo da filantropia e do assistencialismo.
>
> Se as fontes de recursos das entidades beneficentes forem limitadas a doações espontâneas e às subvenções públicas, perde-se a garantia de independência. (...)[276]

Perfilhadas essas considerações iniciais, insta destacar que também são categorias distintas as instituições de educação sem fins lucrativos e as entidades beneficentes de assistência social que prestam serviços de educação.

A CF/88, ao tratar do tema das imunidades tributárias, mais precisamente quanto aos seus destinatários, no seu artigo 150, VI, "c", declara imune de impostos as instituições de educação sem fins lucrativos, enquanto no seu artigo 195, §7º, estabelece a imunidade de contribuições para seguridade social às entidades beneficentes de assistência social. Dessa forma, não há que confundir a imunidade do artigo 150, VI, "c", com a imunidade do artigo 195, §7º, ambas da CF/88, posto atingirem entidades e tributos diversos.

As instituições de educação sem fins lucrativos são aquelas voltadas a promover os fins elencados no artigo 205 da CF/88, pouco importando se cobram ou não pelos serviços prestados, desde que sejam sem fins lucrativos.

As entidades beneficentes de assistência social, por sua vez, são aquelas que prestam à parte carente de nossa sociedade, em caráter beneficente, serviços relevantes, de cunho social, no qual também se enquadra a educação. Dessa forma, as entidades beneficentes de assistência social que prestam serviços de educação devem realiza-los em caráter de beneficência, qual seja, para atender à população de baixa renda, fazendo jus à imunidade prevista no artigo 195, §7º da CF/88.[277]

No que tange às Entidades Beneficentes de Assistência Social, insta destacar que desde a publicação da Lei ordinária nº 12.101/2009, com o objetivo de resguardar seu direito constitucional à imunidade, diversas entidades do terceiro setor recorreram ao Poder Judiciário questionando a constitucionalidade da norma para regulamentar questões de ordem tributária. O STF no RE 566.622/RS, já havia fixado a tese de que a lei ordinária é inconstitucional para instituir contrapartidas materiais da imunidade, podendo ser dispostos

[276] BRASIL. Supremo Tribunal Federal, op.cit,p. 4.

[277] No momento em que uma instituição de educação, por exemplo, coloca parte de seus serviços à população carente de maneira gratuita está realizando um trabalho beneficente de assistência social, sendo apta a usufruir da imunidade prevista no artigo 195.

por lei ordinária os aspectos procedimentais. Entendimento ratificado pela Suprema Corte ao apreciar os embargos de declaração da ADI 4480[278] no sentido da inconstitucionalidade de diversos dispositivos da Lei 12.101/2009 que condicionava contrapartidas para fruição da imunidade das contribuições sociais para as entidades beneficentes atuantes na área de educação e/ou assistência social. Em observância ao pronunciamento da Corte Suprema de que somente Lei Complementar pode regular os requisitos da fruição da imunidade tributária, publicou-se em 17 de novembro de 2021 a Lei Complementar nº 187/2021.

A Lei Complementar nº 187/2021, em estrita observância ao artigo 146, II e com fundamento no art. 195, §7º, ambos da CF/88 dispõem sobre a Certificação das Entidades Beneficentes de Assistência Social, bem como regula os procedimentos quanto à imunidade das contribuições sociais. Assim, as contrapartidas consideradas inconstitucionais, outrora reguladas pela Lei nº 12.101/2009, foram inseridas em uma Lei Complementar, minimizando os questionamentos jurídicos sobre a referida norma.

Insta destacar que a certificação CEBAS – Certificação de Entidades Beneficentes de Assistência Social, é concedida às entidades que atuam nas áreas de assistência social, saúde ou educação na condição de entidade beneficente, sendo emitida pelo Ministério da Cultura para as entidades beneficentes de assistência social que atuam na área de educação. Importante ressaltar que, no intuito de facilitar o acesso à educação por pessoas em situação de vulnerabilidade econômica, dentre as exigências legais para a certificação de entidades beneficentes voltadas à área de educação previstas na Lei Complementar nº 187/2021, destaca-se a obrigatoriedade de concessão de bolsas de estudo a estudante de baixa renda, em quantidade proporcional ao número de pagantes. A entidade de educação que prestar serviços integralmente gratuitos deverá garantir, por exemplo, a proporção mínima de 1 (um) aluno cuja renda familiar bruta mensal per capta não exceda o valor de 1,5 (um inteiro e cinco décimos) salário mínimo para cada 5 (cinco) alunos matriculados.

Entretanto, conforme os ditames do aludido dispositivo legal, tem-se que o CEBAS se presta para atestar a condição de Entidade Beneficente de Assistência social para efeitos de pedido de reconhecimento de imunidade em

[278] BRASIL. Supremo Tribunal Federal. **Ação Direta de Inconstitucionalidade nº 4480/DF.** Relator Ministro Gilmar Mendes. 27-03-2020. DJ 15-04-2020. Disponível em: http://www.stf.gov.br. Acesso em: 27/05/2022.

relação à contribuição social, conforme artigo 195, §7º da CF/88, não sendo tal certificado requerido para que as instituições de educação sem fins lucrativos usufruam da imunidade tributária de impostos inserta no artigo 150, VI "c" da CF/88.

Nesse sentido, atualmente, o artigo 14 do Código Tributário Nacional (CTN) é a Lei Complementar vigente que baliza as contrapartidas materiais para fruição da imunidade tributária dos impostos em espécie das instituições de educação sem fins lucrativos (artigo 150, VI, "c" da CF/88) objeto desta obra.

2.5 Requisitos do código tributário nacional

A pretexto de regular a imunidade tributária, o Código Tributário Nacional em seu artigo 14[279] estabelece, em *numerus clausus*, os requisitos que tratam das contraprestações materiais a serem observados pelas instituições de educação, quais sejam: não distribuírem qualquer parcela de seu patrimônio ou de suas rendas a qualquer título; aplicarem integralmente, no País, os seus recursos na manutenção dos seus objetivos institucionais; manterem escrituração de suas receitas e despesas em livros revestidos de formalidades capazes de assegurar sua exatidão.

Assim sendo, entende-se que, no intuído de averiguar o atendimento dos aludidos requisitos, devem ser aplicados às instituições de educação sem finalidade de lucros os Princípios Fundamentais de Contabilidade, bem como as Normas Brasileiras de Contabilidade e suas Interpretações Técnicas e Comunicados Técnicos, editados pelo Conselho Federal de Contabilidade. Atualmente, a base da contabilidade do terceiro setor é definida principalmente através da Lei das Sociedades por Ações – Lei 6404/1976 e pela Norma Brasileira de Contabilidade – ITG2002, aprovada pela Resolução CFC nº 1.409/2012[280]. Ademais, insta inferir que os Princípios Fundamentais de Contabilidade e as Resoluções e Normas emanadas pelo CFC (Conselho Federal de Contabilidade) são de observâncias obrigatórias, sob pena de aplicação de penalidades, conforme Decreto Lei nº 9.295/46.

[279] Código Tributário Nacional. Lei n. 5.172/1966.

[280] Resolução CFC n. 1.409, 21 de setembro de 2012.

2.5.1 Não distribuição de parcelas do patrimônio ou rendas

No sistema legal vigente, o Código Tributário Nacional – CTN,[281] estão dispostos, em seu artigo 14, os requisitos a serem atendidos pela instituição de educação para fruir da imunidade prevista no art. 150, VI, "c" da CF. O inciso I do art. 14 do CTN[282] veda à entidade imune a distribuição de qualquer parcela de seu patrimônio ou de suas rendas a qualquer título.

O primeiro requisito vai ao encontro da premissa constitucional de que somente a instituição de educação sem fins lucrativos faz jus à imunidade tributária uma vez que a ausência de finalidade lucrativa implica necessariamente a não-distribuição dos lucros (superávits) e a não reversão do patrimônio aos criadores da instituição. Percebe-se claramente, neste ponto, o efetivo papel da lei complementar (CTN) de regular as limitações ao poder de tributar (art. 146, II da CF/88), que apenas vai explicitar o conteúdo semântico do requisito da ausência de finalidade lucrativa previsto no art. 150, IV,"C" da CF/88.

Ocorre que a realização da subsunção do caso concreto e particular ao império do dispositivo em epígrafe apresenta desafios face à indeterminação semântica dos conceitos normativos. Percebe-se que existe uma lacuna de reconhecimento[283] nesse dispositivo, uma vez que o comando "não distribuírem

[281] Ibid., loc cit.

[282] Ibid., loc cit.

[283] Para melhor elucidação quanto ao conceito de lacunas, Alchourrón e Bulygin nos ensina as diferenças entre as lacunas de conhecimento, de reconhecimento, normativas e axiológicas. As lacunas de conhecimento são aplicadas aos casos individuais, nos quais, por falta de conhecimento das propriedades do fato, não se sabe se pertencem a nenhuma ou a uma classe de caso (caso genérico). Por sua vez, as lacunas de reconhecimento são aplicadas aos casos individuais nos quais, por falta de determinação semântica dos conceitos que caracterizam um caso genérico, não se sabe se o caso individual pertence ou não ao caso genérico em questão. As lacunas normativas não se enquadram em nenhuma destas espécies, são de índole conceitual (lógico), distintamente das lacunas de conhecimento e das lacunas de reconhecimento que aparecem em nível de aplicação de normas a casos individuais e tem sua origem em problemas empíricos ou empíricos conceituais (semânticos). Uma lacuna normativa ocorre quando a um caso não corresponde, no sistema dado, qualquer solução. Por último, as lacunas axiológicas para Alchourrón e Bulygin, se produzem quando, ainda que existente no ordenamento jurídico uma solução para certo caso, tal solução é considerada axiologicamente inadequada em razão de que o legislador não tomou como relevante certa distinção que deveria ter sido considerada. Dessa forma, a existência da lacuna axiológica deriva da comparação entre o sistema real com o sistema ideal. (ALCHOURRÓN, Carlos; e BULIGYN, Eugenio. **Sistemas normativos: introducción a la metodología de las ciencias jurídicas**. 2. ed. Buenos Aires: Astrea, 2012.)

qualquer parcela de seu patrimônio ou de suas rendas a qualquer título" insere-se em uma zona de incerteza, de conceitos plurissignificativos, isto é, vagos, imprecisos, indeterminados ou fluídos, que se originam não da completude ou incompletude do direito, mas sim de certas propriedades semânticas da linguagem. Os desafios da correta interpretação dos termos "distribuírem", "qualquer parcela", e "qualquer título" devem ser mitigados pela introdução de terminologia técnica e pelo chamado processo de elucidação, no qual se demarcam a extensão e o sentido do vocábulo que, por qualquer razão, obscurecem a explicação ou a compreensão da norma.

Algumas instituições, como subterfúgio para fugir da tributação, utilizavam-se de formas disfarçadas de evasão de lucros, como a realização de negócios em favor de seus dirigentes, cônjuges e parentes até terceiro grau, a contabilização das despesas pessoais dos seus dirigentes como sendo despesas da entidade, ou a remuneração exacerbada de seus dirigentes.

Na mesma trilha, já se manifestou o CARF – Conselho Administrativo de Recursos Fiscais:

> DISTRIBUIÇÃO DISFARÇADA DE LUCROS – A entrega de bens aos acionistas, a título de resgate de capital e de distribuição de lucros existentes na sociedade, configura dação em pagamento e caracteriza a hipótese de distribuição disfarçada de lucros se a alienação for feita por valor notoriamente inferior ao de mercado.
>
> RESPONSABILIDADE TRIBUTÁRIA – Distribuição disfarçada de lucros – O imposto devido, no regime de pessoa jurídica, sobre o lucro gerado e objeto de distribuição disfarçada aos acionistas é de responsabilidade dos respectivos beneficiários.[284]

Soma-se o fato de que a distribuição disfarçada de lucros deverá ser comprovada com provas cuja aferição seja pautada em critérios objetivos, conforme sedimentado na jurisprudência administrativa e judicial[285].

[284] BRASIL. Ministério da Economia. Conselho Administrativo de Recursos Fiscais. **Acórdão nº CRSF/01-00.36**1 no processo 00850.050965/82-70. Órgão: Conselho Administrativo de Recursos Fiscais. Rel. Pedro Martins Fernandes. Julgado em 01/07/1983. Publicado em 15/08/2016.

[285] "Os documentos citados pela recorrente como aptos a comprovar a correção da operação levada a efeito no imóvel objeto da constatação fiscal, foram devidamente analisados e rejeitados conforme se verifica pela leitura do processo administrativo, cuja cópia foi carreada aos autos às fls. 20/100. Também pela r. sentença foram os mesmos afastados, corretamente, pois o laudo de avaliação carece

Ademais, conforme nos ensina Ferragut:

> Os negócios jurídicos que veiculam a distribuição disfarçada de lucros são atos jurídicos presumidamente praticados com fraude, o que compromete a sua validade, em virtude do vício de vontade da pessoa jurídica que a celebra, que age em detrimento de seu patrimônio e dos cofres públicos. Porém, está presunção é relativa, conforme estabelece o §2º do art. 60 do Decreto Lei n. 1.598/77, pois caso o contribuinte comprove que o negócio foi feito em condições comutativas e de interesse da sociedade, a distribuição disfarçada não se caracterizará.[286]

Dentre as irregularidades averiguadas nos procedimentos de auditoria fiscal merece destaque as citadas por Bueno:

> - comprovação de despesas com documentos fiscais inidôneos, como por exemplo: notas frias emitidas por empresa inexistentes, notas fiscais com prazo de validade expirado e comprovação de despesas com recibo, quando deve ser por meio de nota fiscal.
> - remuneração de dirigentes da entidade, caracterizando descumprimento do estatuto e configurando distribuição disfarçada de lucros.
> - ocorrência de pagamentos a diretores das instituições relativos a serviços prestados, divergindo da finalidade para a qual foi instituída, caracterizando autocontratação, o que é vedado em lei.
> - pagamento de despesas particulares de membros da diretoria, com recursos da própria instituição e aplicação de recursos na contratação de serviços que não se comprovou a realização, em desacordo com a finalidade estatutária.
> - utilização de documentos inidôneos e de despesas desnecessárias para a manutenção das atividades sociais da entidade, que podem configurar o descumprimento da legislação tributária, em especial, o estabelecido no art. 14 do Código Tributário Nacional.

de fundamentação, na medida em que não apresenta os parâmetros tomados para a avaliação do imóvel, bem como porque o valor venal do imóvel para fins de base de cálculo do imposto predial não constitui garantia do seu real valor" (Desembargadora Federal Cecília Marcondes, do Tribunal Regional Federal da Terceira Região, nos autos do recurso de apelação n. 98.03.028777-0)

286 FERRAGUT, Maria Rita. **As provas e o direito tributário: teoria e prática como instrumentos para a construção da verdade jurídica.** São Paulo: Saraiva, 2016, p. 170 e 171

- concessão de bolsas de estudo em desacordo com as normas estatutárias. Por se tratar de entidade sem fins lucrativos , este fato atenta contra a finalidade essencial.
- lançamento de despesas nos livros contábeis sem os respectivos documentos comprobatórios. [287]

Em razão da premissa aventada e tendo em vista que a prova suficiente para elidir ou confirmar a distribuição disfarçada de lucros consistirá em documentos que demonstrem a existência ou inexistência de favorecimento ao sócio, se comparado com a realização do mesmo negócio jurídico com terceiros, na prática é exigida, por parte dos diversos órgãos fazendários dos diferentes entes tributantes, a apresentação de recibos, notas fiscais ou quaisquer outros comprovantes das despesas nos procedimentos de reconhecimento da imunidade pelas entidades de educação. Contratos com os fornecedores e as despesas das entidades também costumam ser examinados pela administração tributária. Há diversos casos em que a fiscalização identifica pagamentos por produtos e serviços a preços acima do mercado para empresas cujos sócios possuem grau de parentesco com os diretores da instituição, evidenciando uma distribuição de lucros de forma indireta, burlando a legislação. Destaca-se que o pagamento regular de salários e outras rubricas trabalhistas, em retribuição aos serviços prestados ao estabelecimento, não caracteriza, por si só, desobediência ao comando, exceto quando a fiscalização provar que a situação apresentada configura distribuição simulada de resultados.

Entretanto, quais seriam, por exemplo, sob critérios de aferição empírica, os padrões aceitáveis de normalidade de remuneração dos dirigentes, de pagamento por produtos e serviços para empresas cujos sócios possuem grau de parentesco com os diretores da instituição? O que poderia ser considerada uma remuneração exorbitante de seus funcionários e administradores? Concernente às bolsas oferecidas pelas entidades, quais seriam os critérios para concessão de bolsas? Os beneficiários deveriam comprovar que não possuem capacidade contributiva? Ou poderiam ser concedidas aos seus funcionários e administradores?

[287] BUENO, Rudson Domingos. O reconhecimento da imunidade tributário do ISS – imposto sobre serviços para as entidades de educação e assistência social: aspectos constitucionais, tributários e administrativos, quanto aos requisitos, alcance e forma de conhecimento. In: PAES, José Eduardo Sabo (coord.). **Terceiro Setor e Tributação**. Rio de Janeiro: Forense, 2011, p. 125 e 126.

Importante ainda ressaltar que concernente à distribuição disfarçada de lucros, o artigo 464 do Regulamento do Imposto de Renda contempla situações nas quais presume-se a intenção das sociedades empresárias de distribuir lucros sem, contudo, oferecer esses valores à tributação, *in verbis*:

> Art. 464. Presume-se distribuição disfarçada de lucros no negócio pelo qual a pessoa jurídica (Decreto-Lei nº 1.598, de 1977, art. 60, e Decreto-Lei nº 2.065, de 1983, art. 20, inciso II):
>
> I – aliena, por valor notoriamente inferior ao de mercado, bem do seu ativo a pessoa ligada;
>
> II – adquire, por valor notoriamente superior ao de mercado, bem de pessoa ligada;
>
> III – perde, em decorrência do não exercício de direito à aquisição de bem e em benefício de pessoa ligada, sinal, depósito em garantia ou importância paga para obter opção de aquisição;
>
> IV – transfere a pessoa ligada, sem pagamento ou por valor inferior ao de mercado, direito de preferência à subscrição de valores mobiliários de emissão de companhia;
>
> V – paga a pessoa ligada aluguéis, royalties ou assistência técnica em montante que excede notoriamente ao valor de mercado;
>
> VI – realiza com pessoa ligada qualquer outro negócio em condições de favorecimento, assim entendidas condições mais vantajosas para a pessoa ligada do que as que prevaleçam no mercado ou em que a pessoa jurídica contrataria com terceiros.
>
> § 1º O disposto nos incisos I e IV não se aplica nos casos de devolução de participação no capital social de titular, sócio ou acionista de pessoa jurídica em bens ou direitos, avaliados a valor contábil ou de mercado (Lei nº 9.249, de 1995, art. 22).
>
> § 2º A hipótese prevista no inciso II não se aplica quando a pessoa física transferir a pessoa jurídica, a título de integralização de capital, bens e direitos pelo valor constante na respectiva declaração de bens (Lei nº 9.249, de 1995, art. 23, § 1º).
>
> § 3º A prova de que o negócio foi realizado no interesse da pessoa jurídica e em condições estritamente comutativas, ou em que a pessoa jurídica contrataria com terceiros, exclui a presunção de distribuição disfarçada de lucros (Decreto-Lei nº 1.598, de 1977, art. 60, § 2º).

Quanto à vedação em relação às remunerações de seus dirigentes estatutários, conselheiros, associados, instituidores ou benfeitores os §§ 1º, 2º e 3º, todos do artigo 3º da Lei Complementar nº 187/2021, que versa sobre a imunidade das contribuições sociais insertas no artigo 195, §7º da CF/88 estabelece alguns parâmetros permissivos, quais sejam:

> Art. 3º Farão jus à imunidade de que trata o § 7º do art. 195 da Constituição Federal as entidades beneficentes que atuem nas áreas da saúde, da educação e da assistência social, certificadas nos termos desta Lei Complementar, e que atendam, cumulativamente, aos seguintes requisitos:
>
> I – não percebam seus dirigentes estatutários, conselheiros, associados, instituidores ou benfeitores remuneração, vantagens ou benefícios, direta ou indiretamente, por qualquer forma ou título, em razão das competências, das funções ou das atividades que lhes sejam atribuídas pelos respectivos atos constitutivos;
>
> .....
>
> § 1º A exigência a que se refere o inciso I do **caput** deste artigo não impede:
>
> I – a remuneração aos dirigentes não estatutários; e
>
> II – a remuneração aos dirigentes estatutários, desde que recebam remuneração inferior, em seu valor bruto, a 70% (setenta por cento) do limite estabelecido para a remuneração de servidores do Poder Executivo federal, obedecidas as seguintes condições:
>
> a) nenhum dirigente remunerado poderá ser cônjuge ou parente até o terceiro grau, inclusive afim, de instituidores, de associados, de dirigentes, de conselheiros, de benfeitores ou equivalentes da entidade de que trata o **caput** deste artigo; e
>
> b) o total pago a título de remuneração para dirigentes pelo exercício das atribuições estatutárias deverá ser inferior a 5 (cinco) vezes o valor correspondente ao limite individual estabelecido para a remuneração dos servidores do Poder Executivo federal.
>
> § 2º O valor das remunerações de que trata o § 1º deste artigo deverá respeitar como limite máximo os valores praticados pelo mercado na região correspondente à sua área de atuação e deverá ser fixado pelo órgão de deliberação superior da entidade, registrado em ata, com comunicação ao Ministério Público, no caso das fundações.
>
> § 3º Os dirigentes, estatutários ou não, não respondem, direta ou subsidiariamente, pelas obrigações fiscais da entidade, salvo se comprovada a ocorrência de dolo, fraude ou simulação.

Entretanto, em que pese existirem algumas legislações esparsas que tratam sobre o assunto, pode-se afirmar que o inciso I do artigo 14 do CTN deve ser melhor detalhado na legislação infraconstitucional, uma vez que a lacuna de reconhecimento detectada provoca hodiernamente ao aplicador do direito, por vezes, uma atuação eivada de vícios e excessos permeados por discricionariedade exacerbada, que culmina em "soluções inadequadas ou não razoáveis" ao caso concreto.

Diante do exposto, convém pontuar que, apesar da CF/88 tutelar a educação, incentivando o terceiro setor, mediante as instituições de educação sem fins lucrativos, a atuar junto à Administração Pública no intuito de atender os clamores sociais, existe muito a ser implementado. Em termos de legislação infraconstitucional e no intuito de eliminar as lacunas de reconhecimento atualmente detectadas, infere-se que ainda existe espaço para que a lei ordinária, em harmonia com a disciplina constitucional, estabeleça disposições que confiram maior concretude ao requisito previsto no inciso I do artigo 14 do CTN.

2.5.2 Aplicação dos recursos

Quanto ao segundo requisito a ser observado pelas entidades para fazer jus à fruição da imunidade tributária prevista no art. 150, VI, "c" da CF/88, o inciso II do art. 14 CTN é expresso ao afirmar que as instituições de educação devem aplicar integramente, no país, os recursos na manutenção dos seus objetivos institucionais.

A corrente mais restritiva afirma que esse inciso é expresso ao afirmar que os recursos devem ser aplicados dentro do país e somente em seus objetivos institucionais, sendo vedada a sua transferência para o exterior e a aplicação fora da área de suas finalidades essenciais, como por exemplo, em investimentos imobiliários e/ou aplicações financeiras etc. Ocorrendo tal fato, já seria motivo suficiente para a não fruição ou suspensão da imunidade e a correspondente tributação dos valores devidos.

Veja, por exemplo, o precedente do TJ-RS:

> APELAÇÃO CÍVEL. DIREITO TRIBUTÁRIO. IMUNIDADE TRIBUTÁRIA. IPTU. TCL. ENTIDADE DE FINS FILANTRÓPICOS. EDUCACIONAIS. DESTINAÇÃO DO IMÓVEL. NÃO COMPROVADA. REQUISITOS LEGAIS.

> A imunidade tributária prevista na Constituição Federal exige o atendimento dos requisitos legais, além da vinculação do patrimônio às finalidades essenciais da entidade, nos termos do seu artigo 150, VI, "c" e § 4º.
>
> O fato da entidade ser instituição de educação e de assistência social sem fins lucrativos, por si só, não importa na imunidade tributária relativa ao Imposto Predial Territorial Urbano.
>
> Na espécie, a parte autora não logrou demonstrar que o imóvel, objeto do tributo em execução, tenha sido destinado para as finalidades essenciais da entidade, no período em que compreende a execução fiscal (2009/2010). Logo, não cumpridos os requisitos dispostos no art. 70, I, § 1º, "a", da LC 07/73 e do art. 14 e seus incisos do Código Tributário Nacional.
>
> Precedentes jurisprudenciais.
>
> Majoração dos honorários, na forma do § 11 do art. 85 do Código de Processo Civil.
>
> APELAÇÃO DESPROVIDA. UNÂNIME.[288]

Contudo, a interpretação finalística defende que preordenado ao atendimento das finalidades essenciais da instituição de educação o depósito de recursos em conta bancária, independentemente do tipo de aplicação, tem como único propósito evitar a perda do valor real da moeda.

Nesse sentido o STF, no julgamento dos Emb. Decl. em RE 183.216, rel. Min. Marco Aurélio, consignou:

> [...] as aplicações financeiras efetuadas por entidades sem fins lucrativos com a finalidade de se evitar a perda do poder aquisitivo da moeda têm em conta o objetivo social que lhes são próprios, não caracterizado, por conseguinte, o investimento financeiro atuação fora do previsto no ato da constituição [...][289]

Ademais, insta ainda destacar a posição de Hable concernente a aplicação financeira no exterior, sustentando que independentemente de a aplicação ser efetuada no país ou no exterior, desde que os rendimentos oriundos da

[288] BRASIL. Tribunal Justiça – RS. **Apelação Cível, Nº 70078703469**, Vigésima Primeira Câmara Cível. Relator: Iris Helena Medeiros Nogueira, Julgado em: 10-10-2018.

[289] BRASIL. Supremo Tribunal Federal. **Embargos Declaratórios em Recurso Extraordinário nº 183.216.** Relator: Ministro Marco Aurélio. 02-06-2000. DJ 02-06-2000. Disponível em: http://www.stf.gov.br. Acesso em: 27/05/2022.

mesma retornem ao Brasil para o atendimento das finalidades essenciais da entidade investidora, tal fato, por si só, não constituirá motivos para a suspensão da imunidade tributária.[290]

2.5.3 Escrituração contábil

O combate à distribuição de lucros de forma disfarçada é um dos motivos da existência do inciso III do artigo 14 do CTN, que obriga as entidades a manterem a escrituração de suas receitas e despesas em livros revestidos de formalidades capazes de assegurar sua exatidão.

Na doutrina, eis a lição de Paes:

> As principais normas reguladoras de imunidade tributária exigem escrituração de receita e despesas à luz dos preceitos de Contabilidade (nesse sentido, a Lei nº 12.101/2009, em seu art. 29, inciso IV e Lei nº 9.532/1996, em seu art. 12, §2º, alínea "c), isto é, a par das específicas normas do Terceiro Setor expedidas pelo Conselho Federal de Contabilidade.[291]

Ademais, insta ressaltar que as entidades imunizadas, nos termos do artigo 194 e parágrafo único do CTN, são obrigadas a cumprir as obrigações acessórias, uma vez que as imunidades tributárias alcançam apenas a obrigação principal.

Veja por exemplo, o precedente do TJES:

> APELAÇÃO CÍVEL - MANDADO DE SEGURANÇA - INSTITUIÇÃO DE ASSISTÊNCIA SOCIAL - IMUNIDADE TRIBUTÁRIA - DESCUMPRIMENTO DE OBRIGAÇÃO ACESSÓRIA - OBRIGATORIEDADE DE EXIBIÇÃO DOS LIVROS CONTÁBEIS - LEGALIDADE DA MULTA - DECISÃO DE AGRAVO DE INSTRUMENTO NÃO TRANSITADA EM JULGADO - RECURSO IMPROVIDO.

[290] HABLE, José. **Terceiro Setor e Tributação** 2. In: PAES, José Eduardo Sabo Paes (coord.). A imunidade tributária das instituições de educação, a aplicação integral, no País, de seus recursos na manutenção de suas finalidades essenciais. Brasília: Fortium, 2008, p. 95.

[291] PAES, José Eduardo Sabo. **Fundações, Associações e Entidades de Interesse Social**. 9ª ed. Rio de Janeiro: Forense, 2018, p. 726.

> I – A ação fiscalizatória praticada pelo Município reveste-se de legitimidade, uma vez que a instituição apelante não apresentou os livros e nem modelos de notas fiscais instituídos pelo CTN, as chamadas obrigações acessórias municipais. II -Consoante afirmado pelo douto magistrado, na r. Sentença, ¿a obrigação acessória prevista no art. 113, § 2º c/c art. 115, do CTN, constitui dever instrumental, independente da obrigação principal, e essas obrigações são autônomas em relação à regra matriz de incidência tributária, devendo todas as pessoas, físicas ou jurídicas, que gozem de imunidade ou outro benefício fiscal, submeter-se às obrigações acessórias. É o que estabelece os parágrafos único dos arts. 174 e 194 do CTN (..)¿.III – Não há que se falar em incidência do manto da coisa julgada, posto que a decisão do Agravo de Instrumento nº 021089001164 fora substituída pela sentença proferida no Mandado de Segurança nº 021080041730.IV – Recurso improvido.[292]

Assim sendo, os contribuintes imunes devem ter sempre à disposição do fisco os livros contábeis que permitam averiguar o correto atendimento às condições da imunidade.

A contabilidade como fonte de visibilidade, transparência e credibilidade é uma ferramenta fundamental no desenvolvimento das entidades de educação sem fins lucrativos.

O objetivo da contabilidade, de acordo com Iudícibus e Maríon, consiste em "fornecer informação estruturada de natureza econômica, financeira e, subsidiariamente, física de produtividade e social, aos usuários internos e externos à entidade objeto da contabilidade"[293]. Nesse sentido, segundo a Resolução do Conselho Federal de Contabilidade (CFC) nº 1.374, de 08 de dezembro de 2011, as informações contábeis devem possuir as seguintes características:

a) Compreensibilidade: a informação contábil deve completar e retratar todos os aspectos contábeis de determinada operação, englobando todos os aspectos de uma operação que afeta o patrimônio de uma entidade do terceiro setor;

[292] BRASIL. Tribunal Justiça – ES. **Apelação Cível, Nº** 0004175-97.2008.8.08. Rel. MAURÍLIO ALMEIDA DE ABREU. Julgado em 05/08/2013. Publicado em 15/08/2013.

[293] IUDÍCUS, Sérgio; MARION, José Carlos. **Introdução à teoria da contabilidade: para o nível de graduação**. 3. Ed. São Paulo: Atlas, 2002, p. 53.

b) Relevância: a informação contábil irá ser relevante quando ela auxilia a avaliação de eventos passados, presentes ou futuros, ou confirma ou corrige avaliações realizadas de forma a influenciar na tomada de decisões;
c) Confiabilidade: a informação contábil deve estar livre de erros matemáticos, representando fielmente os fatos contábeis da entidade;
d) Comparabilidade: as demonstrações contábeis devem ser passíveis de comparação entre diferenças entidades a fim de avaliarem termos comparativos a sua situação patrimonial e financeira e o seu desempenho;
e) Representação Fidedigna: os relatórios contábeis devem representar com fidedignidade os fenômenos de forma completa, neutra e livre de erros;
f) Verificabilidade: significa que diferentes observadores, cônscios e independentes, possam chegar a um consenso, embora não cheguem necessariamente a um completo acordo, quanto ao retrato de uma realidade econômica em particular ser uma representação fidedigna;
g) Tempestividade: a informação contábil deve estar disponível para os tomadores de decisão a tempo de poder influenciá-los em suas decisões.

No que tange ao terceiro setor a contabilidade deve ser pautada na demonstração para toda a sociedade e para o governo do trabalho social que está sendo desenvolvido de forma mais clara, fidedigna e transparente possível. [294] Desta forma, as organizações do Terceiro Setor devem divulgar por meio de suas informações contábeis: as principais práticas contábeis adotadas; explicações adicionais sobre determinações de saldo; eventos subsequentes relevantes à avaliação das demonstrações em análise; composição detalhada de algumas contas; explicação sobre os objetivos da entidade

[294] As informações contábeis do terceiro setor devem ter algumas informações e/ou características, quais sejam: possuem alguma forma de institucionalização que assegura a sua permanência por dado período de tempo; são independentes institucionalmente do governo em que pese a possibilidade de receber recursos deste; não distribuem quaisquer excedentes , gerados de qualquer forma aos seus dirigentes e colaboradores; não são controladas externamente, possuindo todos os meios para realizar sua própria gestão; possuem um grau significativo de mão de obra não remunerada para gerir e realizar o trabalho dessas organizações. (TINOCO, João Eduardo Prudêncio. **Balanço social e gestão estratégica do capital humano no terceiro setor**. In: CAVALCANTI, M. (org.). Gestão social, estratégias e parcerias: redescobrindo a essência da administração brasileira de comunidades para o terceiro setor. São Paulo: Saraiva, 2008. cap. 5, p. 154)

e sua condição de não visar lucros; critérios de reconhecimento das receitas e despesas; divulgação das doações recebidas, sua natureza, política de registro contábil e valores; divulgação das receitas de subvenção, aplicação de recursos e valores envolvidos; criação de fundos e situação dos já existentes; divulgação do status da organização em relação à legislação fiscal.

Nesse contexto, a prestação de contas das entidades deve ser realizada de forma a permitir que o governo e a sociedade apreciem, conheçam e julguem a gestão dos administradores da organização. Segundo Fulgêncio:

> A prestação de contas é uma obrigação decorrente de disposições legais que consiste na apresentação, por pessoas responsáveis pela gestão de recursos públicos, de documentos e demonstrativos que expressem a situação financeira e patrimonial, bem como os resultados das operações realizadas sob sua responsabilidade.[295]

A estrutura patrimonial definida pela Lei das Sociedades por Ações (Lei 6.404/1976) é a base da contabilidade do terceiro setor. Até 1999 não havia uma legislação específica, sendo a Lei 6.404/1976 utilizada por analogia. Entretanto, com o advento da Lei nº 9.790/1999, tornou-se expresso o mandamento de que a estrutura contábil prevista na Lei das Sociedades Anônimas seja utilizada pelas entidades sem fins lucrativos. A aludida lei exige que a entidade insira em seu estatuto a obrigatoriedade da observância dos Princípios Fundamentais de Contabilidade e das Normas Brasileiras de Contabilidade, além da elaboração do Balanço Patrimonial e Demonstração do Superávit ou Déficit do Exercício.

Além das Leis nº 6.404/1976 e 9.790/1999, a contabilidade das entidades do Terceiro Setor deve seguir os princípios fundamentais de contabilidade, sendo as Resoluções e Normas emanadas pelo CFC (Conselho Federal de Contabilidade) de observâncias obrigatórias, sob pena de aplicação de penalidades, conforme Decreto Lei nº 9.295/1946.[296]

[295] FULGENCIO, Paulo Cesar. **Glossário Vade Mecum: Administração Pública, Ciências Contábeis, Direito, Economia e Meio Ambiente.** Rio de Janeiro: Mauad X, 2007, p. 153

[296] Segundo o Conselho Regional de Contabilidade São Paulo – CRC/SP, aplicam-se ao Terceiro Setor as seguintes normas contábeis: NBC TG – Estrutura Conceitual par elaboração e apresentação das demonstrações contábeis; NBC TG 26 – Apresentação das Demonstrações Contábeis; NBC TG 07 – Contabilidade para pequenas e médias empresas; CPC 15: Provisões, Passivos Contingentes e Ativos Contingentes; CPC 06: Operações de Arrendamento Mercantil; CPC 27: Ativo Imobilizado; ITG 2000: Escrituração Contábil (Resolução CFC nº 1.330/11); NBC TG: Escritura Conceitual

Ademais, as entidades sem fins lucrativos devem apresentar suas demonstrações contábeis elaboradas pelo regime de competência e contemplando o pressuposto da continuidade. A respeito do pressuposto da competência têm-se que as receitas e despesas devem ser incluídas na apuração do resultado do período em que ocorrerem, sempre simultaneamente quando se correlacionarem, independentemente de recebimento ou pagamento. Por sua vez, a premissa subjacente denominada continuidade assume que as demonstrações contábeis normalmente são elaboradas, tendo como premissa que a entidade está em atividade e irá manter-se em operação por um futuro previsível, ou seja, que existe uma expectativa que a entidade opere por mais um ano, pelo menos.

Na atualidade, encontra-se vigente a Interpretação Técnica Geral 2002 (R1) (ITG 2002 (R1), cujo objetivo é estabelecer critérios e procedimentos específicos de avaliação, reconhecimento das transações e variações patrimoniais, de estruturação das demonstrações contábeis e as informações mínimas a serem divulgadas em notas explicativas de entidades sem fins lucrativos. [297]

para Elaboração e Apresentação das Demonstrações Contábeis; NBC TG 07: Subvenção e assistência governamental; NBC TG 26: Apresentação das Demonstrações Contábeis (Resolução CFC nº 1.185/09); ITG 2002: Entidades sem fins de lucros (Resolução CFC nº 1409/12, revogando NBC T 10.4 – Fundações, NBC 10.18 – Entidades sindicais e associações de classe e NBC 10.19 – Entidades sem finalidade de lucros).

[297] Sobre o assunto veja, em especial, os itens 1 a 6 da ITG 2002, *in verbis*: 1. Esta interpretação estabelece critérios e procedimentos específicos de avaliação, de reconhecimento das transações e variações patrimoniais, de estruturação das demonstrações contábeis e as informações mínimas a serem divulgadas em notas explicativas de entidade sem finalidade de lucros; 2. A entidade sem finalidade de lucros pode ser constituída sob a natureza jurídica de fundação de direito privado, associação, organização social, organização religiosa, partido político e entidade sindical; 3. A entidade sem finalidade de lucros pode exercer atividades, tais como as de assistência social, saúde, educação, técnico-científica, esportiva, religiosa, política, cultural, beneficente, social e outras, administrando pessoas, coisas, fatos e interesses coexistentes, e coordenados em torno de um patrimônio com finalidade comum ou comunitária; 4. Aplicam-se à entidade sem finalidade de lucros os Princípios de Contabilidade e esta Interpretação. Aplica-se também a NBC TG 1000 — Contabilidade para Pequenas e Médias Empresas ou as normas completas (IFRS completas) naqueles aspectos não abordados por esta Interpretação; 5. Não estão abrangidos por esta Interpretação os Conselhos Federais, Regionais e Seccionais de profissões liberais, criados por lei federal, de inscrição compulsória, para o exercício legal da profissão; 6. Esta Interpretação aplica-se às pessoas jurídicas de direito privado sem finalidade de lucros, especialmente entidade imune, isenta de impostos e contribuições para a seguridade social, beneficente de assistência social e atendimento aos Ministérios que, direta ou indiretamente, têm relação com entidades sem finalidade de lucros e, ainda, Receita Federal do Brasil e demais órgãos federais, estaduais e municipais.

Quanto às demonstrações contábeis, conforme o Conselho Federal de Contabilidade (CFC) e a Resolução ITG 2002, as entidades do terceiro setor deverão apresentar: balanço patrimonial, demonstração do resultado do período, demonstração das mutações do patrimônio líquido (DMPL), demonstração do fluxo de caixa e notas explicativas.

Concernente à contabilidade do terceiro setor, importante ainda ressaltar que as entidades sem fins lucrativos devem realizar a contabilização de suas operações rotineiras mediante um plano de contas que deve obedecer as disposições legais vigentes a que estão submetidas. Ribeiro define o plano de contas como sendo "um conjunto de contas, diretrizes e normas que disciplina as tarefas do Setor de Contabilidade, objetivando a uniformização dos registros contábeis. "[298]

O plano de contas sugeridos para as organizações do terceiro setor em conformidade com Olak e Nascimento[299] tem por objetivo contemplar um grupo de contas específicos para este tipo de entidade, qual seja, registrar os valores econômico-financeiros relacionados com as gratuidades e trabalho voluntário. As informações relativas à gratuidade prestada e serviços voluntários adquiridos precisam ser enfatizadas na demonstração do resultado do período e divulgadas através de notas explicativas e por tipo de atividade. Já com relação às doações demonstradas na demonstração dos fluxos de caixa, essas precisam estar ordenadas nos fluxos de atividades operacionais. No que se refere à gratuidade, suas receitas são originadas dos benefícios fiscais e das imunidades concedidos às entidades do Terceiro Setor. Os custos e despesas originados pela gratuidade referem-se aos benefícios concedidos à população com serviços gratuitos. Concernente ao trabalho voluntário, suas receitas e despesas referem-se tanto aos serviços realizados na entidade bem como nas áreas do trabalho voluntário realizado na sociedade.[300]

Ademais, torna-se mister ressaltar algumas peculiaridades da contabilidade do terceiro setor, quais sejam:

a) A equação patrimonial clássica (patrimônio líquido = ativo – passivo) não sofre alteração, entretanto o mesmo não ocorre com os títulos

[298] RIBEIRO, Osni Moura. **Contabilidade básica.** 30. ed. São Paulo: Saraiva, 2017, p. 57

[299] OLAK, P. A.; NASCIMENTO, D. T. **Contabilidade para entidades sem fins lucrativos: terceiro setor**. 3. ed. São Paulo: Atlas, 2010.

[300] Plano de contas para organizações do terceiro setor com base em Olak e Nascimento (2010): 1 Ativo; 2 Passivo; 3 Patrimônio líquido social; 4 Despesas; 5 Receitas; 6 Resultados com gratuidades e trabalhos voluntários; 7 Encerramento do exercício.

da conta, uma vez que, em vez de capital social tem-se a conta de Patrimônio Social e em vez de Lucros ou Prejuízos Acumulados, tem-se a conta de superávit ou déficit acumulado. A ênfase na contabilidade do terceiro setor é dada à atividade, e não ao resultado, como ocorre nas entidades de fins lucrativos;

b) Os recursos recebidos para atender a atividades ou projetos específicos deverão ser registrados na contabilidade de forma separada (fundos de pesquisa, fundo para bolsa de estudo etc.), valendo-se das restrições impostas pelos doadores externos ou pelos órgãos diretivos da entidade;

c) O lucro e o prejuízo deverão ser denominados, respectivamente, de superávit ou déficit e o resultado positivo não poderá ser destinado aos detentores do patrimônio líquido;

d) As contas de receita e despesas, superávit ou déficit, quando identificáveis por tipo de atividade, deverão ser evidenciadas pela contabilidade de forma segregada;

e) O valor do superávit (ou déficit) do exercício deve ser registrado na conta "Superávit (ou déficit) do Exercício" enquanto não aprovado pela assembleia dos associados. Após a sua aprovação, deve ser transferido para a conta "Patrimônio Social";

f) Quando a empresa apresentar superávit, deverá demonstrar que esses recursos foram direcionados exclusivamente para a manutenção e o desenvolvimento das funções sociais da entidade.

Soma-se o fato de que o Conselho Federal de Contabilidade é expresso ao afirmar que as Entidades sem Finalidade Lucrativa devem complementar as demonstrações contábeis por Notas Explicativas que deve conter, no mínimo, o conteúdo do item 27 da ITG 2002 como segue: a) contexto operacional da entidade, incluindo a natureza social e econômica e os objetivos sociais; b) os critérios de apuração da receita e da despesa, especialmente com gratuidade, doação, subvenção, contribuição e aplicação de recursos; c) a renúncia fiscal relacionada com a atividade deve ser evidenciada nas demonstrações contábeis, como se a obrigação devida fosse; d) as subvenções recebidas pela entidade, a aplicação dos recursos e as responsabilidades decorrentes dessas subvenções; e) os recursos de aplicação restrita e as responsabilidades decorrentes de tais recursos; f) os recursos sujeitos a restrição ou vinculação por parte do doador; g) eventos subsequentes à data do encerramento do exercício que tenham, ou possam vir a ter, efeito relevante sobre a situação financeira e os resultados futuros da entidade; h) as taxas de juros, as datas de vencimento e as garantias das obrigações em longo prazo; i) informações sobre os seguros contratados; j) a entidade educacional de ensino superior deve evidenciar a adequação da receita com a despesa de pessoal, segundo parâmetros estabelecidos pela Lei das Diretrizes e Bases da Educação e sua regulamentação; k) os critérios e procedimentos do registro contábil de depreciação, amortização e exaustão do ativo imobilizado, devendo ser observada a obrigatoriedade do reconhecimento com base em estimativa de sua vida útil; l) segregar os atendimentos com recursos próprios dos demais; m) todas as gratuidades praticadas devem ser registradas de forma segregada, destacando aquelas que devem ser utilizadas na prestação de contas nos órgãos governamentais, apresentando dados quantitativos, ou seja, valores dos benefícios, número de atendidos, número de atendimentos, número de bolsistas com valores e percentuais representativos; n) a entidade deve demonstrar, comparativamente, o custo e o valor reconhecido quando este valor não cobrir os custos dos serviços prestados.

Vale destacar os livros contábeis e auxiliares que são obrigatórios para as entidades do terceiro setor. De acordo com Slomski, são obrigatórios o livro diário e o razão e são livros auxiliares o livro caixa, de contas a receber, de contas a pagar, de controle de estoques e bens do imobilizado. [301]

Além dos livros contábeis já citados, as instituições de educação sem fins lucrativos, pertencentes ao Terceiro Setor, em conformidade com o artigo 15 da Lei 9.532/1997 estão obrigadas à entrega dos seguintes livros digitais:

a) Escrituração Contábil Fiscal (ECF): IN RFB 1422/2013.[302]
b) EFD – Contribuições – Escrituração Fiscal Digital – Contribuições: artigo 4º e do artigo 5º, II e §5º, todos da IN RFB nº 1252/2012. [303]

[301] SLOMSKI, Valmor. et al. **Contabilidade do terceiro setor: uma abordagem operacional: Aplicável às associações, fundações, partidos políticos e organizações religiosas**. São Paulo: Atlas, 2012.

[302] Art. 1º A partir do ano-calendário de 2014, todas as pessoas jurídicas, inclusive as equiparadas, deverão apresentar a Escrituração Contábil Fiscal (ECF) de forma centralizada pela matriz.

[303] Art. 5º Estão dispensados de apresentação da EFD-Contribuições:
II – as pessoas jurídicas imunes e isentas do Imposto sobre a Renda da Pessoa Jurídica (IRPJ), cuja soma dos valores mensais das contribuições apuradas, objeto de escrituração nos termos desta Instrução Normativa, seja igual ou inferior a R$ 10.000,00 (dez mil reais), observado o disposto no § 5º;
§ 5º As pessoas jurídicas imunes ou isentas do IRPJ ficarão obrigadas à apresentação da EFD-Contribuições a partir do mês em que o limite fixado no inciso II do caput for ultrapassado, permanecendo sujeitas a essa obrigação em relação ao restante dos meses do ano-calendário em curso.

c) Escrituração Contábil Digital (ECD): artigo 2º, 3º, *caput* e §1º, IV, todos da IN RFB 1774/2017.[304]

Concernente aos registros contábeis relativos a eventos econômicos do terceiro setor insta destacar que suas fontes de financiamento, quais sejam, subvenções, isenção, patrocínios, doações, trabalho voluntário, entre outros, produzem externalidades, benefícios sociais direcionados à população que são às vezes de difícil mensuração.

As subvenções devem ser registradas observando os critérios estabelecidos na NBC TG 07[305], em especial, elas não podem ser creditadas diretamente no patrimônio líquido, devendo ser reconhecida como receita ao longo do período e confrontada com as despesas que pretende compensar. [306]

[304] Art. 2º A ECD compreenderá a versão digital dos seguintes livros:
I - livro Diário e seus auxiliares, se houver;
II - livro Razão e seus auxiliares, se houver; e
III - livro Balancetes Diários, Balanços e fichas de lançamento comprobatórias dos assentamentos neles transcritos.
Parágrafo único. Os livros contábeis e documentos mencionados no caput devem ser assinados digitalmente, com certificado digital emitido por entidade credenciada pela Infraestrutura de Chaves Públicas Brasileira (ICP-Brasil), a fim de garantir a autoria, a autenticidade, a integridade e a validade jurídica do documento digital.
Art. 3º Deverão apresentar a ECD as pessoas jurídicas e equiparadas obrigadas a manter escrituração contábil nos termos da legislação comercial, inclusive entidades imunes e isentas.
§ 1º A obrigação a que se refere o caput não se aplica:
IV - às pessoas jurídicas imunes e isentas que auferiram, no ano-calendário, receitas, doações, incentivos, subvenções, contribuições, auxílios, convênios e ingressos assemelhados cuja soma seja inferior a R$ 4.800.000,00 (quatro milhões e oitocentos mil reais) ou ao valor proporcional ao período a que se refere a escrituração contábil; e **(Redação do inciso dada pela Instrução Normativa RFB Nº 1894 DE 16/05/2019).**

[305] 11. Uma vez que a subvenção governamental seja reconhecida, qualquer contingência ativa ou passiva relacionada deve ser tratada de acordo com a NBC TG 25 – Provisões, Passivos Contingentes e Ativos Contingentes.
12. Uma subvenção governamental deve ser reconhecida como receita ao longo do período e confrontada com as despesas que pretende compensar, em base sistemática, desde que atendidas as condições desta Norma. A subvenção governamental não pode ser creditada diretamente no patrimônio líquido

[306] O Conselho Regional de Contabilidade do Rio Grande do Sul (CRC-RS) é expresso ao elucidar os lançamentos contábeis que envolvem as subvenções ou convênios governamentais que devem ocorrer de acordo com o tipo de situação, conforme segue:
a) Recebimento de recursos públicos para fins de custeio
Na assinatura do contrato:
D — Subvenção a receber (ativo circulante)
C — Subvenção a realizar (passivo circulante)

A gratuidade para fins contábeis corresponde à doação não onerosa de bens tangíveis e intangíveis e à prestação de serviços de modo gratuito, representando assim o desembolso financeiro de uma entidade. Ela deve ser escriturada contabilmente, registrando receitas, despesas e aplicações de recursos em gratuidade de forma segregada por área de atuação, em consonância com as normas emanadas pelo Conselho Federal de Contabilidade.

No caso da imunidade tributária das instituições de educação sem fins lucrativos descrita no artigo 150, VI, c da CF/88, a exoneração fiscal é condicionada a requisitos que a entidade deve atender, motivo pelo qual o Conselho Federal de Contabilidade em seu Manual de Procedimentos para o Terceiro Setor é expresso ao afirmar que os lançamentos tanto no balanço patrimonial quanto na demonstração do resultado devem ser efetuados de forma a evidenciar o beneplácito constitucional bem como a confirmação do adimplemento das condições estipuladas legalmente para a sua fruição. As imunidades devem ser lançadas como se a entidade não gozasse da exoneração e ao final da apuração do exercício a entidade deve proceder o reconhecimento da renúncia fiscal que faz jus ainda que a homologação só venha ocorrer em prazo futuro pela administração tributária. Reconhecer o tributo como devido fosse equivale ao reconhecimento do passivo tributário e depois,

No recebimento da subvenção:
D — Banco conta específica (ativo circulante)
C — Subvenção a receber (ativo circulante)Na utilização do recurso:
D — Subvenção a realizar (passivo circulante)
C — Receita com subvenção (conta resultado)
D — Despesa (conta resultado)
C — Banco conta específica (ativo circulante)
b) Recebimento de recursos públicos para compra de bens
Na assinatura do contrato:
D — Subvenção a receber (ativo circulante)
C — Subvenção a Realizar (passivo circulante)No recebimento da subvenção:
D — Banco conta específica (Ativo Circulante)
C — Subvenção a receber (Ativo Circulante)Na compra do bem:
D — Subvenção a realizar (passivo circulante)
C — Banco conta específica (ativo circulante)
No reconhecimento da receita:
D — Ativo imobilizado (ativo não circulante)
C — Receitas diferidas (passivo circulante)Mensalmente:
D — Despesa com depreciação (conta resultado)
C — Depreciação acumulada (ativo não circulante)
D — Receitas diferidas (passivo circulante)
C — Receita com subvenção (conta resultado)

pela presunção da isenção, sustentado no cumprimento das obrigações acessórias e demais exigências legais, extinguir o passivo contra o resultado. [307]

Importante ressaltar que em que pese o Manual do Conselho de Contabilidade Federal - CFC descrever os lançamentos concernentes à imunidade tributária, o aludido manual não é de observância obrigatória pelas instituições sem fins lucrativos. Soma-se o fato de que a ITG 2002 (R1) não descreve minunciosamente o lançamento contábil em epígrafe. Nesse sentido esforços devem ser conduzidos no sentido de, a exemplo do Manual de Contabilidade Pública, aperfeiçoar e tornar o Manual do Conselho Federal de Contabilidade uma norma de observância obrigatória de forma a detalhar os lançamentos contábeis da imunidade tributária inserta no artigo 150, VI, "c" da CF/88, bem como auxiliar e facilitar o monitoramento do adimplemento dos requisitos pelas entidades em epígrafe pela administração tributária.

2.6 Reconhecimento, suspensão estabelecimento da imunidade tributária

O enquadramento da entidade como imune prescinde de ato declaratório e sua eventual emissão produzirá efeitos meramente declaratórios, podendo ser invocado a qualquer tempo e retroagindo seus efeitos à data em que demonstrado o cumprimento das condições dispostas tanto no texto constitucional quanto no Código Tributário Nacional.

O STJ já decidiu nesse sentido:

> O reconhecimento da imunidade tributária prevista na Constituição Federal não está vinculado ou condicionado a qualquer ato administrativo,

[307] **Exemplo de lançamento de imunidade de ISS:**
D — Despesa ISS (Conta de despesa — DRE)
C — Obrigações Tributárias Próprias - ISS a pagar (Conta do PASSIVO)
Lançamento da IMUNIDADE condicionada:
D — Obrigações Tributárias Próprias - ISS a pagar (Conta do PASSIVO)
C — Obrigações Tributárias - IMUNIDADE DE ISS (Conta do PASSIVO)
Reconhecimento da Imunidade que faz jus, ainda que a homologação só venha a ocorrer em prazo futuro pela administração:
D — Obrigações Tributárias - IMUNIDADE DE ISS (Conta do PASSIVO))
C — Obtenção de Imunidade (conta de receita - DRE)

> bastando para tanto que comprove que a entidade atende aos requisitos estabelecidos na Carta Magna.[308]

Outra questão recorrente no controle judicial dos processos administrativos de reconhecimento de imunidades refere-se ao ônus probatório. A jurisprudência majoritária entende que existe uma presunção relativa de afetação às atividades essenciais da entidade e de cumprimento dos requisitos do artigo 14 do CTN, cabendo à administração tributária apresentar a prova contrária.

Nesse sentido, manifestou-se o STF no Agravo de Instrumento nº 746.263/MG, colacionado abaixo:

> Embargos de declaração no agravo regimental no agravo de instrumento. IPTU. Imunidade. Condicionante da vinculação às finalidades essenciais. Presunção. Ônus da prova. Integração do julgado. 1. A vedação à instituição de impostos sobre o patrimônio e a renda das entidades reconhecidamente de assistência social que estejam vinculados às suas finalidades essenciais é uma garantia constitucional. Por seu turno, existe a presunção de que o imóvel da entidade assistencial esteja afetado a destinação compatível com seus objetivos e finalidades institucionais. 2. O afastamento da imunidade só pode ocorrer mediante a constituição de prova em contrário produzida pela administração tributária. 3. Embargos de declaração acolhidos para integrar o julgado, sem efeitos modificativos.[309]

Entretanto, convém destacar que tendo em vista tratar-se de imunidade cuja fruição está condicionada, conforme legislação vigente, aos adimplementos dos requisitos do artigo 14 do CTN, em consonância com a atual jurisprudência do STF, em especial a proferida no RE 566.622/RS, entende-se que a administração fiscal pode estabelecer mediante lei ordinária deveres instrumentais a serem observadas pelas entidades que visem à comprovação da

[308] BRASIL. Superior Tribunal de Justiça. **Recurso Especial nº 779.783/DF**. Relator: Ministro José Delgado. Primeira Turma. 07-12-2006. DJ 22-02-2007. Disponível em: http://www.stj.gov.br. Acesso em: 27 de maio de 2022.

[309] BRASIL. Superior Tribunal Federal. **Agravo de Instrumento nº 746.263/MG**. Relator: Ministro Dias Toffoli. 19/10/2010. DJ 12-11-2010. Disponível em: http://www.stf.jus.br . Acesso em: 27 de maio de 2022.

destinação do patrimônio, renda e serviços às finalidades essenciais e multa para o seu eventual descumprimento.

Ademais, insta consignar que, com fulcro no §1º do artigo 14 do Código Tributário Nacional – CTN, a autoridade competente deverá, na falta de cumprimento dos requisitos dispostos nos incisos I, II e III, do aludido artigo, suspender a aplicação do beneplácito constitucional até que sejam sanadas as irregularidades que lhe deram causa.[310]

Contudo, a extensão relacionada ao período da suspensão deverá se restringir ao período fiscalizado e analisado pela autoridade competente, sendo seu início, com fulcro no artigo 32, §5º da Lei 9.430/96[311], a data da prática da infração. É importante ressaltar que a suspensão deve obedecer a todos os passos do devido processo legal, devendo ter um período temporal de referência e a especificação do tributo alcançado, resguardando à entidade a ampla defesa e o contraditório de guarita constitucional.

Uma vez suspensa a fruição da imunidade pelo descumprimento dos requisitos constitucionais e infraconstitucionais, alguns doutrinadores, dentre os quais citamos Hable[312], entendem que para que haja o seu restabelecimento a entidade deverá requerer à administração tributária o direito à fruição da imunidade, demonstrando que saneou a irregularidade cometida. O entendimento baseia-se no fato de que a entidade é a maior interessada em demonstrar que tem pretensão novamente pelo beneplácito constitucional, bem como comprovar que já cumpriu os requisitos legais. A administração, por si só, não tem a informação se ela cumpriu os requisitos e se a entidade não desistiu tacitamente da imunidade.

Por outro lado, existem aqueles que defendem que os comandos constitucionais são conceitos auto executáveis não cabendo a obrigação por parte das entidades imunes apresentar um requerimento administrativo. Nesse sentido Coelho:

[310] Quanto ao inadimplemento de obrigação acessória que teria o condão de afastar o enquadramento da norma imunizante o Superior Tribunal de Justiça já se pronunciou no sentido de que somente as infrações que revelem violações aos demais requisitos para o reconhecimento de imunidade ou que tornem impossível essa verificação, podem mediante a aplicação do inciso III do art. 14 do CTN, representar óbice à imunidade. BRASIL. Superior Tribunal de Justiça. *AREsp n. 100911.* Min. Humberto Martins, Segunda Turma. 10-04-2012. DJ 18-04-2012. Disponível em: http://www.stj.gov.br. Acesso em: 03 de junho de 2022.

[311] § 5º: "A suspensão da imunidade terá como termo inicial a data da prática da infração."

[312] HABLE apud PAES, op. cit., 2008.

> [...] quadrando-se na previsão constitucionais, observados os requisitos, tem, desde logo, direito. Não pagará imposto, desnecessária autorização, licença ou alvará do ente político cujo exercício da competência está vedado (a imunidade abre para os dois lados: à pessoa jurídica de direito público, proibindo o exercício da tributação; e ao imune, assegurando-lhe o direito de não ser tributado.[313]

Dessa forma, em consonância com o entendimento acima exarado, de dispensa de requerimento para reconhecimento da imunidade, restabelecendo a imunidade automaticamente no exercício seguinte àquele em que identificado o não cumprimento dos requisitos, incumbe às administrações tributárias o monitoramento de todas as instituições de educação sem fins lucrativos, para, uma vez não identificados recolhimentos, presumir que a instituição invoca a condição de ente imune e assim proceder com a auditoria contábil quanto ao cumprimento dos requisitos do artigo 14 do CTN.

[313] COELHO, Sacha Calmon Navarro. **Curso de Direito Tributário Brasileiro.** 9. ed. Rio de Janeiro: Forense, 2006, p. 268.

3. IMUNIDADE E EDUCAÇÃO NO BRASIL

3.1 Direito à educação no Brasil

O Artigo 206 da CF/88 trouxe em seu bojo os princípios sobe os quais o sistema de ensino deve desenvolver-se, entre os quais destaca-se a igualdade de acesso e permanência na escola, a gratuidade do ensino público em ensinos oficiais e a garantia do padrão de qualidade.

Nesse contexto, o presente capítulo tem por objetivo apresentar alguns indicadores educacionais no Brasil, identificando desigualdades regionais, de gênero, cor ou raça, rendimento e por situação do domicílio no acesso à educação.

Inicialmente, convém ressaltar que, segundo dados da Pesquisa Nacional por Amostra de Domicílios Contínua – PNAD Contínua 2019[314], os estudantes brasileiros do ensino fundamental e médio são atendidos majoritariamente pela rede pública de ensino, eram 82,0% e 87,4%, respectivamente em 2019. Soma-se o fato de que a rede pública era composta em sua maioria por estudantes dos quintos da população com os menores rendimentos, enquanto na rede privada esse padrão se invertia. Somente 4,5% dos estudantes da rede privada de ensino médio pertenciam aos 20% da população com os menores rendimentos, enquanto 31% dos estudantes da rede pública faziam parte desse quinto da população.

Na análise quanto ao analfabetismo tem-se que no Brasil, em 2019 em relação à 2018, houve uma queda de 0,2 % no número de analfabetos de pessoas com 15 anos ou mais. Em 2019 havia 11 milhões de pessoas dessa faixa etária analfabeta, o que equivale a uma taxa de analfabetismo de 6,6%. Na análise

[314] Disponível em: https://biblioteca.ibge.gov.br/visualizacao/livros/liv101736_informativo.pdf. Acesso em 02/04/2022.

por cor ou raça, tem-se em 2019 que enquanto 3,6% das pessoas com 15 anos ou mais eram analfabetas, esse percentual se eleva para 8,9% entre pessoas da cor preta ou parda. Quanto às Grandes Regiões Brasileiras, tem-se que as Regiões Nordeste e Norte apresentam taxa de analfabetismo mais elevadas, quais sejam 13,9% e 7,6%, respectivamente em 2019 entre pessoas com 15 anos ou mais de idade, enquanto as Regiões Sudeste, Sul e Centro-Oeste, taxas bem mais baixas, quais sejam 3,3%, 3,3% e 4,9% respectivamente. Referente ao nível de instrução, qual seja o indicador que capta o nível educacional alcançado por cada pessoa, independentemente da duração dos cursos por ela ofertados, percebesse que no Brasil a proporção de pessoas de 25 anos ou mais de idade que terminaram a educação básica obrigatória, qual seja, concluíram o ensino médio, alcançou 48,8% em 2019 e o percentual de pessoas com ensino superior completo passou de 15,3% em 2016 para 17,4 % em 2019. Constata-se que apesar de tais índices demonstrarem uma trajetória de crescimento em 2019, mais da metade da população de 25 anos ou mais de idade no Brasil não havia completado a educação escolar básica e obrigatória em 2019. Com relação ao sexo, a pesquisa revela que 51% das mulheres passaram a ter, ao menos, o ensino médio completo, enquanto entre os homens o percentual foi de 46,3%. Relativo às Grandes Regiões, destaca-se a Região Nordeste com 60,1% de pessoas de 25 anos ou mais de idade que não concluíram, ao menos, a educação básica obrigatória enquanto na Região Sudeste esse índice era de 45,5%. Atinente à cor ou raça, houve uma diferença de 15,2 pontos percentuais se compararmos os 57% das pessoas de cor branca que haviam completado, no mínimo, o ciclo básico educacional contra os 41,8% das pessoas de cor preta ou parda, indicando que as oportunidades educacionais eram distintas para esses grupos. Quanto ao número médio de anos de estudo, a diferença também foi considerável, registrando-se 10,4 anos de estudo para as pessoas de cor branca e 8,6 anos para as de cor preta ou parda, ou seja, uma diferença de quase 2 anos entre esses grupos.

Quanto à taxa de escolarização, qual seja, a proporção de estudantes de determinada faixa etária em relação ao total de pessoas dessa mesma faixa etária, percebe-se que as crianças de 6 a 10 anos se mantêm adequadamente na idade/etapa correta nos anos iniciais do ensino fundamental. Em 2019, constata-se que 95,8% das crianças de 6 a 10 anos estavam frequentando os anos iniciais do ensino fundamental, etapa escolar idealmente estabelecida para esta faixa etária, ficando muito próxima ao patamar de universalização estabelecida pela Meta 2 do PNE, Plano Nacional de Educação. Porém, ao passar para os anos finais do ensino fundamental, o atraso começa a se acentuar.

Dados referentes ao ano de 2019 demonstram que 12,5% das pessoas de 11 a 14 anos de idade já estavam atrasadas em relação à etapa de ensino que deveriam estar cursando ou não estavam na escola, revelando, dessa forma que um grupo de crianças chega atrasado ao ensino médio, ou mesmo deixa de estudar no ensino fundamental.

Concernente à faixa etária de 15 a 17 anos de idade, a taxa de escolarização chegou a 89,2%, não alcançando em 2019 em nenhuma Grande Região Brasileira a universalização estabelecida pela Meta 3 do PNE até 2016 e tampouco a taxa de frequência escolar líquida no ensino médio de 85% que deve ser alcançada até o final do Plano em 2024. Em 2019, verifica-se que 71,4% dos jovens de 15 a 17 anos estavam frequentando o ensino médio ou haviam concluído esse nível, refletindo uma diferença de 13,6 pontos percentuais em relação à meta final. Ao analisar a taxa ajustada de frequência escolar líquida segundo sexo, a cor ou raça, que representa a razão entre o número de estudantes com idade prevista para estar cursando determinada etapa de ensino (incluindo também as pessoas nessa faixa que já concluíram pelo menos essa etapa) e a população total na mesma faixa etária, percebe-se que 76,4% das mulheres estavam frequentando o ensino médio; porém, entre os homens de 15 a 17 anos, a taxa foi de 66,7%, diferença que também se constata quando comparada a cor ou raça, uma vez que a taxa foi de 79,6% para as pessoas brancas, enquanto que para as pessoas pretas ou pardas o indicador foi de 66,7%.

Quanto ao ensino superior, tem-se que a idade de 18 a 24 anos é a ideal caso as pessoas completassem a educação escolar básica na idade adequada. Contudo em virtude do atraso e da evasão escolar presentes tanto no ensino fundamental quanto no ensino médio, muitos jovens dessa faixa etária já não frequentam mais a escola e alguns ainda estavam frequentando as etapas da educação básica obrigatória. Em 2019, constata-se que 21,4% desses jovens frequentavam cursos de educação superior, 11% estavam atrasados, frequentando algum dos cursos de educação básica, 4,1% já haviam completado o ensino superior e 63,5% não frequentavam escola.

Em termos de PNE, a Meta 12 estabelece que a taxa de frequência escolar líquida no ensino superior para a população de 18 a 24 anos seja elevada para 33% ao final da vigência do Plano em 2024. Em 2019, no Brasil, essa meta havia sido alcançada somente entre as pessoas de cor branca (35,7%), frente aos (18,9%) de pessoas de cor preta ou parda.

Ao analisar a idade que os jovens de 14 a 29 anos deixaram a escola, é importante observar que os maiores percentuais de abandono na escola se deram nas faixas a partir de 16 anos de idade (entre 15,8% e 18%). Por outro lado, o abandono precoce, ainda na idade de ensino fundamental, foi de 8,5% até os 13 anos e de 8,1% aos 14 anos. Quanto ao motivo de terem abandonado ou nunca terem frequentado a escola, no Brasil, o maior contingente dos jovens, qual seja 39,1% apontaram a necessidade de trabalhar como fator prioritário, seguido de 29,2% que alegaram desinteresse em estudar. Esses dois motivos somados alcançam 68,3% desses jovens e sugerem a necessidade de medidas que incentivem a permanência dos jovens na escola, uma vez que elevar a escolaridade dos jovens e ampliar sua qualificação pode facilitar a inserção no mercado de trabalho, reduzir empregos de baixa qualidade e alta rotatividade.

A rede pública de ensino tem atendido a maior parte dos estudantes desde a creche até o ensino médio, sendo, em 2019, responsável por 74,7% dos alunos em creche e pré-escola, 82,0% dos estudantes do ensino fundamental regular e 87,4% do ensino médio regular. Por outro lado, a rede privada atendeu a maior parte dos estudantes de curso de ensino superior, especialização, mestrado e doutorado. Em 2019, 73,7% dos estudantes de graduação frequentavam uma instituição de ensino privada, e 74,3% dos alunos os cursos de pós-graduação da rede privada.

Nesse sentido tem-se que a maioria dos estudantes da educação básica, em especial os mais vulneráveis, dependem da rede pública que são afetadas por uma série de fatores como por exemplo a condição de trabalho dos professores, a deficiência da infraestrutura e recursos pedagógicos e tecnológicos de cada escola se comparado à rede privada, cenário esse agravado com a pandemia do novo Coronavírus.

Os indicadores sociais publicados pelo IBGE[315] retratam as desigualdades de acesso ao ensino à distância no contexto da pandemia.

Segundo dados do monitoramento global do fechamento de escolas causado pelo novo Coronavírus, da Organização das Nações Unidas para a Educação, a ciência e a Cultura – UNESCO (United Nations Educational, Scientific and Cultural Organization), o Brasil, durante o período entre março de 2020 e maio de 2021, estava entre os países que tiveram o maior período de suspensão das aulas presenciais. Dos 210 países com dados coletados, somente 15 informaram um número total de dias de fechamento das escolas maior que o Brasil.[316]

[315] Disponível em: file:///C:/Users/Novo/Desktop/mestrado/curso/tese/educação%20no%20brasil/liv101892%20-%20ibge.pdf. Acesso em 02/04/2022

[316] Para informações mais detalhadas consultar: GLOBAL monitoring of school closures caused by covid-19. In: UNESCO. Global Education Coalition. Paris: United Nations Educational, Scientific

Ademais, segundo levantamento do INEP, durante o ano letivo de 2020, as escolas do país ficaram em média 279,4 dias sem aula presencial em todos os níveis da educação básica, sendo 287,5 dias na rede pública e 247,7 dias na privada, sendo a maior média de suspensão na Região Nordeste (299,2 dias), destacando-se a Região Norte quanto à maior diferença entre a rede pública e a privada no tempo médio de paralisação das atividades presenciais, qual seja 84,9 dias.

É importante ressaltar que, concernente à adoção de aulas síncronas pela Internet, demonstra-se a menor presença de infraestrutura tecnológica no domicílio dos alunos da rede pública se comparada com os alunos da rede privada. O percentual de escolas que nas Unidades da Federação que adotaram essa estratégia foi desigual entre as redes de ensino. Enquanto 69,8% das escolas da rede privada, apenas 35,5% das escolas da rede pública realizaram aulas ao vivo mediadas pela Internet com possibilidade de interação direta entre alunos e professores em 2020. No Acre, tem-se que o percentual na rede privada chegou a ser quase 10 vezes maior do que a da rede pública.

Ademais, insta destacar que 90,5% dos alunos de 15 a 17 anos que frequentavam a rede privada possuíam a presença simultânea de computador ou notebook e internet no domicílio, enquanto na rede pública esse índice atingiu apenas 48,6%, o que dificultava a existência de um ambiente de estudo propício para a realização das atividades escolares. Insta ainda destacar que, para essa faixa etária, tem-se que o acesso simultâneo a computador ou notebook e Internet em casa na área urbana de 56% foi mais que o dobro da área rural de 23,3%. Soma-se o fato de que estudantes brancos de 15 a 17 anos apresentavam percentual de 67,3% para acesso simultâneo a computador ou notebook e Internet no domicílio, enquanto estudantes pretos ou pardos tinham 46,8%, uma diferença de 20,5 pontos percentuais.

Os resultados evidenciam que os impactos da pandemia de COVID-19 na seara educacional podem intensificar a reconhecida desigualdade de oportunidades no ingresso ao ensino superior e que mecanismos de compensação devem ser adotados no intuito de amenizar a perda educacional especialmente dos mais vulneráveis.

Quando o assunto é avaliação educacional, o Pisa, Programa Internacional de Avaliação de Alunos, exame organizado pela OCDE, é uma referência mundial. As avaliações analisam o desempenho escolar de alunos de 15 anos

and Cultural Organization, 2021. Disponível em: https://en.unesco.org/covid19/educationresponse#durationschoolsclosures. Acesso em: 02/04/2022.

dos países participantes em três aspectos principais, leitura, matemática e ciências. [317]

Na edição de 2018, divulgado em dezembro de 2019, a pesquisa analisou 79 países, deparando-se o Brasil em virtude de sua amarga posição com um cenário preocupante. A partir da avaliação realizada em instituições de ensino públicas e particulares, o Brasil ocupou entre o 58º e 60º lugar em leitura, entre 66º e 68º em ciências e entre 72º e 74º em matemática. O Brasil conseguiu avançar pontos entre as edições 2015 e 2018 da prova, mas ainda não subiu de patamar e segue longe do desempenho dos países desenvolvidos. Entretanto, convém salientar que a nota de escolas particulares de elite do Brasil o colocaria na 5º posição do ranking mundial de leitura do PISA, enquanto as escolas públicas consideradas isoladamente estariam na 65ª posição entre os 79 países considerados na pesquisa. Nesse contexto, torna-se necessário não somente universalizar a educação no Brasil, mas também a qualidade da educação oferecida.

A nota geral do Brasil está entre as mais baixas do mundo nas três áreas avaliadas, sendo que quase metade dos estudantes não chegam nem ao nível básico em nenhuma delas, destoando do desempenho das escolas particulares do Brasil.

Schleicher, um dos criadores do exame PISA, diretor do departamento de educação da Organização para Cooperação e Desenvolvimento Econômico (OCDE), em entrevista à BBC News Brasil, compartilha a preocupação de que o Brasil investe muito pouco em educação básica, afirmando que o país investe três vezes menos com educação básica que outros países da OCDE, enquanto no ensino superior o investimento governamental equivale ao gasto médio dos países da OCDE. Nas palavras do doutor estatístico: "Aqueles que sobrevivem ao sistema escolar brasileiro têm dificuldade de chegar à universidade. Os brasileiros que vão para boas universidades públicas são os que vêm de famílias mais ricas, isso não é justo".[318]

Isso posto e tendo em vista que os desafios da educação, tanto relativos à universalização quanto à qualidade, afetam principalmente os mais vulneráveis, torna-se fundamental que a busca da melhoria do ensino, em especial da educação básica, leve em conta o princípio da igualdade e seja capaz de desenvolver o educando, de assegurar-lhe a formação comum indispensável para o exercício da cidadania e de fornecer meios para progredir no trabalho e em estudos posteriores.

[317] Disponível em: file:///C:/Users/Novo/Desktop/mestrado/curso/tese/educação%20no%20brasil/Anuario_21final.pdf. Acesso em 02/04/2022.

[318] Disponível em: https://revistaeducacao.com.br/2021/12/03/investimento-em-educacao-ocde/. Acesso em 02/04/2022.

3.2 Imunidade como instrumento para uma educação inclusiva de qualidade

O trabalho conjunto entre Estado, empresas e terceiro setor é essencial para resolver alguns problemas estruturais da educação no Brasil. Releva assim analisar a correlação do viés extrafiscal das imunidades tributárias e a concretização do direito fundamental da educação inserto em nosso texto Constitucional.

Conforme expresso no artigo 205 da CF/88, a educação deve visar o pleno desenvolvimento da pessoa, seu preparo para o exercício da cidadania e sua qualificação para o trabalho. Os efeitos de uma educação de qualidade aos cidadãos possuem impactos individuais e coletivos. Individuais na medida em que seus efeitos extrapolam a mera instrução, permitindo que os indivíduos potencializem sua produtividade e sua melhor alocação no mercado de trabalho e consequentemente lhe proporcionem uma melhoria de seu bem-estar ao longo da vida. Coletivos uma vez que a educação é aspecto fundamental para o desenvolvimento de uma sociedade, seja do ponto de vista econômico ou social.

Entretanto, em que pese os possíveis benefícios que a educação propicia ao sistema econômico e à sociedade como um todo, existem algumas restrições ou situações que podem inibir seu pleno desenvolvimento, dentre as quais, destaca-se, o diferencial existente entre quantidade e qualidade da educação. Um possível aumento contínuo da educação pode não refletir um nível qualitativo suficiente para dinamizar a produtividade e o progresso econômico e social da população.

Para melhor entender a teoria econômica da educação, torna-se mister trazer à baila a discussão sobre o valor econômico da educação, iniciada pelos economistas da escola clássica inglesa.

Smith, no livro 1 da Riqueza das Nações, discute o motivo de existir diferenças entre salários e lucros nos diferentes setores da economia. Segundo o autor, um dos motivos seria os custos distintos exigidos para se aprender cada ocupação que possui uma correlação direta com a recuperação do capital investido, ou seja, quanto mais dispendiosa fosse a formação, maiores seriam os ganhos econômicos da pessoa. [319] Concernente à educação, Smith, no livro

[319] "Espera-se que o trabalho que (a) pessoa aprende a executar, além de garantir-lhe o salário de um trabalho comum, lhe permita a recuperar toda a despesa de sua formação, no mínimo com os lucros normais de um capital do mesmo valor. (...) A diferença entre os salários do trabalho qualificado e os do trabalho comum esta fundada nesse princípio" (SMITH, Adam. **A Riqueza das Nações: uma investigação sobre a natureza e as causas da riqueza das nações**. São Paulo: Abril Cultural, 1983, p. 119)

5, defende a intervenção estatal na educação como forma de corrigir falhas de mercado e assegurar a obtenção de benefícios sociais. Afirma que se o Estado não oferecesse educação pública, só se ensinaria o que tivesse alguma utilidade no mercado de trabalho. Dessa forma, com o avanço da divisão do trabalho na época e a consequente simplificação das tarefas, os conhecimentos necessários a um trabalhador para cumprir sua função tornavam-se cada vez menores, furtando do mesmo a oportunidade para exercitar sua compreensão ou para exercer seu espírito inventivo.

Nesse sentido nos leciona Ramos:

> Ou seja, para A. Smith, que foi o inspirador de uma ampla corrente de economistas denominados clássicos, o tratamento dado à educação tinha ambiguidades. Desde uma perspectiva econômica, era fonte de produtividade e complementava os avanços na produtividade cuja raiz era a divisão do trabalho. Mas essa divisão, justamente, reduzia a potencialidade humana à dimensão requerida por tarefas de índole repetitiva. A educação teria de ser pública e ampliar a riqueza da existência, inclusive nas classes populares, para as tornar menos expostas a superstições, manipulações, propostas demagogas, etc., todos os fatores que podiam alterar a paz social.[320]

Malthus, precursor da teoria do controle do aumento populacional,[321] considerava a educação como um importante instrumento de política de controle do crescimento demográfico visto que uma população mais instruída teria condutas mais prudentes na esfera da reprodução sexual.

Senior, por sua vez, além de vislumbrar a correlação direta entre educação e a paz social, também entendia que ela iria influenciar o progresso econômico no longo prazo.[322] A educação iria produzir no presente uma abstinência de consumo e um aumento de poupança, viabilizando dessa forma

[320] RAMOS, Carlos Alberto. **Introdução à economia da educação.** Rio de Janeiro: Alta Books, 2015, p. 6

[321] Thomas Robert Malthus em sua teoria do controle do aumento populacional afirmava que enquanto os meios de produção cresciam em progressão geométrica os meios de subsistência cresciam em progressão aritmética de forma que o controle da natalidade seria fundamental para que houvesse um equilíbrio entre produção de alimentos e população.

[322] Nassau William Senior elaborou a teoria da abstinência, segundo a qual o capitalista, ao abster-se do consumo presente em prol do consumo futuro, torna disponível fundos a terceiros, tendo por isso o direito a ser remunerado através do pagamento de juros como compensação pela espera.

a elevação de investimento e consequentemente ampliando a capacidade de produção no tempo.

Para Mill, a educação traria consequências econômicas positivas uma vez que ajudaria a mudar os hábitos da massa da população, sobretudo no que diz respeito ao controle da natalidade e no aumento da eficiência econômica. Dessa forma, tendo em vista que os benefícios decorrentes da educação de cada indivíduo estendiam-se aos demais membros da comunidade, Mill a elenca entre as exceções ao princípio da não interferência Estatal. Nesse diapasão, somente o governo poderia prover educação à população pobre, pois esta não a demandaria, seja por falta de recursos, seja por não dar conta da importância e da utilidade da educação. [323]

Alusivo às escolas marxistas a educação era assumida como uma forma de livrar a classe operária da alienação e potencializar a sua capacidade de negociação, sendo um instrumento crucial para determinar o progresso da sociedade socialista. Entretanto, conforme nos alerta Ramos, a educação como um instrumento de desalienação social foi se alterando na medida que a mesma foi se tornando compulsória e adquiriu um perfil de massas.

> A educação, para as correntes situadas à esquerda do espectro ideológico , começa a ser assumida como uma das diversas instâncias de reprodução da estratificação social. Sob esta perspectiva, o sistema educativo seria diferenciado segundo a origem social de seu público. Escolas de elite, por exemplo, de difícil acesso, seja por restrições financeiras seja por exigências acadêmicas, formariam recursos humanos para posições de mando. No outro extremo, escolas mais populares formariam indivíduos para tarefas subordinadas. Nesse olhar, o sistema educativo forma tecnicamente, mas também em termos de valores, gostos, atitudes, expectativas, etc., de maneira que o resultado seria um perfil de formação determinado pela origem social e que tenderia a se reproduzir (Bowles; Gintis, 1977). Assim o sistema educativo, diferentemente do que afirmava pensadores clássicos e liberais, como J. S. Mill, não seria um mecanismo de mobilidade social, ao contrário, refletiria e reproduziria a estratificação existente (Bordieu; Passeron, 1970).[324]

[323] "As pessoas incultas não podem ser juízes competentes em questões relativas à sua cultura" (MILL, John Stuart. **Princípios de Economia Política.** São Paulo: Abril Cultural, 1983, p. 403)
[324] RAMOS, op. cit., p. 10.

Marshall, por outro lado, aborda a educação sob o ponto de vista macroeconômico, ao defender que a garantia da provisão da educação à toda população evitaria o risco de desperdício de talentos.[325] Ademais defende uma relação de causalidade entre educação e salários ao assumi-la como um investimento com retornos financeiros bem concretos decorrentes dos ganhos de produtividade que a acumulação de anos de estudo propicia. Quanto ao papel do Estado, semelhante a Smith e Mill, Marshall afirma que cabe a ele corrigir as falhas de mercado[326] e estender a educação a todos.

Concernente à educação, insta frisar que sua preocupação na teoria econômica aumentou quando a mesma passou a ser correlacionada com o crescimento econômico. Até meados da década de 1950, vários estudos atrelavam o crescimento aos fatores de produção (terra, capital e trabalho) existentes em cada país ou região. [327]Porém, com a evolução dos estudos relacionados à teoria do crescimento econômico, constatou-se que a abordagem clássica dos modelos de crescimento econômico era insuficiente para explicar a elevação da produtividade e do crescimento que ocorria em alguns países e regiões.

Nesse sentido, com a publicação dos estudos de Mincer[328], Schultz[329] e Becker[330], precursores da Teoria do Capital Humano (TCH), constatou-se que, além da atribuição do capital físico à teoria do crescimento econômico, o capital humano deveria ser incorporado como determinante do crescimento econômico. Dessa forma o capital humano dimensionado pelo nível de educação e conhecimento da população, surge como uma alternativa para a redução

[325] "E o valor econômico de um único industrial é suficiente para cobrir as despesas da educação de toda uma cidade, pois uma única ideia, como, por exemplo, o grande invento de Bessemer (processo de produção de aço), aumenta a capacidade da Inglaterra como o trabalho de cem mil homens. (...) Todas as despesas feitas, durante muitos anos para dar às massas uma oportunidade de se instruírem melhor, ficariam perfeitamente compensadas se fizessem surgir um novo Newton, um Darwin, um Shakespeare ou um Beethoven". (MARSHALL, Alfred. **Princípios de Economia.** São Paulo: Abril, 1982, p. 191 e 192)

[326] Segundo Marshall, os pais não investem em educação porque não tem recursos para financiá-la ou porque não percebem que os retornos à educação são elevados.

[327] SOLOW, R.A. **A contribuition of the theory of economic growth**. Quartely Journal of Economics, v. 70, 1956, p. 65.

[328] MINCER, Jacob. **Investment in human capital and personal income distribution.** Journal of Political Economy, v. LXVI, n. 4, p-281-302, 1958,

[329] SCHULTZ, T.W. **O valor econômico da educação.** Rio de Janeiro: Zahar Editores, 1964.

[330] BECKER, G.S. **Human Capital a theorical and empirical analysis, with special reference to education** New York: Columbia University Press, 1964.

das disparidades econômicas, influenciando ganhos à população, elevando a produtividade do capital humano, servindo de suporte para minimizar os rendimentos decrescentes advindos do capital físico e consequentemente estimulando cada vez mais o crescimento da economia.

Mincer correlacionou o investimento para a formação das pessoas e a distribuição de renda pessoal e concluiu que a dispersão entre os rendimentos pessoais estava associada ao volume de investimento efetuado em capital humano, ou seja, à escolha racional e individual entre gastar tempo para obter novos conhecimentos e aplicá-los posteriormente em atividades profissionais ou manter-se no trabalho sem novas formas de treinamento e estudo de novos conhecimentos.

Coadunando com esse raciocínio, Schultz afirma que a inclusão do capital humano nos modelos de crescimento econômico é uma questão chave para se compreender a dinâmica da economia no longo prazo, uma vez que a qualificação e o aperfeiçoamento da população, advindos do investimento em educação, elevariam a produtividade dos trabalhadores e os lucros dos capitalistas, impactando na economia como um todo. Segundo Schultz, a educação é considerada de duas formas distintas: consumo, num primeiro momento, pois a curto prazo demandará gastos para sua execução além do custo de oportunidade, ou seja, o custo de ser remunerado por um período de tempo; e num segundo momento como investimento, devido a possibilidade de aumentar a rendas futuras dos estudantes.

Becker alega que os indivíduos tomam a decisão de investir em educação, levando em conta seus custos e benefícios que podem ser utilizados na produção de riquezas. Desse modo, segundo o autor o nível de capital humano de uma população influencia o sistema econômico de diversas formas, com o aumento da produtividade, dos lucros, do fornecimento de conhecimentos e habilidades para resolver problemas e superar dificuldades de forma individual e coletiva. Assim, para o autor além dos aspectos monetários, quais sejam, os benefícios e resultados financeiros advindos do capital humano, a educação propicia benefícios, gerando externalidades positivas no contexto político, social e cultural (não monetários). A educação, por exemplo, promove benefícios tanto na na área da saúde, uma vez que indivíduos mais conscientes tendem a desenvolver atividades de prevenção a doenças, aumenta a expectativa de vida e reduzem a mortalidade infantil como também na área política, haja vista que a educação propicia aos indivíduos uma interação mais consciente com seus governante, gerando dessa forma resultados positivos na área da democracia.

Nesse mesmo sentido, Hirshaman[331] afirma que o investimento no setor educacional, ou seja, no capital humano deve ser considerado como alternativa para minimizar as disparidades regionais, homogeneizar o crescimento e desenvolvimento socioeconômico entre as regiões.

O olhar econômico da educação nos indica que a educação, além de ser indutora do crescimento econômico de um país, exerce influência sobre os aspectos distributivos desse desempenho. A educação está diretamente correlacionada ao crescimento econômico uma vez que quanto maior a educação, seja ela absoluta ou relativa, maior será a produtividade dos trabalhadores, e esta, no longo prazo, acabará determinando o bem-estar de um país. Entretanto convém ressaltar que para se ter um desenvolvimento econômico torna-se mister que o crescimento econômico seja efetuado em conjunto com uma melhor distribuição de renda e inclusão social. As questões de repartição de renda estão associadas a múltiplos fatores, dentre os quais a educação não pode ser negligenciada.

Segundo os modelos de crescimento endógeno o crescimento de uma economia seria o resultado da combinação de tecnologia, capital e do trabalho em si. O progresso tecnológico pode compensar a tendência declinante do produto marginal do capital, e, no longo prazo, os países crescerão à taxa do progresso tecnológico. Entretanto convém ressaltar que se uma economia apresenta uma razão capital – tecnologia inferior ao da fronteira tecnológica sua tarefa será se apropriar dos avanços e difundir internamente os mesmos. Nesse contexto, infere-se que a qualidade do estoque de capital humano para criação e/ou apropriação de tecnologia, bem como a capacidade de adaptação de uma sociedade a um contexto, em rápida mutação tecnológica, pode estar determinado pela educação de sua população. Nessa perspectiva, o dinamismo contínuo de uma economia é factível e depende de decisões nas áreas de educação assumidas por cada sociedade. Quando um país inicia o processo de desenvolvimento a elevação dos rendimentos do trabalho qualificado incita as pessoas a adquirirem mais educação. Entretanto a necessidade da matriz tecnológica, segundo faixas de instrução, somente irá redundar em sociedades menos desiguais se a educação de qualidade requerida for oferecida para todos aqueles que a demandem.

Desta forma, torna-se possível perceber que a educação pode oferecer externalidades diretas e indiretas na economia. A externalidade direta

[331] HIRSCHMAN, A. **Estratégia do desenvolvimento econômico** Rio de Janeiro: Fundo de Cultura, 1961.

refere-se aos melhores rendimentos do indivíduo, enquanto a externalidade indireta pode vir a proporcionar maior equidade e justiça social. Por fim, insta salientar que não basta um aumento quantitativo da educação, é necessário que esse aumento seja também qualitativo para que haja maximização do efeito multiplicativo que o incremento da educação cause no sistema socioeconômico.

Nesse cenário, tendo em vista a correlação que existe entre educação e desenvolvimento econômico de um país, mister se faz analisar o papel que as instituições de educação sem fins lucrativos devem ocupar na promoção de uma educação de qualidade e inclusiva no Brasil. As instituições de educação sem fins lucrativos são distintas das instituições de educação com fins lucrativos face à responsabilidade social que as primeiras possuem. Segundo a literatura internacional a distinção pode ser entendida como "retorno para a educação x educação para retorno", "educação para o bem comum x educação para o cliente" ou ainda "educação para benefícios sociais x educação para ganhos privados".[332]

Entretanto, atualmente, apenas os requisitos insertos no artigo 14 do CTN são as contrapartidas exigidas das instituições sem fins lucrativos para fins de fruição da imunidade inserta no artigo 150, VI, "c' da CF/88, não sendo os mesmos suficientes para assegurar que essas entidades promovam uma educação que impulsione o desenvolvimento do Brasil. Normas regulatórias adicionais devem ser publicadas alinhando os requisitos exigidos à promoção da expansão de oportunidade (acesso e permanência) e a melhoria na qualidade da educação ofertada.

3.3 Imunidade e concorrência desleal

O presente tópico discute os desdobramentos jurídicos e sociais decorrentes da interlocução dialógica existente entre as Imunidades Tributárias e o Sistema Constitucional Econômico, em especial no que tange às consequências que as Imunidades podem acarretar ao cenário da livre concorrência.

A CF/88 classifica-se como sendo uma Carta eminentemente dirigente uma vez que tem como uma de suas principais características a previsão dos

[332] KINSER; K.; LEVY, D. C. **For-profit higher education: U. S. tendencies, international echoes.** In: J. F., FORREST, J. F.; ALTBACH, P. G. (eds.), *International handbook of higher education.* New York, NY: Springer, 2007. p. 107-119.

objetivos e finalidades que devem ser alcançados pela sociedade. Nesse cenário, os fenômenos econômicos existentes na sociedade brasileira devem respeitar os princípios e valores estabelecidos na CF/88, a fim de viabilizar, tanto quanto possível, o alcance dos objetivos socioeconômicos previstos constitucionalmente. Se por um lado a iniciativa privada deve pautar suas atividades persecutórias de lucros levando em consideração os princípios sociais previstos constitucionalmente, por outro lado, o Estado brasileiro, quando da efetivação das políticas públicas e regulação do mercado, deve atentar a todas as dimensões do direito, compatibilizando-a de forma a garantir o melhor desenvolvimento social e econômico possível. Concernente à Ordem Econômica por mais que exista na atual Carta Magna um capítulo específico para o tema, abrangendo os artigos. 170 a 192[333], vários dispositivos que tratam de seus objetivos encontram-se irradiados em seu texto, tais como os artigos. 3º, 6º e 7º da CF/88.

As normas imunizantes, por sua vez, possuem a potencialidade de ser utilizada como um mecanismo concretizador de direitos fundamentais e instrumentalizador de objetivos estratégicos do Estado traçados no texto constitucional.

Nas comunicações estabelecidas entre os Sistemas Jurídicos e Econômicos, percebe-se que as Imunidades Tributárias podem interferir nas Liberdades de Concorrência. Como o efeito imediato do estabelecimento de hipóteses de intributabilidade constitucional é a desoneração fiscal, muitos segmentos da sociedade e da economia podem prosperar ou ruir ante a configuração ou não de imunidades.

Atento a essa importância da livre concorrência, princípio previsto constitucionalmente, a interpretação das imunidades deve atentar aos limites previstos na Carta Magna sob pena de desequilíbrio concorrencial infundado, distorções e prejuízos no sistema econômico.

Smith lecionou-nos que, apesar da multiplicidade das necessidades e da diversidade das preferências de cada indivíduo, existe ordem no mercado. Segundo Smith, a concorrência de condutas de cada indivíduo, mesmo que voltada para a satisfação pessoal – porque, normalmente, não pretendem promover o bem público – acabam por interagir com os demais, criando o equilíbrio de mercado, no qual toda e qualquer escolha dos indivíduos

[333] Na CF/88, o artigo 170 e seus respectivos incisos consubstanciam, em linhas gerais, a estrutura normativa do Sistema Econômico brasileiro, dentre os quais se destaca o princípio da livre concorrência.

obedece, a um mesmo padrão de racionalidade.[334] As escolhas são feitas tendo como paradigma unificador de atuação, o comportamento racional, de forma que toda escolha ou decisão de um indivíduo representa ponderar custos e benefícios, e optar pela alternativa que apresente maiores vantagens, ou maiores benefícios líquidos. [335]

Nesse sentido, tendo em vista que muitas das questões de Direito implicam decisões dos agentes cujas conclusões corretas são obtidas mediante o auxílio de uma técnica de raciocínio, tem-se, então, que suas condutas são passíveis de análise pelo método econômico.

Como explica Freire:

> A racionalidade da decisão pode ser aferida ex ante, com base na análise dos processos mentais de previsão – de base probabilística ou intuitiva – que a determinam; ou ser objeto de uma avaliação ex post, assente na comparação entre os resultados obtidos e os objetivos pré-definidos. [336]

Maximizar benefícios e minimizar custos é o denominador comum de todas as atuações humanas, o que justifica a aplicação da teoria econômica para o exame de formação, estruturação e impacto da aplicação de normas e instituições jurídicas.

A Análise Econômica do Direito – AED – pode ser definida como sendo a área do conhecimento humano que tem por objetivo empregar as ferramentas teóricas e empíricas econômicas, a fim de expandir a compreensão e o alcance do direito e aperfeiçoar o desenvolvimento, a aplicação e a avaliação de normas jurídicas, principalmente com relação às suas consequências.[337]

Partindo do pressuposto utilitarista de que o homem é um maximizador de seus fins e satisfações, a AED pretende explicar, através da economia, o fenômeno jurídico, prevendo as repercussões práticas do Direito sobre o mundo real.

[334] ARAÚJO, Fernando. Adam Smith. **O Conceito Mecanicista de Liberdade.** Coimbra: Almedina, 2008, p. 718.

[335] FREIRE, Paula dos Reis Vaz. **O Comportamento Econômico e o Imperialismo da Economia.** In Revista da Faculdade de Direito da Universidade de Lisboa, Vol. XLVIII, n. 1º Coimbra: Coimbra Editora, 2002, p. 417-728.

[336] Ibid., p. 417-728.

[337] ARAÚJO, Fernando. **Análise Econômica do Direito- Programa e Guia de Estudos.** Coimbra: Almedina, 2008, p. 13.

Concernente ao sistema tributário, insta destacar que não há como dissociar o Direito Tributário/Fiscal da racionalidade econômica, uma vez que, para que exista um Estado Fiscal, é fundamental que o Direito Tributário seja definido em conformidade com a estrutura lógico-objetiva econômica. A AED, ao interrelacionar o Direito Tributário/Financeiro à Economia, sintoniza a justiça fiscal à justiça econômica.

Quanto ao interrelacionamento existe entre a AED e o Direito Tributário/ Fiscal, faz-se necessário destacar as premissas da apreciação da análise econômica do Direito Tributário apontada por Caliendo, quais sejam:

> a) o sistema da economia e o sistema tributário possuem coerência intersistemática; b) os princípios tributários mais permeáveis às informações advindas do subsistema econômico são a neutralidade fiscal, a capacidade contributiva e a justiça fiscal; c) o princípio da neutralidade fiscal, da capacidade contributiva e o princípio da justiça fiscal possuem, por sua, vez, coerência intra-sistemática.[338]

Como bem aponta Cristiano Carvalho, "a análise econômica do direito, ao avaliar os incentivos causados pelas normas, sempre busca propor alternativas que julgue mais eficientes para os fins pretendidos pelo legislador ou pelo juiz".[339]

A escolha racional ou maximização, o equilíbrio e a eficiência são pressupostos norteadores da AED. Uma escolha será racional quando feita de modo deliberado e consistente por agentes que têm preferências completas e procuram maximizar o retorno esperado que extraem dessas preferências dentro de suas restrições orçamentárias. Dessa forma, os indivíduos por serem racionais, agem sempre buscando maximizar seus próprios interesses, reagindo, para tanto, a incentivos, entre os quais se encontram as normas jurídicas. As normas jurídicas e, principalmente a sua sanção, é processada como um preço pelo seu destinatário, sendo o seu comportamento resultante da análise racional do trade-off entre custo/benefício das situações. O agente define qual situação é mais benéfica, e, portanto, que deve ser escolhida em detrimento da outra.[340]

338 CALIENDO, Paulo. **Direito Tributário e Análise Econômica do Direito: Uma visão crítica**. Rio de Janeiro: Editora Campus/Elsevier, 2009, p. 01

339 CARVALHO, Cristiano. **A Análise Econômica do Direito Tributário.** In: Direito Tributário – Homenagem a Carvalho, São Paulo: Quartier Latin, 2008, p. 6

340 MANKIW, n. Gregory. **Introdução à Economia: princípios de micro e macroeconomia**. Cengage Learning, São Paulo, 2008, p. 04

O segundo pressuposto traz que o conceito de que equilíbrio de mercado é o padrão de comportamento que se atinge quando todos os atores estão maximizando seus próprios interesses simultaneamente.[341]

A seu turno, no que tange a eficiência, fundamentada na ideia de funcionamento perfeito do mercado concorrencial a alocação de recurso realiza-se de forma eficiente.

Quanto à eficiência, Varian nos ensina:

> uma situação econômica é eficiente de Pareto se não existir nenhum modo de melhorar a situação de algum grupo de pessoas sem piorar a de algum outro grupo. O conceito de eficiência de Pareto pode ser utilizado para avaliar diferentes formas de alocar os recursos".[342]

Sob essa perspectiva, uma lei será mais eficiente que a outra se for capaz de maximizar a riqueza e o bem-estar por meio de custos menores. [343] Nesse sentido Dalton:

> Do ponto de vista econômico, o melhor sistema tributário será o que produzir as melhores consequências econômicas ou, pelo menos, repercussões menos prejudiciais. [344]

Concernente à tributação e seu impacto no mercado, é necessário ter presente que as ferramentas da economia do bem-estar servem como um poderoso instrumento para medir os ganhos e as perdas de um imposto no bem. Para tanto, deverá ser considerado como que um imposto afeta os compradores, os vendedores e o Governo.

Segundo Belfield[345], há condições plausíveis para que o setor de educação seja analisado sob o modelo da concrência perfeita, pois: a) em primeiro lugar,

[341] GONÇAVES, Oksandro Osdiva; RIBEIRO, Marcelo Miranda:. **Incentivos Fiscais: uma perspectiva da Análise Econômica do Direito. Economic** Analysis of Law REview, v. 4, n. 1, 2013, p. 79-102

[342] VARIAN, Hal R. Tradução Regina Célia Simile de Macedo. **Microeconomia: uma abordagem moderna.** 9 ed. Rio de Janeiro: Elsevier, 2016, p. 17

[343] RIBEIRO, Márcia Carla Pereira, GALESKI, Irineu. **Teoria Geral dos contratos: contratos empresariais e análise econômica.** Rio de Janeiro: Elsevier, 2009, p. 77

[344] DALTON, Hugh. Tradução de Maria de Lourdes Modiano; rev. Por Aliomar Baleeiro; introd. De Benedicto Silva. **Princípios de finanças públicas.** Rio de Janeiro: Getúlio Vargas, 1980, p. 105

[345] BELFIELD, Cliver R. **Economic principles for education. Theory and evidence.** Cheltenham, Reino Unido e Northampton, MA, EUA: Edward Elgar, 2000.

geralmente as escolas são pequenas com relação ao tamanho do mercado; b) os preços dos fatores são determinados exogenamente, c) a tecnologia disponível pode ser a mesma em todas as escolas (embora ressalte que, em muitos países isso não se observa) e d) os demandantes, em certa medida, têm acesso à informação relevante a um baixo custo.

Figura 1: Peso Morto – Curva de oferta e demanda

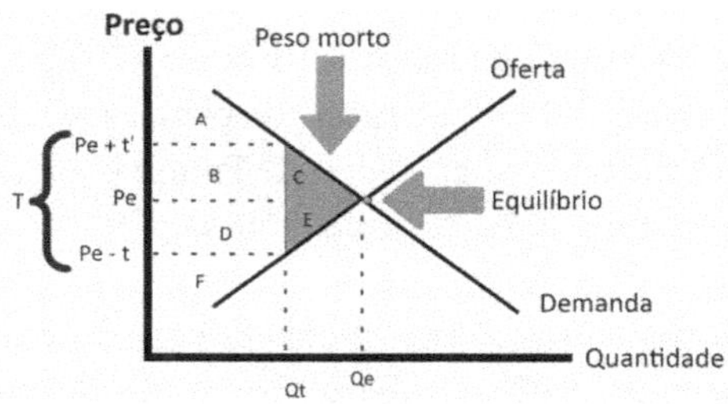

Antes da introdução de um imposto, o preço e a quantidade de equilíbrio encontram-se na interseção das curvas de oferta e demanda (Pe e Qe); isto tendo em vista que a curva de demanda que reflete a disposição dos consumidores de pagar o excedente do consumidor[346] é a área entre a curva de demanda e o preço, A+B +C. Da mesma forma, considerando que a curva de oferta indica, para diferentes bens, quanto que uma empresa venderia, o excedente do produtor[347] é a área entre a curva de oferta e o preço, D + E + F. Nesse caso, a arrecadação do imposto é zero, e o excedente total será formado pela área A+B+C+D+E+F (excedente do consumidor + excedente do produtor).

A introdução de um imposto T em uma economia irá deslocar a quantidade de Qe para Qt. Concernente ao preço, observa-se que aquele pago pelos consumidores aumenta de Pe para Pe+t', passando o excedente do consumidor para a área A. O preço recebido pelos vendedores reduz-se de Pe para Pe-t,

[346] O Excedente do Consumidor corresponde à diferença entre o montante que o consumidor estaria disposto a pagar por determinada quantidade de um bem e o montante que efetivamente paga. Esta situação ocorre porque o consumidor consome até ao momento em que a sua utilidade marginal iguala o preço de mercado. Desta forma, todas as unidades consumidas exceto a última apresentam utilidades marginais superiores ao preço.

[347] O Excedente do Produtor corresponde à diferença entre o preço cobrado por cada uma das quantidades vendidas (preço de mercado) e o preço mínimo que estaria disposto a vender cada uma dessas unidades (custo marginal). Desta forma, todas as vendidas exceto a última apresentam custos marginais inferiores ao preço de equilíbrio de mercado.

e o excedente do produtor passa a corresponder apenas à área F. Quanto à quantidade de receita obtida pelo governo, verifica-se que ela será correspondente ao total T X Qt, representado na figura acima pelo retângulo cuja altura corresponde ao imposto T e a largura à quantidade Qt vendida do bem (B + D). Dessa forma, o excedente total depois do imposto será o resultado da soma do excedente do produtor, do consumidor e as receitas fiscais, sendo portanto equivalente à área A+B+D+F do gráfico.

Quanto ao bem-estar constata-se que a introdução do imposto causa uma redução no excedente do consumidor representado pela área B+C, uma redução do excedente do produtor correspondente à área D+E e, no que lhe diz respeito às receitas fiscais, verifica-se que aumentam na proporção da área B+D. Entretanto, conforme depreende-se do gráfico, as reduções no excedente do consumidor e produtor são maiores que os ingressos na arrecadação do governo e essa diferença denominamos de peso morto. Dessa forma, conclui-se que o imposto causa uma perda caracterizado pelo peso morto (área C+ E) e que quanto maior for o imposto maior será o peso morto.

Mankiw[348] define peso morto da seguinte forma:

> La pérdida de peso muerto es la ineficiencia que crea um impuesto cuando las personas distribuyen sus recursos con base en el incentivo fiscal en lugar de tomar em cuenta los verdaderos costos y benefícios de los bienes y servicios que compran y venden.

Neste contexto, não se pode olvidar que as elasticidades de oferta e demanda influenciam no cálculo do peso morto. Como as elasticidades de oferta e demanda refletem como os participantes do mercado respondem às alterações no preço, percebe-se que para obter uma determinada arrecadação, quanto maior for a elasticidade da oferta e da demanda, maiores serão as perdas decorrentes do peso morto.

Ademais, conforme demonstra a curva de Laffer, o valor arrecadado não se incrementa constantemente com um aumento do imposto. Em um primeiro momento constata-se uma elevação da receita fiscal decorrente da elevação do imposto, mas se este fica suficientemente grande aquela começa a diminuir.

348 MANKIW, N. Gregory, **Principios de Economía**, 6 ed. México: Cengage, 2012, p. 242.

Figura 2 – Curva de Laffer

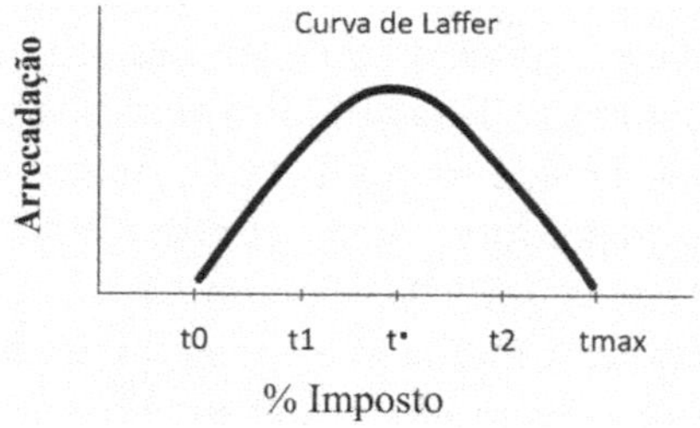

Necessário lembrar que em se pese a introdução do imposto, a princípio, reduzir a eficiência do mercado, os mesmos são inevitáveis, uma vez que os cidadãos esperam que o governo proporcione diversos bens e serviços.[349] Desta forma, não obstante no mercado ideal a tributação gerar uma ineficiência, esta deve ser compensada com o ganho de equidade. A solução passa então pelo dilema eficiência/equidade. Assim, essa interferência governamental por meio da tributação deverá ser analisada sob o enfoque da utilidade marginal, ou seja, se o aumento da equidade vale a perda da eficiência e vice-versa[350].

Essa escolha pública não apenas deverá ser a medida menos onerosa aos contribuintes, de maneira a permitir a manutenção do equilíbrio econômico, como também se aterá às suas consequências sobre as decisões dos agentes

[349] Oportuno se torna assinalar que as condições ideais de mercado não se encontram em sua forma pura nos mais diversos setores da economia. É notório a presença de falhas de mercado de origem física (mobilidade de fatores), de origem legal (acesso às informações), de estrutura (concentração econômica), de sinal (externalidades), de sinal decorrente de falha de incentivos (suprimentos de bens coletivos), entre outros. Neste sentido, as forças de mercado por si só não conseguem alcançar o nível de equilíbrio de maior eficiência, podendo a tributação ser utilizada para corrigir as falhas de mercado e gerar maior eficiência. Situação essa denominada pela doutrina como duplo dividendo do tributo. Assim, além de sua função arrecadatória e fiscal, o tributo exercerá uma função extrafiscal, acarretando maior eficiência do mercado e implicando maior riqueza para a sociedade. É o que leva à busca de uma tributação ótima.

[350] A eficiência é avaliada pelos economistas sob dois aspectos: a eficiência de Pareto e a eficiência Kaldor-Hicks. A eficiência de Pareto é descrita como sendo a situação na qual "os recursos de uma economia estão dispostos de tal maneira que nenhuma reordenação diferente possa melhorar a situação de qualquer agente econômico sem que haja, pelo menos, a piora de um dos demais". Por sua vez , na eficiência de Kaldor- Hicks ou eficiência Global, uma alteração social pode ser eficiente ainda que minimize a satisfação de certa parcela de indivíduo desde que os prejuízo seja compensado pelo incremento de satisfação de outra parcela de indivíduos. (TRINDADE, 2013, p. 453 – 488)

econômicos, já que a tributação incide sobre fatos econômicos e, deste modo, induz o contribuinte a optar pelas possibilidades que preservem sua riqueza.

No que diz respeito à exoneração fiscal, na qual é espécie a imunidade das instituições de educação sem fins lucrativos, objeto da presente obra, a eficiência é medida pela comparação entre as receitas fiscais arrecadadas e os objetivos extrafiscais perseguidos, por um lado, e a totalidade dos custos suportados para os efeitos, por outro.

Distintamente da tributação fiscal que visa exclusivamente à arrecadação de recursos financeiros para promover o custeio dos serviços públicos, a tributação extrafiscal é aquela que almeja outra finalidade política que geralmente se traduz em desencorajar ou encorajar determinado comportamento.[351]

Segundo Torres:

> A extrafiscalidade como forma de intervenção estatal na economia, apresenta uma dupla configuração: de um lado, a extrafiscalidade se deixa absorver pela fiscalidade constituindo a dimensão finalística do tributo, de outro, permanece como categoria autônoma de ingressos públicos a gerar prestações não tributárias. [352]

Nesse mesmo sentido, Freire se manifesta sobre as externalidades:

> Consistem em efeitos positivos ou negativos, sobre terceiros, gerados a partir da conduta de um agente, os quais não são incorporados, num processo de transação em qualquer mercado. Tratando-se por definição de efeitos externos a um mercado, os benefícios ou custos em que se consubstanciam não obtém expressão monetária, pelo que não são objetos de pagamento ou indenização.[353]

Segundo Nabais, as externalidades manifestam-se em dois grandes domínios, que representam uma técnica de intervenção ou conformação social pela via fiscal: (a) os impostos extrafiscais, que são concebidos para dissuadir ou evitar determinados comportamentos, por meio de agravamentos

[351] RIBEIRO, J.J. Teixeira. **Lições de Finanças Públicas**, 5ª ed. São Paulo, Saraiva, 1974, p. 258

[352] TORRES, Ricardo Lobo. **Curso de direito financeiro e tributário...**, op, cit, p. 210.

[353] FREIRE, Paula dos Reis Vaz. O Reforço da Análise Económica na Avaliação da Compatibilidade dos Auxílios Estatais com o Mercado Comum, in: **Estudos em Homenagem ao Prof. Doutor Sérvulo Correia**, Vol. III, Coimbra Editora, Edição da Faculdade de Direito da Universidade de Lisboa, Lisboa, 2010, p. 661.

extrafiscais de impostos fiscais; (b) os benefícios fiscais dirigidos a fomentar ou incentivar determinados comportamentos, para a concretização de objetivos econômicos-sociais. [354]

No caso das imunidades das instituições de educação sem fins lucrativos a imunidade inserta no artigo 150, VI, c da CF/88 visa, no intuito de atenuar as ineficiências do Poder Público, fomentar a participação do setor privado na prestação da educação requerida constitucionalmente do Estado.[355]

Comumente, as exonerações que se processam na carga tributária por meio das imunidades têm por escopo atender as necessidades entre os cidadãos e por esta razão é possível considerá-las justas. [356] Nesse contexto, as imunidades, sob a ótica das finalidades extrafiscais, constituem um desagravamento fiscal de uma situação com um objetivo alheio ao sistema fiscal. Economicamente, a imunidade traduz um sacrifício ao dispêndio de recurso que inicialmente, se não houvesse a imunidade, pertenceriam ao Estado, mas que em resultado de opções constitucionais extrafiscais são retidos pelos contribuintes, que passam a participar dos compromissos públicos.

Importante frisar que, sob a ótica econômica, as imunidades tributárias das instituições de educação sem fins lucrativos apesar de incentivarem a participação do setor privado na seara educacional, ao mesmo tempo, contudo, ao modificarem as condições naturais do mercado, alteram o preço relativo dos bens, neste caso, do serviço de educação prestadas pelas instituições de educação com fins lucrativos. As imunidades permitem que as empresas detentoras desse beneplácito constitucional atuem de forma privilegiada em relação às suas concorrentes na medida que são exoneradas dos impostos incidentes sobre o patrimônio, renda e serviços relacionados com suas finalidades essenciais.

Nesse sentido, as imunidades devem ser administradas com extrema cautela para que os objetivos aos quais visam possam justificar a exceção

[354] NABAIS, José Casalta. **O Dever Fundamental de pagar impostos: contributo para a compreensão constitucional do estado fiscal contemporâneo.** Coimbra: Almedina, 1998, p. 629.

[355] Mill já afirmava que a tarefa de educar as pessoas deveria ser compartilhada entre iniciativa pública e privada. Defendia que não era necessário, nem desejável, que houvesse um sistema de educação estatal totalmente controlado pelo estado, porque além de ser totalmente ineficiente, tal sistema atentaria contra a liberdade, pois moldaria todas as pessoas da mesma maneira, sufocando instintos criativos e inovadores.

[356] Grupenmacher, Betina Treiger. **Das Exonerações Tributárias: Incentivos e Benefícios Fiscais. In: Novos Horizontes da Tributação, um diálogo Luso-Brasileiro.** Cadernos IDEFF Internacional n.2, Instituto de Direito Econômico Financeiro e Fiscal FDL, Coimbra: Almedina, 2012, p. 9

em relação ao regime geral. Isto porque não há garantia de que as decisões individuais na ausência do imposto conduzam a uma garantia de um grau maior de eficiência social. Para que as distorções das escolhas não conduzam necessariamente à ineficiência torna-se mister a existência de externalidades marginais positivas no comportamento que se incentiva.

Assim sendo, o Estado deve realizar uma administração diligente das imunidades, fiscalizando o cumprimento pelas instituições de educação sem fins lucrativos, dos requisitos constitucionais e infraconstitucionais requeridos tanto para o enquadramento como para a fruição da imunidade inserta no artigo 150, VI, c da CF/88, sob pena de tal exoneração estar causando uma concorrência desleal no setor. Tão somente dessa forma, verificando o adimplemento das finalidades e condições para os quais as imunidades foram concedidas se pode ter a certeza de que os custos bancados pela perda da receita fiscal foram compensados pelos benefícios gerados pela imunidade em epígrafe.

3.4 Necessidade de compartilhamento de informações fiscais entre os entes da federação

Atualmente, o intercâmbio de informações entre os entes da Federação constitui-se um importante instrumento na produção de provas necessárias à comprovação da ocorrência real dos fatos geradores ensejadores da cobrança de tributos. Nas palavras de Carrero:

> A relevância da manutenção de um fluxo sistemático de informação tributária radica na possibilidade de controle fiscal pela administração. Ademais, exerce um efeito persuasivo frente aos contribuintes. Certamente, o Fisco pode levar a cabo um controle fiscal efetivo das operações que ocorrerem dentro das fronteiras de seu mesmo país, pois, geralmente, tem ou pode obter os meios e, em especial, a informação que o permite garantir o cumprimento das leis tributária.[357]

Concernente às provas, insta destacar que estas se submetem a um método de produção e de utilização no bojo de um processo tributário previstas no sistema normativo.

[357] CARRERO, José Maneul Calderón. **Intercâmbio de información y fraude fiscal internacional**. Madrid: Centro de Estudios Financeiros, 2000, p. 28.

Importante ressaltar que no Estado Democrático de Direito o processo se encontra como uma garantia constitucional respaldada no devido processo legal, previsto no artigo 5º, inciso LV da Constituição da República, no qual a produção de provas é de suma importância para a solução de controvérsias. Ademais insta destacar a correlação existente entre o direito material e o tributário formal. Na seara do processo tributário, pode-se afirmar que, em que pese o direito material ser o precedente lógico do direito tributário formal, conforme as palavras de Villegas, o direito formal é o complemento indispensável do direito tributário material, uma vez que contém normas utilizadas pela administração tributária para comprovar se compete a certa pessoa o pagamento de determinado tributo e quanto corresponderá esta obrigação. Neste contexto o direito formal corresponde ao conjunto de regras de acordo com as quais a Administração deve observar para que o tributo legislativamente criado venha a se transformar em um tributo fiscalmente recolhido. Ademais, incluem-se no direito tributário formal todas as normas que regulam deveres formais ou instrumentais dirigidas tanto ao Fisco como ao contribuinte.

Afirma o tributarista argentino Villegas[358]:

> Esta inseparabilidad es la misma de todo derecho substantivo que no puede ser aplicado a los casos concretos sin la existencia de um derecho adjetivo que proporcione las reglas de aplicación.

Nesse contexto, para a melhor compreensão dos demais conceitos e da sistemática que envolve o direito processual tributário, torna-se mister delinear os contornos dos conceitos de procedimento e processo que são hodiernamente utilizados no âmbito jurídico

A locução "processo tributário" é um gênero que abrange tanto o processo em seu sentido estrito quanto aos procedimentos. Procedimentos e processos em seu sentido estrito são institutos diferentes no tocante às suas finalidades e regime jurídico.

O processo tributário, em seu sentido *latu sensu*, é conceituado por Nunes[359] nos seguintes termos:

[358] VILLEGAS, Hector B. **Curso de finanzas, derecho financeiro y tributário.** 5ª ed., Buenos Aires: Depalma, 1993, p. 325.

[359] NUNES, Cleucio Santos. **Curso Completo de Direito Processual Tributário**. 2 ed. São Paulo: Saraiva Educação, 2018, p. 79.

> Processo tributário é um ramo específico do direito processual, tendo por base a matéria tributária e destinado a regulamentação e ao estudo dos procedimentos e do processo contencioso, nos âmbitos administrativos e judicial.

Dessa forma, o processo tributário em sentido estrito envolve tanto o processo administrativo quanto o processo judicial, ambos tributários.

Quanto ao processo administrativo tributário, divide-se em duas subseções, quais sejam, procedimentos administrativos tributários e o processo administrativo contencioso.

O procedimento administrativo tributário é a fase do processo administrativo tributário meramente procedimental, caracterizado pela ausência inicial de uma pretensão e uma lide, não existindo contenciosidade.

Para Nunes[360], o procedimento administrativo é assim definido:

> O procedimento administrativo pode ser conceituado como sendo uma sucessão lógica de atos, devidamente formalizados em meio físico ou eletrônico, que, associando elementos de fato e de direito pertinentes, resulta em atos de manifestação de vontade e de exercício de poder que constituem pretensões administrativas, de modo a oferecer condições de se exercer controle de legitimidade e de legalidade pelas instituições constituídas e pelos interessados.

Na fase procedimental, diante da ausência de pretensão formal e pela finalidade do procedimento que é a de reunir fatos e provas para a formalização da pretensão, não se garantem ao contribuinte dois direitos que são fundamentais no Estado Democrático de Direito, quais sejam, o contraditório e a ampla defesa.[361] Entretanto, em que pese tais garantias não serem asseguradas, esta não é uma fase arbitrária, uma vez que o procedimento deve ser estabelecido em lei em observância ao princípio do devido processo legal.

Na seara fiscal, os procedimentos administrativos poderão ser procedimentos obrigatórios ou vinculados, de iniciativa do fisco, ou poderão ser procedimentos voluntários, de iniciativa dos contribuintes. Por sua vez,

[360] Ibidem, p. 71.

[361] São considerados procedimentos administrativos quaisquer atos da administração tributária relacionados à apuração dos tributos, tais como a arrecadação de documentos, a coleta e tratamento das informações tributárias, assim como a orientação, verificação e controle do cumprimento das obrigações por parte do sujeito passivo, que pode resultar na constituição da pretensão tributária.

o processo administrativo tributário refere-se à fase contenciosa do processo administrativo tributário na qual existe disputa de interesse, litígio e inicia-se com a impugnação da pretensão fiscal pelo sujeito passivo.

Nas palavras de Marins[362], o processo administrativo fiscal:

> Caracteriza-se pelo aparecimento formalizado do conflito de interesses, isto é, transmuda-se a atividade administrativa de procedimento para o processo no momento em que o contribuinte registra seu inconformismo com o ato praticado pela administração.

Assim, procedimento e processo não se confundem, embora todo processo sirva de procedimento, nem todo procedimento se converte em processo.

Na fase do procedimento, conforme descrito anteriormente, a prova é o elemento fulcral, uma vez que a partir dela que se formará o juízo de probabilidade do que efetivamente ocorreu, devendo a legislação traçar os meios para que a Fazenda Pública a realize com a máxima segurança e eficiência.

Concernente à imunidade das instituições de educação sem fins lucrativos, inserta no artigo 150, VI "c" da CF/88, é condicionada ao adimplemento dos requisitos previstos nos incisos I, II e III, todos do artigo 14 do CTN. Importante frisar que qualquer ente da federação, seja Município, Estado ou União, ao detectar que uma entidade descumpriu um desses requisitos deverá suspender a fruição da imunidade haja vista tratar-se de uma imunidade condicionada. Ademais convém observar que os requisitos são os mesmos para todos os entes da Federação, quais sejam: não distribuírem qualquer parcela de seu patrimônio ou de suas rendas, a qualquer título; aplicarem integralmente, no País, os seus recursos na manutenção dos seus objetivos institucionais; e manterem escrituração de suas receitas e despesas em livros revestidos de formalidades capazes de assegurar sua exatidão.

Nesse contexto, a maximização dos procedimentos de fiscalização com o fito de inibir a sonegação fiscal no que tange ao adimplemento dos requisitos constitucionais e infraconstitucionais para enquadramento e fruição da imunidade inserta no artigo 150, VI, "c" da CF/88, invoca a necessidade de unificar e compartilhar informações entre os fiscos federal, estaduais e municipais.

Na seara internacional, a cláusula de intercâmbio de informações remonta a meados do século XIX, mas a expansão do uso de mecanismos de assistência mútua ocorreu, somente em 1970, devido à discussão da soberania política

[362] MARINS, James. **Processual tributário brasileiro**, 3. ed. São Paulo: Dialética, 2003, p. 164.

dos entes envolvidos, ao sigilo fiscal dos contribuintes, à complexidade técnica da troca de informações e à falta de confiança entre as Administrações Tributárias dos distintos países[363]. A Organização de Cooperação e Desenvolvimento Econômico (OCDE) desenvolveu um modelo de intercâmbio de informações que visa evitar a dupla tributação internacional e a evasão fiscal, utilizado pelo Brasil em seus tratados que versem sobre a aludida matéria[364].

A troca de informações desenhadas no artigo 26 da Convenção Modelo da OCDE é de suma importância, pois viabiliza aos Estados um instrumento de verificação dos fatos geradores, evitando-se, assim, em última análise, a evasão fiscal.[365] No que diz respeito à forma de apresentação a prescrição contida

[363] FERRAGUT, op. cit., p. 101 e 102.

[364] Vale mencionar que a utilização desse modelo não se limita apenas aos países membros da OCDE, podendo ser utilizado livremente pelos demais países não membros ou não parceiros.

[365] Artigo 26. Troca de informações
1. As autoridades competentes dos Estados contratantes trocarão entre si a informação presumivelmente relevante para aplicar as disposições da Convenção ou para administrar ou por em vigor as leis internas dos Estados contratantes, das suas subdivisões políticas ou autarquias locais, na medida em que a tributação nelas prevista não seja contrária à Convenção. A troca de informações não é restringida pelo disposto nos Artigos 1.º e 2.º. 2. Qualquer informação recebida, nos termos do parágrafo 1.º, por um Estado contratante, será considerada secreta do mesmo modo que a informação obtida com base na legislação interna desse Estado e só poderá ser comunicada às pessoas ou autoridades (incluindo tribunais e autoridades administrativas) encarregadas da liquidação ou cobrança impostos referidos no primeiro período, ou dos procedimentos declarativos ou executivos relativos a estes impostos, ou da decisão de recursos referentes a estes impostos. Essas pessoas ou autoridades utilizarão as informações assim obtidas apenas para os fins referidos. Essas informações podem ser reveladas em audiências públicas de tribunais ou em decisões judiciais. 3. O disposto no número 1 e 2 não poderá ser interpretado no sentido de impor a um Estado contratante a obrigação de: a) tomar medidas administrativas contrárias à sua legislação, e à sua prática administrativa ou às do outro Estado contratante; b) fornecer informações que não possam ser obtidas com base na sua própria legislação ou no âmbito da sua prática administrativa normal ou nas do outro Estado contratante; c) transmitir informações reveladoras de segredos ou processos comerciais, industriais ou profissionais, ou informações cuja comunicação seja contrária à ordem pública. 4. Se, em conformidade com o disposto neste Artigo, forem solicitadas informações por um Estado contratante, o outro Estado Contratante utiliza os poderes de que dispõe a fim de obter as informações solicitadas, mesmo que esse outro Estado não necessite de tais informações para os seus próprios fins fiscais. A obrigação constante da frase anterior está sujeita às limitações previstas no número 3, mas tais limitações não devem, em caso algum, ser interpretadas no sentido de permitir que um Estado Contratante se recuse a prestar tais informações pelo simples fato de estas não se revestirem de interesse para si, no respectivo âmbito interno. 5. O disposto no número 3 não pode em caso algum ser interpretado no sentido de permitir que um Estado contratante se recuse a prestar informações apenas porque estas são detidas por uma instituição bancária, um outro estabelecimento financeiro, um mandatário ou por uma pessoa agindo na qualidade de agente ou fiduciário, ou porque essas informações são conexas com os direitos de propriedade de uma pessoa.

no §3º do artigo 26 da Convenção – Modelo da OCDE –, é expressa ao afirmar que o Estado Informante além da descrição minuciosa e clara do ilícito anexe todo tipo de prova documental, eletrônica, pericial, entre outras, de reconhecida autenticidade, coletada durante o seu processo de fiscalização.

No que diz respeito à questão probatória, na doutrina processual, a prova produzida em autos diferentes é denominada prova emprestada e sua eficácia probante varia de acordo com o modo de sua formação. Prova emprestada, segundo os ensinamentos de Grinover[366], pode ser conceituada como sendo "aquela que é produzida num processo para nele gerar efeitos, sendo depois transportada documentalmente para outro, visando a gerar efeitos em processo distinto."

No que diz respeito à valoração das provas emprestadas, cumpre ao julgador do processo, ao qual o documento transladado foi juntado, apreciá-la no contexto da nova relação processual.

A figura da prova emprestada no âmbito tributário assume duas acepções: a) aquela inerente ao direito processual civil, consistente na construção de uma prova idêntica à já produzida em outro processo envolvendo as mesmas partes; e b) as informações fornecidas por qualquer das Fazendas Públicas, obtidas por meio de procedimentos fiscalizatórios por elas realizados.

No direito pátrio, concernente à troca de informações entre as Fazendas Públicas para fins de fiscalização e autuação, tem-se que, após o advento da Emenda Constitucional nº 42/2003, esse intercâmbio é expressamente permitido pela CF/88 conforme autorização disposta em seu artigo 37, inciso XXII, *in verbis*:

> Art. 37. (...) XXII – as administrações tributárias da União, dos Estados, do Distrito Federal e dos Municípios, atividades essenciais ao funcionamento do Estado, exercidas por servidores de carreiras específicas, terão recursos prioritários para a realização de suas atividades e atuarão de forma integrada, inclusive com o compartilhamento de cadastros e de informações fiscais, na forma da lei ou convênio.

No âmbito da legislação infraconstitucional, a colaboração recíproca é disposta no artigo 199 do Código Tributário Nacional:

[366] GRINOVER, Ada Pellegrini. **O processo em evolução**. São Paulo: Forense Universitária, 1996, p. 62

Art. 199. A Fazenda Pública da União e as dos Estados, do Distrito Federal e dos Municípios prestar-se-ão mutuamente assistência para a fiscalização dos tributos respectivos e permuta de informações, na forma estabelecida, em caráter geral ou específico, por lei ou convênio.

Parágrafo único. A Fazenda Pública da União, na forma estabelecida em tratados, acordos ou convênios, poderá permutar informações com Estados estrangeiros no interesse da arrecadação e da fiscalização de tributos. (Incluído pela Lcp nº 104, de 2001)

Quanto à imunidade tributária, escopo do presente trabalho, a Lei Complementar nº 187, de 2021, introduziu o inciso IV ao §3º do artigo 198 do CTN, excluindo da vedação de divulgação, por parte da Fazenda Pública ou de seus servidores, de informação obtida em razão do ofício sobre a situação econômica ou financeira do sujeito passivo ou de terceiros e sobre a natureza e o estado de seus negócios ou atividades.

Esses dispositivos constitucionais vão ao encontro da ideia de que não pode ser mais sustentada a manutenção do sigilo absoluto oponível ao Estado diante da própria concepção de Estado Democrático de Direito, conforme mencionado pelo professor argentino Gordilho:

> (...) enquanto as leis e até as Constituições consagram enfaticamente o princípio da publicidade dos atos de governo, e o mais irrestrito acesso aos interessados às atualizações administrativas, salvo se elas forem qualificadas por ato expresso e motivado como confidenciais, o certo é que, na prática, tais disposições jamais se cumprem facilmente. A tradição administrativa hispano-americana é do silêncio, do segredo, da reserva, da não publicidade. Não se trata do fato do funcionário público considerar que realiza com o silêncio uma atividade ilícita: ao contrário, ele entende que o correto, o devido, o lícito e normal, é ser zeloso guardião de toda informação administrativa e, acima de tudo, não divulgá-la aos administrados ou terceiros, pois eles podem comprometê-lo'. (...) Não podemos aqui senão reiterar que tal tendência ao segredo e a reserva é profundamente censurável e que deveria dar-se o mais estrito cumprimento ao princípio da publicidade das atuações que consagram as normas vigentes, tanto no âmbito constitucional como no âmbito legal.[367]

[367] GORDILHO, Augustín. **La administración paralela.** Madrid: civitas, 1982, p-55-56 – tradução livre

O sigilo fiscal, embora direito do cidadão e dever do Fisco, deve ceder em casos concretos e justificados pela legislação, uma vez que numa visão sistêmica, o Estado é um só e todos os seus órgãos funcionais têm o mesmo fim, qual seja, atender aos interesses da coletividade em prol do interesse público.

O sigilo propriamente dito tem como objetivo garantir a proteção à intimidade, à honra e à imagem das pessoas, sendo, portanto, um direito inviolável, mas não absoluto. Dessa forma, refere-se ao dever dos órgãos da Administração de não divulgar informações econômico fiscais que obtém decorrentes de suas funções institucionais, não significando que tais informações não possam ser acessadas por outro órgão estatal.

A preocupação central, na verdade, não deve ser propriamente a possibilidade da transferência das informações fiscais entre os entes da Federação, devendo a reflexão centrar-se na forma e no controle das transferências de dados a fim de evitar abusos ou agressões aos direitos dos contribuintes, titulares das informações que irão circular entre os órgãos estatais, conforme a finalidade para as quais estão sendo requeridas. O que se deve atentar, portanto, não é tão somente na questão do acesso aos dados fiscais, mas também na sua correta movimentação e armazenamento.

Como bem menciona Gonçalves, o interesse individual a merecer proteção jurídica é a utilização legítima dos dados por parte dos órgãos estatais:

> Na era da informação, quando múltiplos dados sobre pessoas são registrados em computadores e circulados pelos sistemas de comunicação, e quando o uso dos meios eletrônicos (cartões de crédito, via verde, telefones celulares, etc.) fornece aos sistemas, regularmente, informação sobre a vida privada, os regimes de proteção de dados apresentam-se na prática como formas de regulação de abusos graves e não como formas de controle dos dados pelas pessoas que são os seus titulares. De acordo com estes regimes, o primeiro interesse individual a merecer proteção jurídica é o interesse de uma utilização legítima dos dados pelas organizações públicas e privadas. (...) No que se refere à informação do setor público, a sociedade da informação vem permitir ganhos de eficiência no seu recolhimento, tratamento e utilização pelas administrações públicas e ao mesmo tempo oportunidades inexploradas de uso dessa informação, seja para fins de serviço público, seja para fins privados. As políticas de valorização econômica da informação do Estado, aliadas ao movimento de privatização de serviços públicos, estão, porém, a afetar a esfera dentro

da qual se tem exercido a liberdade de informação, na sua vertente de liberdade de acesso a documentação e informação administrativas.[368]

Referente ao sigilo, a título ilustrativo, o STF já enfrentou a matéria quando decidiu em repercussão geral (RE nº 601.314/SP-RG), em conjunto com as ADI nºs 2.390, 2.386, 2.397 e 2.589, pela constitucionalidade da Lei Complementar nº 105/2001, que dispõe sobre a quebra de sigilo bancário pela Receita Federal sem a necessidade de haver intervenção do Poder Judiciário. O Tribunal Pleno, ao julgar o RE nº 601.314/SP-RG decidiu que o artigo 6º da Lei Complementar 105/01 não ofende o direito ao sigilo bancário, pois realiza a igualdade em relação aos cidadãos, por meio do princípio da capacidade contributiva, bem como estabelece requisitos objetivos e o translado do dever de sigilo da esfera bancária para a fiscal. O entendimento pacificado pelo Plenário do Supremo Tribunal Federal prevaleceu que a norma não resulta em quebra de sigilo fiscal, mas em transferência de sigilo da órbita bancária para a fiscal, ambas protegidas contra o acesso de terceiros.

Entendimento diverso não pode haver entre os Fiscos da Federação. A redução dos obstáculos para troca de dados entre os Fiscos Municipais, Estaduais e o Federal visa a potencializar o uso da informação, tendo com benefícios a redução nos custos e esforços para levantamento de informações necessárias para a realização dos processos administrativos fiscais; a melhoria na qualidade dos dados e informações com consequente fortalecimento das melhores práticas de coleta e processamento das informação, uma vez que as bases de dados mais qualificadas e certificadas tenderão a ser mais requisitadas e prevalentes; qualificação do processo decisório nos diversos níveis de administração fiscal, em prol da melhoria dos serviços públicos ao cidadão. A obtenção e disponibilização de informações com mais facilidade, velocidade e confiança constitui condição essencial para promoção de uma nova cultura de gestão, em que as decisões são tomadas com base em evidências. O uso de informações contextualizadas, integradas e tempestivas deve ampliar a capacidade de diagnóstico de problemas, oferecer novos insights para desenho de política pública, práticas e procedimentos, otimizar ações de monitoramento fiscais, auditorias e avaliação de programas, estimular iniciativas inovadoras, entre outros benefícios.

[368] GONÇALVES, Maria Eduarda. **Direito da informação – novos direito e formas de regulação na sociedade da informação.** Coimbra: Almedina, 2003, p.43.

A possibilidade de intercâmbio de informações fiscais para fins de autuação, nos termos do artigo 199 do CTN, é acatada pela jurisprudência, conforme podemos conferir na decisão a seguir, dentre as inúmeras existentes:

> TRIBUTÁRIO. ANULATÓRIA DE DÉBITO FISCAL. IMPOSTO DE RENDA. OMISSÃO DE RECEITA. LANÇAMENTO. AUXÍLIO DE PROVA EMPRESTADA DO FISCO MUNICIPAL. ADMISSIBILIDADE. ART. 199 CTN. 1. Possibilidade legal de o Fisco Federal se utilizar de informações da Administração Fiscal estadual ou municipal, para levantar fatos caracterizadores de omissão de receita (CTN, art. 199). 2. Cabível, portanto, a utilização de prova emprestada, mormente se a autuada reconheceu o acerto da fiscalização municipal, tendo recolhido aos cofres da prefeitura o débito apurado por seu fiscal. 3. Apelação improvida. (TRF-1 - AC: 41412 MG 96.01.41412-6, Relator: JUIZ LINDOVAL MARQUES DE BRITO (CONV.), Data de Julgamento: 23/08/2001, SEGUNDA TURMA SUPLEMENTAR, Data de Publicação: 10/09/2001 DJ p.929)

Nesse contexto, esforços devem ser implementados no sentido de reduzir a ambiguidade das normas legais existentes, deixando de forma clara quais informações podem ser compartilhadas pelo Governo e quais regras de categorizar os dados e de adequar dos requisitos de segurança de compartilhamento de dados e informações fiscais entre os entes da Federação devem ser observadas.

Entretanto, insta ainda destacar referente às informações advindas do órgão fazendário de outra pessoa política, que esta não configura prova plena do fato jurídico em sentido estrito, não sendo suficiente para, por si só, provar fato jurídico ou ilícito tributário, autorizando a lavratura de ato de lançamento ou de aplicação de penalidade.

Manifestando-se sobre a matéria, o Superior Tribunal de Justiça, em acórdão da 2ª Turma, Rel. Min. Eliana Calmon, acordou:

> Tributário. Prova Emprestada. Fisco Estadual X Fisco Federal (Arts. 7o e 199 do CTN).
>
> 1.A capacidade tributária ativa permite delegação quanto às atividades administrativas, com a troca de informações e aproveitamento de atos de fiscalização entre as entidades estatais (União, Estados, Distrito Federal e Municípios).

> 2.A atribuição cooperativa que só se perfaz por lei ou convênio.
>
> 3.Prova emprestada do Fisco Estadual pela Receita Federal que se mostra inservível para comprovar omissão de receita.
>
> 4.Recurso especial improvido. (STJ, 2a T., REsp. 310.210/MG. Rel. Min. Eliana Calmon, j. 20.08.2002. DJ 04.11.2002, p. 179.)

Em síntese conclusiva, o escopo da troca de informações não é o de criar autuações automáticas, e sim municiar a entidade tributante com dados relevantes descobertos por outra, subsidiando-a a proceder investigações pertinentes e, somente se for o caso, autuar. Entretanto, em que pese a prova emprestada não ser o bastante para autorizar a constituição do fato jurídico ou ilícito tributário, ela serve de ponto de partida para o procedimento fiscalizatório por parte da pessoa política que pretende fazer o uso dela. A Fazenda, baseada em tais dados, deve proceder a fiscalização e instaurar o devido processo administrativo. No caso do adimplemento dos requisitos do artigo 14 do CTN pelas entidades imunes, essa importância é marcante, uma vez que os requisitos são os mesmos para todos os entes da Federação.

CONCLUSÕES

Na Constituição Federal de 1988 o direito à educação recebeu especial realce sendo erguido à condição de direito social e fundamental e, como direito subjetivo público, está entre as funções primordiais do Estado. A Carta Magna, prevendo a impossibilidade fática do Estado desempenhar sozinho todas as atividades que lhe incumbem e no intuito de estimular a participação das entidades do terceiro setor, concede, conforme disposto em seu art. 150, VI, "c", a imunidade de impostos sobre o patrimônio, a renda e os serviços para as instituições de educação sem fins lucrativos. Entretanto, convém destacar que o seu gozo é condicionado ao atendimento de requisitos e circunstâncias cuja compreensão é fundamental para preservação do desenho constitucional tributário e do papel definido para o Terceiro Setor na busca da concretização do Estado Social e Democrático de Direito.

Para melhor compreender a imunidade tributária de impostos inserta no atual texto constitucional é importante destacar que, numa perspectiva histórica, ao lado do gradativo aperfeiçoamento do papel que o Estado ocupa dentro da sociedade, o instituto da imunidade tributária aprimorou-se no sentido de deixar de significar um privilégio passando a ter correlação direta com o bem comum, tornando-se um instrumento valioso na concretização dos direitos fundamentais por via da exoneração tributária.

Concernente ao direito pátrio, insta destacar que a Constituição de 1934 inovou ao instituir no seu artigo 154 a imunidade de qualquer imposto aos estabelecimentos particulares de educação, gratuita primária ou profissional, oficialmente considerados idôneos. Na Carta de 1946, por sua vez, depreende-se do texto inserto em seu artigo 31, V, "b", que apesar da imunidade abranger todos os impostos, não importando se o estabelecimento tivesse fins lucrativos, foi introduzido o requisito de que os mesmos deveriam aplicar suas rendas integralmente no País e nos objetivos pelos quais foram criados.

Importante frisar que a imunidade para instituições de educação foi mantida, com a inclusão de novos requisitos, por todas as demais Cartas até a Constituição Federal de 1988.

Quanto ao fundamento da imunidade tributária a doutrina não é uníssona. Enquanto alguns doutrinadores entendem que o fundamento genérico da imunidade tributária seria a ausência de capacidade contributiva, outros afirmam que o legislador constituinte querendo efetivar determinados valores tenha criado zonas de não tributação concernente a certas pessoas, bens e situações.

Dentre as principais correntes doutrinárias quanto à definição do instituto cite-se: imunidade tributária como limitação ao poder de tributar; imunidade tributária como princípio constitucional; imunidade tributária como hipótese de não incidência constitucionalmente qualificada; imunidade tributária como exclusão ou supressão da competência tributária; e imunidade tributária como categoria referida a circunstâncias extrajurídicas.

Insta ainda destacar que descabe dispensar tratamento assemelhado entre a imunidade tributária e a isenção uma vez que possuem notórias diferenças. A imunidade quanto à fonte formal possui assento constitucional, proibindo-se entes políticos de instituírem tributo, enquanto a isenção depende da atuação legislativa dos Entes tributantes, configurando uma proibição à cobrança dos tributos; a imunidade atua no plano da definição da competência enquanto a isenção opera no exercício da competência; mesmo que a isenção tenha preceito constitucional, a norma constitucional que a contém possui eficácia limitada, enquanto a norma constitucional que abriga a imunidade possui eficácia plena ou contida; a isenção ao ser revogada restabelece-se o pleno exercício da competência tributária, por sua vez para ser retirada a imunidade do texto constitucional necessitar-se-ia de um Poder Constituinte Originário e de posterior edição de lei para esse fim; na imunidade não ocorre o fato gerador por não existir possibilidade de formulação da hipótese de incidência, na isenção ocorre a hipótese de incidência entretanto o legislador impede a sua atuação em relação a determinado sujeito ou objeto; a isenção, nos termos do art. 14 da Lei Complementar nº 101 de 2000 – Lei de Responsabilidade Fiscal (LRF), deve estar acompanhada de estimativa do impacto orçamentário financeiro no exercício em que deva iniciar sua vigência e nos dois seguintes, enquanto para a imunidade não se tem essa exigência.

Quanto aos fundamentos comuns a todas as imunidades tributárias, tem-se a analiticidade, a rigidez constitucional e os valores prestigiados na Lei Maior. Assim, as imunidades devem demonstrar os anseios e preocupações da sociedade brasileira à época da Constituinte, dentre os quais cite-se a segurança jurídica, a justiça e o bem comum, presentes na essência deste instituto.

Ademais, convém ressaltar que as imunidades tributárias, tendo como fundamento valores constitucionalmente protegidos, podem ser utilizadas como instrumentos de realização de extrafiscalidade, estimulando, induzindo e coibindo determinados comportamentos.

Soma-se o fato de que as imunidades estão diretamente relacionadas com os direitos fundamentais na medida em que aquela estabelece limites ao poder de tributar enquanto manifestação ativa do ente que tributa, demarcações que constituem como verdadeiras garantias constitucionais do contribuinte decorrentes dos direitos fundamentais. Dessa forma, ao mesmo tempo que os direitos fundamentais dão suporte à atividade tributante do Estado eles também configuram limites intransponível a essa atividade.

Atinente à correlação existente entre o princípio da igualdade e a imunidade tributária, é importante ressaltar que a exoneração tributária concedida mediante a imunidade deve ir ao encontro da justiça social, distributiva e econômica, ou seja, deve visar à igualdade por meio da qual todos tenham acesso equânime aos direitos e garantias constitucionalmente protegidos. Nesse sentido, deve ser analisada sob a vertente da igualdade material de forma a refletir acerca do fator de *discrimen* que justifica a sua concessão.

Referente ao fator de *discrimen*, insta destacar que a imunidade de impostos, conferida às instituições de educação sem fins lucrativos, enquadra-se em uma imunidade política na qual, distintamente da ontológica, não obstante possa ser verificada a existência de capacidade contributiva, a possibilidade de tributá-la, por via de impostos, cede ante a opção constitucional de preservação de outros valores.

Quanto aos valores protegidos, insta destacar que a Constituição Federal de 1988 é a mais pródiga das constituições no que se refere ao reconhecimento de direitos fundamentais e garantias para o seu exercício. A educação está relacionada entre os direitos sociais no *caput* do art. 6º da Carta Magna, devendo numa sociedade democrática visar à formação de um cidadão preparado para atuar democraticamente em sociedade. A elevação da educação a um direito vai ao encontro de sua importância para a promoção da dignidade humana, uma vez que capacita o agir consciente do homem sobre o mundo, tornando-o apto a exercer seu papel de sujeito da história.

Na atual Carta Magna, a disciplina específica acerca da educação encontra-se no título relativo à Ordem Social, em especial os artigos 205 ao 214, que ditam as diretrizes que capitaneiam o sistema educacional brasileiro.

Do emoldurado no art. 205 da Constituição Federal de 1988 infere-se que a educação deverá ser tutelada pelo Estado, pela família, com a ajuda de toda a sociedade, sendo um direito para todos e, portanto, informada pelo princípio da universalidade. Como objetivos básicos da educação, são elencados o pleno desenvolvimento da pessoa, seu preparo para o exercício da cidadania e sua qualificação para o mercado de trabalho.

Por sua vez, o art. 206 da Constituição Federal de 1988 trouxe em seu bojo os princípios sobre os quais o sistema de ensino deve se desenvolver, dentre os quais destaca-se a igualdade de acesso e permanência na escola, a gratuidade do ensino público em ensinos oficiais, e a garantia de padrão de qualidade. Infere-se da leitura desse artigo que a igualdade de condições para o acesso e permanência na escola deve ser considerada como um princípio derivativo da isonomia. Concernente à gratuidade, o art. 208 da Constituição Federal de 1988, por sua vez, é expresso ao garantir a educação infantil, em creche e pré-escola às crianças até 5 anos, oferta obrigatória e gratuita do ensino fundamental. Soma-se o fato de que no §1º do art. 208 da Carta Magna foi reconhecido que o acesso ao ensino fundamental, obrigatório e gratuito, é um direito público subjetivo. Quanto ao terceiro princípio, destaca-se que o texto constitucional é rico em referências à qualidade do ensino como objetivo educacional, dentre os quais citamos: art. 209, II, art. 211, §1º, art. 212, §3º e art. 214, III, todos da Constituição Federal de 1988. Portanto, a qualidade que se propugna na educação não é casual, mas evidente e necessária para alcançar os fins que se buscam com este direito fundamental.

Nesse diapasão, a regra imunizante prevista no art. 150, VI, "c" da Constituição Federal de 1988 vem a instrumentalizar o afastamento da possibilidade de tributação das instituições de educação sem fins lucrativos, pertencentes ao Terceiro Setor, revelando-se como instrumento de proteção do direito fundamental da educação, expresso no art. 205 do texto constitucional, dos direitos da liberdade compreendidos no mínimo existencial e nas condições iniciais para a garantia da igualdade de chances para as camadas desprivilegiadas da sociedade.

As entidades integrantes do Terceiro Setor ocupam uma posição entre o setor público e o privado, ou seja, são organizações que apesar de possuírem natureza privada, não possuem fins lucrativos e são dedicadas à realização de objetivos sociais ou públicos, apesar de não integrarem a Administração Pública. Soma-se o fato de que do ponto de vista da dinâmica social, sobre a utilização de outros atores para mudar a realidade atual, o maior desafio do Terceiro Setor é compreender que sua função extrapola a realização de atividades públicas, devendo assumir um papel de instrumento de concretização do Estado Democrático de Direito. Concernente à atuação das entidades pertencentes ao Terceiro Setor, insta ainda ressaltar que se por um lado conseguem realizar suas atividades com uma maior eficiência, uma vez que não estão sujeitas à rígida estrutura normativa que rege a administração pública, por outro lado, dado seu caráter filantrópico, conseguem concatenar a eficiência com a busca de equidade social inerente a qualquer instituição pública. Soma-se o fato de que além da eficiência e equidade, as entidades do Terceiro Setor também zelam pela qualidade na realização de suas atividades. Quanto ao aspecto qualitativo, pode-se afirmar que decorre da sua própria existência, caracterizado pelo idealismo de suas atividades, pela preocupação com o desenvolvimento econômico e a consolidação de valores democráticos, pluralistas, comprometido com a solidariedade, com o sentimento de comunidade, com o exercício de cidadania e com a responsabilidade social. Neste cenário, pode-se inferir que a imunidade inserta no art. 150, VI, "c" da Constituição Federal de 1988, conferida às instituições de educação sem fins lucrativos integrantes do Terceiro Setor, visou privilegiá-las e mobilizá-las haja vista seu potencial de realização em complementariedade ao Estado de serviços de educação com agilidade, comprometimento e capacidade técnica.

Convém destacar que, no Estado Social e Democrático de Direito, o chamamento das instituições de educação sem fins lucrativos para prestar ao lado do Estado a educação almejada pela sociedade está diretamente correlacionado com o princípio da solidariedade. Na Constituição Federal de 1988 o princípio da solidariedade foi incorporado ao texto legal, dando nova dimensão à tributação que, marcada tradicionalmente pela ideia de expressão do poder de império, passa a ser concebida como modalidade de dever fundamental de colaboração patrimonial do membro da comunidade para assegurar, mediante parcela de sua riqueza, o ingresso de recursos financeiros necessários para a realização do projeto de bem -estar individual e coletivo delineado pelo complexo normativo constitucional.

No que tange à imunidade dos impostos concedida às instituições de educação sem fins lucrativos, integrantes do terceiro setor, a solidariedade é aplicada em sua dimensão negativa no eixo horizontal, qual seja, estabelecendo exoneração fiscal às entidades educacionais sem fins lucrativos que desempenham atividade própria do Estado e no eixo vertical a outorga da imunidade aparece como um direito em face do Estado. De fato, a lógica na concessão dessa exoneração de sede constitucional reside no fato que o terceiro setor está suprindo as deficiências do Estado, incapaz de formular e executar políticas públicas que visem a atender, no que tange à educação, os princípios estabelecidos no art. 206 da Constituição Federal de 1988. Assim sendo, nada mais razoável que imunizar as instituições de educação sem fins lucrativos ao pagamento de tributos instituídos com a finalidade de, exatamente, financiar as políticas públicas que o Estado não dá conta de executar com o alcance e a eficiência necessários.

Sob esse prisma, delineia-se oportuno analisar se os requisitos previstos no texto constitucional e infraconstitucional para a fruição deste beneplácito constitucional estão indo ao encontro da prestação de uma educação inclusiva de qualidade e gratuita exigido pela Constituição Federal de 1988 do Poder Público. Ademais, torna-se de bom alvitre verificar se os aludidos requisitos são suficientes para excluir dessa exoneração fiscal aquelas entidades que, embora cumpram o formato legal do terceiro setor, tratam-se de organizações de fachada, cuja lógica é basicamente o lucro, afastando-se desta forma da filosofia basilar do Terceiro Setor.

Especificamente no que tange ao artigo 150, VI, "c" da Constituição Federal de 1988, o primeiro requisito para que o beneplácito constitucional seja alcançado é a entidade ser considerada como instituição de educação nos termos da legislação vigente. Em que pese entendimentos divergentes concernentes ao enquadramento da instituição como de educação, entende-se que o inciso II do artigo 209 da Carta Magna é expresso ao afirmar que somente mediante autorização pelo Poder Público a entidade poderá ser enquadrada como instituição de educação. Soma-se o fato de que ela deverá, nos termos do art. 214 do texto constitucional, atender às condições básicas para cumprimento da educação Nacional estabelecidas pela Lei de Diretrizes de Bases, qual seja a Lei nº 9.394/1996. Nesse contexto, entende-se que somente com a apresentação de Portaria do Ministério da Educação (no caso de ensino superior), da Secretaria de Educação Estadual (no caso de ensino médio), da Secretaria de Educação Municipal (no caso de educação infantil e ensino fundamental), ou no âmbito do Distrito Federal de sua Secretaria de Educação do Distrito Federal (no caso de educação infantil, e ensinos fundamental e médio), a entidade poderá comprovar seu enquadramento como instituição de educação apta a usufruir da imunidade estabelecida no artigo 150, VI, "c", CF/88.

Quanto ao quesito de ser uma entidade sem fins lucrativos, infere-se que não pode haver distribuição de lucros e tampouco reversão do seu patrimônio às pessoas que as instituíram. Concernente à generalidade e gratuidade, entende-se por generalidade o fato de que a instituição de educação esteja aberta a toda coletividade, e que a gratuidade, por si só, não é uma condição para que a entidade usufrua da imunidade.

Referente à natureza jurídica, as instituições de educação sem fins lucrativos devem, conforme o Código Civil, adotar a forma de associações ou fundações, uma vez que as sociedades são pessoas jurídicas de direito privado com fins econômicos ou lucrativos, razão pela qual o legislador decidiu tratá-las em separado, fazendo-o no Livro II da Parte Especial do Código Civil, que dispõe especificamente sobre o Direito de Empresa.

Outro ponto de relevo consiste na possibilidade de a instituição gozar da imunidade tributária em relação a demais impostos não diretamente relacionados com o patrimônio, renda e serviços, desde que observados objetivos institucionais da entidade educacional. Importante frisar que o art. 150, VI, "c" da Constituição Federal de 1988 é expresso ao estabelecer a imunidade de impostos sobre o patrimônio, a renda e o serviço de instituições de educação, não compreendendo outras figuras tributárias. Em que pese a literalidade disposta no aludido artigo, o Supremo Tribunal Federal pacificou o entendimento de que a aplicação da norma de imunidade para impostos indiretos somente é aplicável nos casos em que a entidade for o contribuinte de direito, e de fato, não havendo assim transferência de ônus tributário.

Alusivo à interpretação da expressão "relacionados com as finalidades essenciais", inserta no §4º do art. 150 da Constituição Federal de 1988, hodiernamente, a doutrina e a jurisprudência têm interpretado de forma extensiva o referido mandamento constitucional, estendendo a imunidade a outras atividades, desde que sua renda seja utilizada como meio de financiamento da finalidade essencial da instituição de educação. Entretanto a matéria comporta reflexões uma vez que, além da destinação dos recursos captados, deve ser analisado se a atividade desenvolvida pelas entidades imunes para arcar como fonte de captação de recursos estaria relacionada à sua atividade fim e à sua finalidade essencial.

Além de ser considerada instituição de Educação sem fins lucrativos, nos termos da legislação regente, para que as entidades possam almejar a imunidade tributária é necessário também que atendam aos requisitos previstos em lei. Dessa forma, tem-se que a regra do art. 150, VI, "c" da Constituição Federal de 1988 é de aplicação imediata, porém de eficácia contida. Acerca de qual espécie de "lei" teria legitimidade para fins de regulamentar, no âmbito infraconstitucional, as imunidades tributárias previstas no art. 150, VI, "c" da lei maior, tem-se que o Supremo Tribunal Federal, no RE nº 566.622-RS, firmou o entendimento de que toda e qualquer norma inerente aos requisitos a serem preenchidos pelos sujeitos contemplados pelo texto constitucional para usufruto da benesse da imunidade tributária deverá ser editada por meio de lei complementar. Entretanto, os procedimentos referentes à certificação, à fiscalização e ao controle administrativo poderiam ser definidos mediante lei ordinária.

Quanto à aplicação da Lei Complementar nº 187/2021, entende-se que a certificação CEBAS – Certificação de Entidades Beneficentes de Assistência Social, presta-se para atestar a condição de Entidade Beneficente de Assistência social para efeitos de pedido de reconhecimento de imunidade em relação à contribuição social, conforme art. 195, §7º da Constituição Federal de 1988, não sendo certificado requerido para que as instituições de educação sem fins lucrativos usufruam da imunidade tributária de impostos inserta no art. 150, VI, "c" da Carta Magna.

Atualmente, o art. 14 do Código Tributário Nacional (CTN) é a lei complementar vigente que baliza os requisitos para fruição da imunidade tributária dos impostos em espécie das instituições de educação sem fins lucrativos .

Com o fito de regular a imunidade tributária, o Código Tributário Nacional, em seu art. 14, estabelece as contrapartidas materiais a serem observados pelas instituições de educação, quais sejam: não distribuírem qualquer parcela de seu patrimônio ou de suas rendas, a qualquer título; aplicarem integralmente, no país, os seus recursos na manutenção dos seus objetivos institucionais; e manterem escrituração de suas receitas e despesas em livros revestidos de formalidades capazes de assegurar sua exatidão.

O primeiro requisito vai ao encontro da premissa constitucional de que somente a instituição de educação sem fins lucrativos faz jus à imunidade tributária, uma vez que a ausência de finalidade lucrativa implica necessariamente a não-distribuição dos lucros (superávits) e a não reversão do patrimônio aos criadores da instituição. Ocorre que a realização da subsunção do caso concreto e particular ao império do dispositivo em epígrafe apresenta desafios face à indeterminação semântica dos conceitos normativos. Percebe-se que existe uma lacuna de reconhecimento nesse dispositivo, uma vez que o comando "não distribuírem qualquer parcela de seu patrimônio ou de suas rendas a qualquer título" insere-se em uma zona de incerteza, de conceitos plurissignificativos, isto é, vagos, imprecisos, indeterminados ou fluídos, que se originam não da completude ou incompletude do direito, mas sim de certas propriedades semânticas da linguagem. Os desafios da correta interpretação dos termos "distribuírem", "qualquer parcela", e "qualquer título" devem ser mitigados pela introdução de terminologia técnica e pelo chamado processo de elucidação, no qual se demarcam a extensão e o sentido do vocábulo que, por qualquer razão, obscurecem a explicação ou a compreensão da norma. Concernente à legislação infraconstitucional e no intuito de eliminar as lacunas de reconhecimento atualmente detectadas, verifica-se que ainda existe espaço para que a lei ordinária, em harmonia com a disciplina constitucional, estabeleça disposições que confiram maior concretude ao requisito previsto no inciso I do art. 14 do Código Tributário Nacional.

Quanto ao segundo requisito a ser observado pelas entidades para fazer jus à fruição da imunidade tributária prevista no art. 150, VI, "c" da Constituição Federal de 1988, o inciso II do art. 14 do Código Tributário Nacional é expresso ao afirmar que as instituições de educação devem aplicar integramente, no país, os recursos na manutenção dos seus objetivos institucionais. A corrente mais restritiva afirma que os recursos devem ser aplicados dentro do país e somente em seus objetivos institucionais, sendo vedada a sua transferência para o exterior e a aplicação fora da área de suas finalidades essenciais. Entretanto a interpretação finalística defende que o depósito em aplicação financeira visa evitar a perda do valor real da moeda e independentemente de a aplicação ser realizada no país ou no exterior, desde que os rendimentos oriundos da mesma retornem ao Brasil para o atendimento das finalidades essências da entidade investidora, tal fato, por si só, não constituirá motivos para a suspensão da imunidade tributária.

O combate à distribuição de lucros de forma disfarçada é um dos motivos da existência do inciso III do art. 14 do Código Tributário Nacional, que obriga as entidades a manterem a escrituração de suas receitas e despesas em livros revestidos de formalidades capazes de assegurar sua exatidão. Assim sendo, os contribuintes imunes, em consonância com os termos do art. 194 e parágrafo único do Código Tributário Nacional, são obrigados a cumprir as obrigações acessórias, devendo ter sempre à disposição do fisco os livros contábeis que permitam averiguar o correto atendimento às condições da imunidade. No que tange ao Terceiro Setor, a contabilidade deve ser pautada na demonstração para toda a sociedade e para o governo do trabalho social que está sendo desenvolvido de forma que a mensuração de todo o processo operacional da entidade deve ser realizada de forma mais clara, fidedigna e transparente possível.

Atualmente, a base da contabilidade do terceiro setor é definida principalmente através da Lei das Sociedades por Ações – Lei 6404/1976 e pela Norma Brasileira de Contabilidade – ITG 2002, aprovada pela Resolução CFC nº 1.409/12. Ademais, no intuído de averiguar o atendimento dos aludidos requisitos, devem ser aplicados às instituições de educação sem finalidade de lucros os Princípios Fundamentais de Contabilidade, bem como as Normas Brasileiras de Contabilidade e suas Interpretações Técnicas e Comunicados Técnicos, editados pelo Conselho Federal de Contabilidade. Quanto às demonstrações contábeis, as entidades do terceiro setor, conforme o Conselho Federal de Contabilidade (CFC) e a Resolução ITG 2002, deverão apresentar: balanço patrimonial, demonstração do resultado do período, demonstração das mutações do patrimônio líquido (DMPL), demonstração do fluxo de caixa e notas explicativas. Vale destacar que são obrigatórios para as entidades do terceiro setor os livros diário, razão, caixa, de contas a receber, de contas a pagar, de controle de estoques e bens do imobilizado. Além dos livros contábeis já citados, as instituições de educação sem fins lucrativos, pertencentes ao Terceiro Setor, em conformidade com o art. 15 da Lei 9.532/1997, estão obrigadas à entrega dos seguintes livros digitais: Escrituração Contábil Fiscal, Escrituração Fiscal Digital – Contribuições e Escrituração Contábil Digital.

Torna-se mister ressaltar algumas peculiaridades da contabilidade do terceiro setor, quais sejam: a equação patrimonial clássica (patrimônio líquido = ativo – passivo) não sofre alteração, entretanto, o mesmo não ocorre com os títulos da conta, uma vez que, em vez de capital social, tem-se a conta de Patrimônio Social e, em vez de Lucros ou Prejuízos Acumulados, tem-se a conta de superávit ou déficit acumulado; os recursos recebidos para atender a projetos ou atividades específicos deverão ser registrados na contabilidade de forma separada, valendo-se das restrições impostas pelos doadores externos ou pelos órgãos diretivos da entidade; o lucro e o prejuízo deverão ser denominados, respectivamente, de superávit ou déficit e o resultado positivo não poderá ser destinado aos detentores do patrimônio líquido; as contas de receita e despesas, superávit ou déficit, quando identificáveis por tipo de atividade, deverão ser evidenciadas pela contabilidade de forma segregada; o valor do superávit (ou déficit) do exercício deve ser registrado na conta "Superávit (ou déficit) do Exercício" enquanto não aprovado pela assembleia dos associados, devendo ser transferido para a conta "Patrimônio Social" após a sua aprovação; quando a empresa apresentar superávit, deverá demonstrar que esses recursos foram direcionados exclusivamente para a manutenção e o desenvolvimento das suas funções sociais e as Entidades sem Finalidade Lucrativa devem complementar as demonstrações contábeis por Notas Explicativas, evidenciando nas demonstrações contábeis a renúncia fiscal relacionada com a atividade como se devida fosse a obrigação.

No caso das imunidades tributárias das instituições de educação sem fins lucrativos descrito no art. 150, VI, "c" da Constituição Federal de 1988, o Conselho Federal de Contabilidade em seu Manual de Procedimentos para o Terceiro Setor é expresso ao afirmar que os lançamentos tanto no balanço patrimonial quanto na demonstração do resultado devem ser efetuados de forma a evidenciar o beneplácito constitucional, bem como a confirmação do adimplemento das condições estipuladas legalmente para a sua fruição. Assim, as imunidades devem ser lançadas como se a entidade não gozasse da exoneração e ao final da apuração do exercício a entidade deve proceder o reconhecimento da renúncia fiscal que faz jus ainda que a homologação só venha ocorrer em prazo futuro pela administração tributária. Importante ressaltar que em que pese o Manual do Conselho de Contabilidade Federal – CFC descrever os lançamentos concernentes à imunidade tributária, o aludido manual não é de observância obrigatória pelas instituições sem fins lucrativos. Nesse sentido esforços devem ser feitos no sentido de, a exemplo do Manual de Contabilidade Pública, aperfeiçoar e tornar o Manual do Conselho Federal de Contabilidade uma norma de observância obrigatória de forma a detalhar os lançamentos contábeis da imunidade tributária inserta no art. 150, VI, "c" da Constituição Federal de 1988, bem como auxiliar e facilitar o monitoramento do adimplemento dos requisitos pelas entidades em epígrafe pela administração tributária.

Quanto ao reconhecimento da imunidade tributária pelo fisco, tendo em vista tratar de imunidade condicionada, entende-se, em consonância com a atual jurisprudência do STF, que a administração fiscal pode estabelecer deveres instrumentais a serem observados pelas entidades que visem a comprovação da destinação do patrimônio, renda e serviços às finalidades essenciais. Entretanto, convém destacar que o ato administrativo que reconhece o direito à imunidade tributária é meramente declaratório, motivo pelo qual a sua ausência, por si só, não pode suspender a imunidade tributária, uma vez que a sua previsão como requisito não consta em lei complementar.

A autoridade competente constatando a falta de cumprimento de quaisquer dos requisitos dispostos nos incisos I, II e III, do art. 14 do Código Tributário Nacional deverá suspender a fruição da imunidade tributária até que sejam sanadas as irregularidades que lhe deram causa. Todavia, cumpre realçar que a suspensão deve obedecer a todos os passos do devido processo legal, devendo ter um período temporal de referência e a especificação do tributo alcançado, resguardando à entidade a ampla defesa e o contraditório de guarita constitucional.

Quanto à correlação existente entre educação no Brasil e a imunidade de impostos das instituições de educação sem fins lucrativas, os indicadores educacionais no Brasil revelam-nos que há espaço para que o ente competente mediante lei complementar inove, uma vez que os requisitos previstos no art. 14 do Código Tributário Nacional, por si só, não tem se revelado suficientes para promover uma educação inclusiva de qualidade almejada pelo texto constitucional.

Convém destacar que segundo dados da Pesquisa Nacional de Amostra de Domicílios Contínua – PNAD Contínua 2019, a rede pública de ensino tem atendido a maior parte dos estudantes desde a creche até o ensino médio enquanto a rede privada atende a maior parte dos estudantes de ensino superior, especialização, mestrado e doutorado. Relativo aos índices de desigualdade constata-se que as pessoas negras ou pardas e a região Nordeste apresenta índices educacionais piores se comparado às pessoas de cor branca e as demais regiões do país. Alusivo ao nível de instrução de pessoas de 25 anos ou mais de idade percebe-se que mais da metade da população do país não concluiu o nível médio. Quanto à taxa de escolarização verifica-se que crianças de 6 a 10 anos se mantém adequadamente na idade correta nos anos iniciais do ensino, porém, ao passar para os anos finais do ensino fundamental, o atraso começa a se acentuar, revelando dessa forma que um grupo de crianças chega atrasado ao ensino médio, ou mesmo deixa de estudar no ensino fundamental. Concernente à avaliação educacional, o Brasil no PISA de 2018 ocupou uma amarga posição se comparado aos países desenvolvidos. Entretanto, convém salientar que a nota de escolas particulares de elite do Brasil o colocaria na 5ª posição do ranking mundial de leitura do PISA, enquanto as escolas públicas consideradas isoladamente estariam na 65ª posição entre os 79 países considerados. Nesse cenário o trabalho conjunto entre Estado, empresas e Terceiro Setor é essencial para resolver alguns problemas estruturais da educação no Brasil.

Alusivo ao valor econômico da educação, tendo em vista sua potencialidade de oferecer externalidades diretas e indiretas na economia, infere-se que ela está diretamente relacionada ao desenvolvimento econômico. A externalidade direta refere-se aos melhores rendimentos do indivíduo, proporcionando, num caráter coletivo, maior crescimento econômico, enquanto a externalidade indireta pode vir a proporcionar maior equidade e justiça social. Nesse diapasão, insta salientar que para que haja maximização do efeito multiplicativo que a educação causa no sistema socioeconômico, não basta um aumento quantitativo da educação, é necessário que esse aumento seja também qualitativo.

Nesse cenário, cumpre registrar o papel que as instituições de educação sem fins lucrativos devem ocupar na promoção de uma educação de qualidade e inclusiva no Brasil. As instituições de educação sem fins lucrativos são distintas das instituições de educação com fins lucrativos face a responsabilidade social que as primeiras possuem. Segundo a literatura internacional, a distinção pode ser entendida como "retorno para a educação x educação para retorno", "educação para o bem comum x educação para o cliente" ou ainda, "educação para benefícios sociais x educação para ganhos privados".

Entretanto, atualmente, apenas os requisitos insertos no art. 14 do Código Tributário Nacional são as contrapartidas exigidas das instituições sem fins lucrativos para fins de fruição da imunidade inserta no art. 150, VI, "c" da Constituição Federal de 1988, não sendo os mesmos suficientes para assegurar que essas entidades promovam uma educação que impulsione o desenvolvimento do Brasil. Normas regulatórias adicionais deveriam ser publicadas alinhando os requisitos exigidos à promoção da expansão de oportunidade (acesso e permanência) e a melhoria na qualidade da educação ofertada.

Soma-se o fato de que as normas imunizantes, por sua vez, possuem a potencialidade de serem utilizadas como um mecanismo concretizador de direitos fundamentais e instrumentalizador de objetivos estratégicos do Estado traçados no texto constitucional. Nas comunicações estabelecidas entre os Sistemas Jurídicos e Econômicos, percebe-se que as imunidades tributárias podem interferir nas liberdades de concorrência. Como o efeito imediato do estabelecimento de hipóteses de intributabilidade constitucional é a desoneração fiscal, muitos segmentos da sociedade e da economia podem prosperar ou ruir ante a configuração ou não de imunidades. Atento a essa importância da livre concorrência, princípio previsto constitucionalmente, a interpretação das imunidades deve atentar-se aos limites previstos na Carta Magna sob pena de desequilíbrio concorrencial infundado, distorções e prejuízos no sistema econômico.

Concernente à tributação e seu impacto no mercado, necessário ter presente que as ferramentas da economia do bem-estar servem como um poderoso instrumento para medir os ganhos e as perdas decorrentes da introdução um imposto. Para tanto, deverá ser considerado como que um imposto afeta os compradores, os vendedores e o Governo. Importante ressaltar que o setor de educação possui características que o permite analisar sob o modelo da concorrência perfeita, pois: a) em primeiro lugar, geralmente as escolas são pequenas com relação ao tamanho do mercado; b) os preços dos fatores são determinados exogenamente, c) a tecnologia disponível pode ser a mesma em todas as escolas (embora ressalte que, em muitos países isso não se observa) e d) os demandantes, em certa medida, têm acesso à informação relevante a um baixo custo.

Nesse contexto, em que pese a introdução do imposto, a princípio, reduzir a eficiência do mercado (peso morto), estes são inevitáveis, uma vez que os cidadãos esperam que o governo proporcione diversos bens e serviços. A solução passa, então, pelo dilema eficiência/equidade. A interferência governamental por meio da tributação deverá ser analisada sob o enfoque da utilidade marginal, ou seja, se o aumento da equidade vale a perda da eficiência e vice-versa. No que diz respeito à exoneração fiscal, na qual é espécie a imunidade das instituições de educação sem fins lucrativos, objeto do presente trabalho, a eficiência é medida pela comparação entre as receitas fiscais arrecadadas e os objetivos extrafiscais perseguidos, por um lado, e a totalidade dos custos suportados para os efeitos, por outro.

Comumente, as exonerações que se processam na carga tributária por meio das imunidades, sob a ótica das finalidades extrafiscais, constituem um desagravamento fiscal de uma situação com um objetivo alheio ao sistema fiscal. Economicamente, a imunidade traduz um sacrifício ao dispêndio de recurso que, inicialmente, se não houvesse a imunidade, pertenceriam ao Estado, mas que em resultado de opções constitucionais extrafiscais são retidos pelos contribuintes, que passam a participar dos compromissos públicos.

Importante frisar que sob a ótica econômica as imunidades tributárias das instituições de educação sem fins lucrativos apesar de incentivarem a participação do setor privado na seara educacional, modificam as condições naturais do mercado, alteram o preço relativo dos bens, neste caso, do serviço de educação prestadas pelas instituições de educação com fins lucrativos. Destarte, as imunidades permitem que as empresas detentoras desse beneplácito constitucional atuem de forma privilegiada em relação às suas concorrentes na medida que são exoneradas dos impostos incidentes sobre o patrimônio, renda e serviços relacionados com suas finalidades essenciais. Nesse sentido, as imunidades devem ser administradas com extrema cautela para que os objetivos que visam justifiquem a exceção em relação ao regime geral. Para que as distorções das escolhas não conduzam necessariamente à ineficiência torna-se mister a existência de externalidades marginais positivas no comportamento que se incentiva.

Assim sendo, o Estado deve realizar uma administração diligente das imunidades, fiscalizando o cumprimento pelas instituições de educação sem fins lucrativos, dos requisitos constitucionais e infraconstitucionais requeridos tanto para o enquadramento como para a fruição da imunidade inserta no art. 150, VI, "c" da Constituição Federal de 1988, sob pena de tal exoneração estar causando uma concorrência desleal no setor. Soma-se o fato de que o compartilhamento de informações fiscais entre os Entes da Federação deve ser estimulado haja vista constituir um valioso instrumento em prol da otimização do controle fiscal. Tão somente dessa forma, verificando o adimplemento das finalidades e condições para os quais as imunidades foram concedidas se pode ter a certeza de que os custos bancados pela perda da receita fiscal foram compensados pelos benefícios gerados pela imunidade em epígrafe.

REFERÊNCIAS

ADAMY, Pedro Augustin. As imunidades tributárias e o direito fundamental à educação. In: **Revista Tributária de Finanças Pública**, São Paulo: Editora Revista dos Tribunais, v. 96, jan. 2011.

AKSELRAD, Moisés. Processo administrativo tributário, **Caderno de Pesquisas Tributárias – nova série**, n. 5, Coord. de Ives Gandra. São Paulo: Centro de Extensão Universitária/ Revista dos Tribunais, 1999.

ALCHOURRÓN, Carlos; e BULIGYN, Eugenio. **Sistemas normativos:** introducción a la metodología de las ciencias jurídicas. 2. ed. Buenos Aires: Astrea, 2012

ALEXY, Robert. **Teoria de los derechos fundamentales**. Madrid: Centro de Estudos Constitucionales, 1993

ALVES, Mario Aquino. **Terceiro Setor:** as origens do conceito. p.8. Disponível em: https:// www.ufjf.br/virgilio_oliveira/files/2014/10/01-b-Alves-2002.pdf.

ALVES, Francisco de Assis. Imunidade Tributária In: MARTINS, Ives Gandra da Silva (Coord.). **Imunidades Tributárias**, Pesquisas Tributárias nº04. São Paulo: Resenha Tributária e Centro de Extensão Universitária, 1998.

ALVIN, Márcia Cristina de Souza. A educação e a dignidade da pessoa humana. In FERRAZ, Anna Cândida da Cunha e BITTAR, Eduardo C. B. (org.). **Direitos Humanos fundamentais:** positivação e concretização. São Paulo: EDIFIEO, 2006

AMARO, Luciano da Silva. **Direito Tributário Brasileiro**, 9 ed. São Paulo: Saraiva, 2003.

ANJOS, Priscila Caneparo dos. **Direitos Humanos:** evolução e cooperação internacional. 1 ed. São Paulo: Almedina, 2021

ARAÚJO, Fernando. Smith: **o Conceito Mecanicista de Liberdade**. Coimbra: Almedina, 2008

ARAÚJO, Fernando. **Análise Econômica do Direito**. Programa e Guia de Estudos. Coimbra: Almedina, 2008

ARAÚJO, Henrique Paiva. **A Lei Ordinária e o Poder Regulamentar na Normatização das Imunidades do Terceiro Setor**. Tese de Mestrado apresentada UCB, 2020

ARISTÓTELES. Ética a Nicômaco. Tradução de Leonel Vallandro e Gerd Bornheim da versão inglesa de W. D. Ross In: **Os Pensadores**. São Paulo: Nova Cultural, 1973

ÁVILA, Humberto. **Teoria da Igualdade Tributária**. 3 ed. São Paulo: Malheiros, 2015

ÁVILA, Humberto Bergmann. Estatuto do Contribuinte: conteúdo e alcance. **Revista Diálogo Jurídico**. Salvador. CAJ – Centro de Atualização Jurídica, v. I, nº. 3, junho, 2001. Disponível em: http://www.direitopublico.com.br. Acesso em: 06 de setembro de 2021.

BALEEIRO, Aliomar. **Limitações constitucionais ao poder de tributar**. Atual. Por Misabel Abreu Machado Derzi . 8. Ed. Rio de Janeiro: Forense, 2010.

BARBOSA, Rui. **Oração aos moços**. Disponível em: https://www.literaturabrasileira.ufsc.br/_documents/0006-01488.html, acesso em 07 de setembro de 2021

BARRETO, Aires. **Imunidades Tributárias:** Limitações Constitucionais ao Poder de Tributar. São Paulo, Dialética, 1999.

BARRETO, Maria Inês. As organizações sociais na reforma do Estado Brasileiro. In: PEREIRA, Luiz Carlos Bresser; Grau, Nuria Cunill (org.). **O Público Não-Estatal na Reforma do Estado**. Rio de Janeiro: Fundação Getúlio Vargas, 1999.

BECKER, G.S. **Human Capital a theorical and empirical analysis, with special reference to education New York**: Columbia University Press, 1964.

BELFIELD, Cliver R. **Economic principles for education**. Theory and evidence. Cheltenham, Reino Unido e Northampton, MA, EUA: Edward Elgar, 2000.

BORGES, José Souto Maior. A isonomia tributária na Constituição Federal de 1988. **Revista de Direito Tributário** n. 64. São Paulo: Malheiros, 1995.

BORGES, José Souto Maior. **Isenções Tributárias**. São Paulo: Sugestões literárias, 1998.

BORGES, José Souto Maior. O princípio da segurança jurídica na criação e aplicação do tributo. **Revista Diálogo Jurídico**. Salvador: CAJ – Centro de atualização jurídica, n. 13, abr./mai., 2002. Disponível na Internet: http://www.direitopublico.com.br. Acesso em 06 de setembro de 2021.

BORGES, José Souto Maior. **Significação do princípio da isonomia na Constituição de 1988**. Revista trimestral de Direito Público n. 15. São Paulo: Malheiros, 1996.

BORGES, José Souto Maior. **Teoria geral da isenção tributária**. 3. Ed. São Paulo: Malheiros, 2001

BOTALLO, Eduardo. **Imunidade das Instituições de Educação e de Assistência Social; e Lei Ordinária – um Intricado Confronto.** In: ROCHA, Valdir de Oliveira (Coord.)Imposto de Renda: alterações fundamentais. São Paulo: Dialética, 1998, v. 2.

BRASIL. Código Tributário Nacional. Lei nº 5.172, de 25 de outubro de 1966. Dispõe sobre o Sistema Tributário Nacional e institui normas gerais de direito tributário aplicáveis à União, Estados e Municípios. Diário Oficial da República Federativa do Brasil, Poder Executivo, Brasília, DF, 31 out. 1966.

BRASIL. **Conselho Federal de Contabilidade**. Resolução CFC nº 1.409, de 21 de setembro de 2012. Diário Oficial da União, Brasília, DF, 21 set. 2012.

BRASIL. Constituição (1988). **Constituição da República Federativa do Brasil:** de 5 de outubro de 1988. 30. ed. São Paulo: Atlas, 2009, p.160.

BRASIL. Constituição (1988). **Constituição da República Federativa do Brasil**. Brasília, DF: Senado, 2002.

BRASIL. **Constituição da República dos Estados Unidos do Brasil**, de 24 de fevereiro de 1891. Diário Oficial da União, Rio de Janeiro, RJ, 24 fev. 1891.

BRASIL. **Constituição da República dos Estados Unidos do Brasil**, de 16 de julho de 1934. Diário Oficial da União, Rio de Janeiro, RJ, 16 jul. 1934.

BRASIL. **Constituição da República Federativa do Brasil**, de 1967. Diário Oficial da União, Brasília, DF, 24 jan. 1967.

BRASIL. **Constituição dos Estados Unidos do Brasil**, de 10 de novembro de 1937. Diário Oficial da União, Rio de Janeiro, RJ, 19 nov. 1937.

BRASIL. **Constituição dos Estados Unidos do Brasil**, de 18 de novembro de 1946. Diário Oficial da União, Rio de Janeiro, RJ, 18 nov. 1946.

BRASIL. **Constituição Política do Império do Brazil**, de 25 de março de 1824. Coleção de Leis do Império do Brasil, Rio de Janeiro, RJ, 22 abr. 1824.

BRASIL. **Decreto-lei nº 9.295**, de 27 de maio de 1946. Cria o Conselho Federal de Contabilidade, define as atribuições do Contador e do Guarda-livros, e dá outras providências. Diário Oficial da União, Poder Executivo, Rio de Janeiro, RJ, 28 mai. 1946.

BRASIL. **Emenda Constitucional nº 1**, de 17 de outubro de 1969. Edita o novo texto da Constituição Federal de 24 de janeiro de 1967. Diário Oficial da União, Brasília, DF, 20 out. 1969.

BRASIL. **Lei nº 9.394**, de 20 de dezembro de 1996. Estabelece as diretrizes e bases da educação nacional. Diário Oficial da União, Brasília, DF, 23 dez. 1996.

BRASIL. Ministério da Economia. Conselho Administrativo de Recursos Fiscais. **Acórdão nº 303-28.492** – Terceira Câmara do Terceiro Conselho de Contribuintes. 24-09-1996. Disponível em: https://carf.fazenda.gov.br/sincon/public/pages/ConsultarJurisprudencia/listaJurisprudenciaCarf.jsf . Acesso em 23/08/2022

BRASIL. Ministério da Economia. Conselho Administrativo de Recursos Fiscais. **Acórdão nº 0237.372**– Segunda Câmara do Terceiro Conselho de Contribuintes. 21-03-2006. Disponível em:https://carf.fazenda.gov.br/sincon/public/pages/ConsultarJurisprudencia/listaJurisprudenciaCarf.jsf . Acesso em 23/08/2022

BRASIL. Ministério da Economia. Conselho Administrativo de Recursos Fiscais. **Acórdão nº 3402-006394** – 4ª Câmara / 2ª Turma Ordinária. 28-03-2019. Disponível em: https://carf.fazenda.gov.br/sincon/public/pages/ConsultarJurisprudencia/listaJurisprudenciaCarf.jsf . Acesso em 23/08/2022

BRASIL. Ministério da Economia. Conselho Administrativo de Recursos Fiscais. **Acórdão nº 1402-006.032** – 1ª Seção de Julgamento/4ª Câmara/2ª Turma Ordinária.09-12-2021. Disponível em:https://carf.fazenda.gov.br/sincon/public/pages/ConsultarJurisprudencia/listaJurisprudenciaCarf.jsf . Acesso em 19/08/2022

BRASIL. Ministério da Economia. Conselho Administrativo de Recursos Fiscais. **Acórdão nº CRSF/01-00.361** no processo 00850.050965/82-70. Órgão: Conselho Administrativo de Recursos Fiscais. Rel. Pedro Martins Fernandes. Julgado em 01/07/1983. Publicado em 15/08/2016.

BRASIL. Superior Tribunal de Justiça. AREsp n. 100911. Min. Humberto Martins, Segunda Turma. 10-04-2012. DJ 18-04-2012.

BRASIL. Supremo Tribunal de Justiça. **AgRg no AREsp nº 444193 RS 2013/0398718-0.** Relator Ministro Mauro Campbell Marques. Segunda Turma. 04-02-2014. DJ 10/02/2014.

BRASIL. Superior Tribunal de Justiça. **Recurso Especial nº 779.783/DF**. Relator: Ministro José Delgado. Primeira Turma. 07-12-2006. DJ 22-02-2007.

BRASIL. Supremo Tribunal Federal. **Ação Direta de Inconstitucionalidade n. 1.802/DF**. Relator: Ministro Dias Toffoli. 12-04-2018, DJ 20-04-2018.

BRASIL. Supremo Tribunal Federal. **Ação Direta de Inconstitucionalidade nº 2028.** Relator Ministro Joaquim Barbosa. 02-03-207. DJ 08-05-2017.

BRASIL. Supremo Tribunal Federal. **Ação Direta de Inconstitucionalidade nº 4480/DF**. Relator Ministro Gilmar Mendes. 27-03-2020. DJ 15-04-2020.

BRASIL. Supremo Tribunal Federal. **Agravo de Instrumento nº 458.856/SP**. Relator Ministro Eros Grau. 05-10-2004. DJ 20-04-2007.

BRASIL. Superior Tribunal Federal. **Agravo de Instrumento nº 746.263/MG**. Relator: Ministro Dias Toffoli. 19/10/2010. DJ 12-11-2010.

BRASIL. Supremo Tribunal Federal. **Agravo Regimental em Recurso Extraordinário nº 211.790.** Relator: Ministro Ilmar Galvão. 12-11-2002. DJ 19-12-2002.

BRASIL. Supremo Tribunal Federal. **Agravo Regimental em Recurso Extraordinário n. 862.852/ES**. Relator: Ministro Dias Toffoli Ricardo Lewandowksy. 24-11-2015. DJ 17-12-2015.

BRASIL. Supremo Tribunal Federal. **Embargos Declaratórios em Recurso Extraordinário nº 183.216.** Relator: Ministro Marco Aurélio. 02-06-2000. DJ 02-06-2000.

BRASIL. Supremo Tribunal Federal. **Recurso Extraordinário nº 129.930/SP**. Relator Ministro Carlos Veloso. 07-05-1991. DJ 16-08-1991.

BRASIL. Supremo Tribunal Federal. **Recurso Extraordinário nº 203755/ES**. Relator Ministro Carlos Velloso. 17-09-1996. DJ 08-11-1996.

BRASIL. Supremo Tribunal Federal.. **Recurso Extraordinário nº 210.251-2/SP.** Relator: Ministra Ellen Gracie. 26-02-2003. DJ 28-11-2003.

BRASIL. Supremo Tribunal Federal. **Recurso Extraordinário nº 211.782/PR**. Relator Ministro Néri da Silveira. 28-08-1998. DJ 24-03-2000.

BRASIL. Supremo Tribunal Federal. **Recurso Extraordinário nº 243.807/SP**. Relator Ministro Ilmar Galvão. 15-02-2000. DJ 28-04-2000.

BRASIL. Supremo Tribunal Federal**. Recurso Extraordinário nº 259.976 AgR-ED/RS**. Relator Ministro Joaquim Barbosa. 19-10-2010. DJ 12-11-2010.

BRASIL. Supremo Tribunal Federal. **Recurso Extraordinário nº 378.666/DF-AgR/DF**. Relator o Ministro Ricardo Lewandowski. 03-04-2012. DJ 20-04-2012.

BRASIL. Supremo Tribunal Federal. **Recurso Extraordinário nº 566.622/RS**. Relator Ministro Marco Aurélio. 23-02-2017. DJ 23-08-2017.

BRASIL. Supremo Tribunal Federal. **Recurso Extraordinário nº 608872/MG.** Relator: Ministro Dias Toffoli. 23-02-2017. DJ 01-03-2017.

BRASIL. Supremo Tribunal Federal. **Recurso Extraordinário nº 693.941/RS**. Relator: Ministro Luiz Fux. 13-02-2014, DJ 04-04-2014.

BRASIL. Supremo Tribunal Federal. **Recurso Extraordinário nº 767.332/MG.** Relator: Ministro Gilmar Mendes. Julgamento: 01-11-2013. DJe- 22-11-20103.

BRASIL. Supremo Tribunal Federal. **Súmula nº 591**

BRASIL. Supremo Tribunal Federal. **Súmula Vinculante nº 52**.

BRASIL. Tribunal Justiça – ES. **Apelação Cível, Nº 0004175-97.2008.8.08.** Rel. MAURÍLIO ALMEIDA DE ABREU. Julgado em 05/08/2013. Publicado em 15/08/2013.

BRASIL. Tribunal Justiça – RS. **Apelação Cível, Nº 70078703469**, Vigésima Primeira Câmara Cível. Relator: Iris Helena Medeiros Nogueira, Julgado em: 10-10-2018.

BRASIL. Tribunal Regional Federal (4ª Região). **Apelação/Reexame necessário nº 2005.70.00.026253-5 (TRF) /0026253-52.2005.4.04.7000,** Curitiba, 24 de agosto de 2007. Lex: Justiça Federal, Tribunal Regional Federal da 4ª Região, 2007.

BRITO, Edvaldo. Aspectos constitucionais da tributação. In. Vertentes do Direito Contemporâneo. Coord. Martins. **Estudos em homenagem a Manoel Gonçalves Ferreira Filho.** Rio de Janeiro: América Jurídica, 2002

BUENO, Rudson Domingos. O reconhecimento da imunidade tributário do ISS – imposto sobre serviços para as entidades de educação e assistência social: aspectos constitucionais, tributários e administrativos, quanto aos requisitos, alcance e forma de conhecimento. In: PAES, José Eduardo Sabo (coord.). **Terceiro Setor e Tributação**. Rio de Janeiro: Forense, 2011

CALIENDO, Paulo. **Direito Tributário e Análise Econômica do Direito: Uma visão crítica**. Rio de Janeiro: Editora Campus/Elsevier, 2009.

CARMO, Aendria de Souza do. A Imunidade Tributária das Instituições de Educação e de Assistência Social **e a Livre Concorrência**. Belo Horizonte: Editora D'Plácido, 2015.

CARRAZZA, Roque Antônio. **Curso de direito constitucional tributário**. 19 ed. São Paulo: Malheiros, 2003.

CARRERO, José Maneul Calderón. **Intercâmbio de información y fraude fiscal internacional**. Madrid: Centro de Estudios Financeiros, 2000

CARVALHO, Cristiano. A Análise Econômica do Direito Tributário. In: **Direito Tributário** – Homenagem a Carvalho, São Paulo: Quartier Latin, 2008

CARVALHO, Paulo de Barros. **Curso de direito tributário**. 25. ed. São Paulo: Saraiva, 2013

CARVALHO, Paulo de Barros**. Direito Tributário:** Linguagem e Método. 5 ed. São Paulo: Noeses, 2013

CASTRO, Aldemário Araújo. In: PAES, José Eduardo Sabo (Org.). **O condicionamento das imunidades tributárias presente na cláusula constitucional das "finalidades essenciais"**. Fortium Editora, 2006.

CONTI, José Maurício. **Princípios Tributários da Capacidade Contributiva e da Progressividade**. São Paulo: Dialética. 1996.

CONTIPELLI, Ernani de Paula. **Solidariedade Social Tributária na perspectiva da teoria Tridimensional do Direito de Miguel Reali**. Disponível em https://tede2.pucsp.br/bitstream/handle/8749/1/Ernani%20de%20Paula%20Contipelli.pdf

Acesso em 20/03/2022

COSTA, Regina Helena. **Imunidades Tributárias** – Teorias e Análise da Jurisprudência do STF, 2 ed. São Paulo: Malheiros, 2001.

COSTA, Regina Helena. **Curso de direito constitucional positivo**. 23ª ed. São Paulo: Malheiros, 2003.

COSTA, Regina Helena. **Curso de Direito Tributário.** 9 ed. São Paulo: Saraiva, 2008.

COSTA, Regina Helena. **O princípio da Capacidade Contributiva**. 3 ed. São Paulo: Malheiros, 2003

COSTA, Regina Helena. **O princípio da solidariedade social no sistema tributário nacional**. Disponível em: https://periodicos.ufc.br/nomos/article/view/41334.

DALTON, Hugh. Tradução de Maria de Lourdes Modiano; rev. Por Aliomar Baleeiro; introd. De Benedicto Silva. **Princípios de finanças públicas.** Rio de Janeiro: Getúlio Vargas, 1980.

DINIZ, Maria Helena. **A ciência jurídica.** 2ª ed. São Paulo, Resenha Tributária, 1982

DISTRITO FEDERAL. Secretaria de Economia do Distrito Federal Tribunal Administrativo Fiscal – TARF/DF **ACÓRDÃO DA 2a. CÂMARA No. 246 / 2000** . Recurso Voluntário 328/1999. Relator. Conselheiro Luiz Airton Figurelli Gorga. 29-08-2000. Disponível em: http://www.fazenda.df.gov.br//aplicacoes/legislacao/tarf/TelaSaidaAcordao.cfm?Camara=2&Acordao=246&AnoAcordao=2000 . Acesso em 19/08/2022

DISTRITO FEDERAL. Secretaria de Economia do Distrito Federal Tribunal Administrativo Fiscal – TARF/DF **ACÓRDÃO DA 2a. CÂMARA No. 212 / 2018** . Recurso Voluntário 207/2016. Relator. Conselheiro Juarez Boaventura da Silva. 16-10-2018. Disponível em: http://www.fazenda.df.gov.br//aplicacoes/legislacao/tarf/TelaSaidaAcordao.cfm?Camara=2&Acordao=212&AnoAcordao=2018.

DUARTE, Clarice Seixas. **Direito público subjetivo e políticas educacionais**, p. 115. Disponível em: https://www.scielo.br/j/spp/a/RNxzrfZJ5H5HTnBVJFNH3vx/?lang=pt&format=pdf

DUTRA, Micaela Dominguez. **A capacidade contributiva:** elo de ligação entre os direitos fundamentais e humanos e a tributação. Brasília: Instituto Brasiliense de Direito Público, 2009

FALCÃO, Amílcar de Araújo. **Fato gerador da obrigação tributária.** 6. ed. Rio de Janeiro: Forense, 1997

FALCÃO, Amílcar de Araújo. **Imunidade e isenção tributária:** instituição de assistência social. Revista de direito administrativo. Rio de Janeiro: FGV, n. 66, 1961.

FARIAS, José Fernando de Castro. **A origem do direito de solidariedade**. Rio de Janeiro: Editora Renovar, 1998

FERNANDES, Rubem César. **Privado porém público** – O Terceiro Setor na América Latina. Rio de Janeiro: Relume/Dumará, 1994.

FERRAGUT, Maria Rita. **As provas e o direito tributário**: teoria e prática como instrumentos para a construção da verdade jurídica. São Paulo: Saraiva, 2016

FERREIRA, Waldemar Martins. **História do direito brasileiro**. Rio de Janeiro: Freitas Bastos, 1951

FERREIRO LAPATZA, José Juan. **Curso de Derecho Financiero español**. Madrid: Macial Pons, 1992

FERREIRA, Marcelo Dias. **O IPTU e a informalidade urbana**. A tributação da posse em AEIS como ferramenta de regulação do mercado informal de terras. Jus Navigandi, Teresina, ano 13, nº 1955, 7 nov. 2008. Disponível em: <http://jus.com.br/revista/texto/11905>. Acesso em: 12 de maio de 2020.

FREIRE, Paulo. **Pedagogia do oprimido**. 33ª ed. Rio de Janeiro: Paz e Terra, 2002

FREIRE, Paula dos Reis Vaz. O Comportamento Econômico e o Imperialismo da Economia. In **Revista da Faculdade de Direito da Universidade de Lisboa**, Vol XLVIII, n. 1º Coimbra: Coimbra Editora, 2002

FREIRE, Paula dos Reis Vaz. O Reforço da Análise Económica na Avaliação da Compatibilidade dos Auxílios Estatais com o Mercado Comum, in: **Estudos em Homenagem ao Prof. Doutor Sérvulo Correia**, Vol. III, Coimbra Editora, Edição da Faculdade de Direito da Universidade de Lisboa, Lisboa, 2010.

FULGENCIO, Paulo Cesar. **Glossário Vade Mecum**: Administração Pública, Ciências Contábeis, Direito, Economia e Meio Ambiente. Rio de Janeiro: Mauad X, 2007

GAMA, Tácio Lacerda. **Competência tributária:** fundamentos para uma teoria da nulidade. São Paulo: Noeses, 2009

GARCIA, Joe. Indisciplina, incivilidade e cidadania na escola. In: CUNHA, Jorge Luiz da; DANI, Lucia Salete Celich (org.). **Escola, conflito e violência.** Santa Maria: Ed. da UFSM, 2008.

GHIRALDELLI Junior, Paulo. **História da educação brasileira**. São Paulo: Cortez, 2006

GONÇALVES, Maria Eduarda. **Direito da informação** – novos direitos e formas de regulação na sociedade da informação. Coimbra: Almedina, 2003

GONÇAVES, Oksandro Osdiva; RIBEIRO, Marcelo Miranda. **Incentivos Fiscais:** uma perspectiva da Análise Econômica do Direito. Economic Analysis of Law REview, v. 4, n. 1, 2013

GORDILHO, Augustín. **La administración paralela**. Madrid: civitas, 1982

GRAZZIOLI, Airton; PAES, José Eduardo Sabo. **Compliance no Terceiro Setor**. São Paulo: Elevação, 2018

GRECO, Marco Aurélio. Imunidade Tributária. Coord. Martins. **Imunidades Tributárias**. São Paulo: Editora Revista dos Tribunais, 1998.

GRECO, Marco Aurélio. Solidariedade social e tributação. In: GRECO, Marco Aurélio; GODOI, Marciano Sebrae de (Orgs). **Solidariedade Social e Tributação**: São Paulo: Dialética, 2005

GRINOVER, Ada Pellegrini. **O processo em evolução.** São Paulo: Forense Universitária, 1996

GRUPENMACHER, Betina Treiger. **Das Exonerações Tributárias:** Incentivos e Benefícios Fiscais. In: Novos Horizontes da Tributação, um diálogo Luso-Brasileiro. Cadernos IDEFF Internacional n.2, Instituto de Direito Econômico Financeiro e Fiscal FDL, Coimbra: Almedina, 2012

HABLE, José. A imunidade tributária das instituições de educação, a aplicação integral, no País, de seus recursos na manutenção de suas finalidades essenciais. In: PAES, Paes (coord.). **Terceiro Setor e Tributação**. Brasília: Fortium, 2008.

HABLE, José. **Curso de processo administrativo fiscal: teoria e prática, com ênfase nas decisões do Tribunal Administrativo de Recursos Fiscais**. Rio de Janeiro: Lumen Juris, 2020

HABLE, José. Imunidade Tributária das Entidades de Interesse Social – com ênfase na Remuneração dos dirigentes. In: PAES, Paes (coord.). **Terceiro Setor e Tributação.** Brasília: Fortium, 2009.

HABLE, José. **Imunidade Tributária das Fundações de Apoio às Instituições de Ensino Superior** – Inconstitucionalidade de Disposições da Lei nº 9.532/97 – Requisitos exclusivos para Gozo da Imunidade do Artigo 14 do Código Tributário Nacional. Revista Dialética de Direito Tributário, São Paulo n. 37, p. 97-117, out. 1998.

IBGE. **Pesquisa Nacional por Amostra de Domicílios Contínua** – PNAD Contínua 2019. Disponível em: https://biblioteca.ibge.gov.br/visualizacao/livros/liv101736_informativo.pdf

IBGE. **Síntese de Indicadores Sociais:** uma análise das condições de vida da população brasileira. 2021. Disponível em: file:///C:/Users/Novo/Desktop/mestrado/curso/tese/educação %20no%20brasil/liv101892%20-%20ibge.pdf

ICHIHARA, Yoshiaki. **Imunidades Tributárias**. São Paulo: Atlas, 2000.

IUDÍCUS, Sérgio; MARION, José Carlos. **Introdução à teoria da contabilidade**: para o nível de graduação. 3. Ed. São Paulo: Atlas, 2002

KINSER; K.; LEVY, D. C. For-profit higher education: U. S. tendencies, international echoes. In: J. F., FORREST, J. F.; ALTBACH, P. G. (eds.), ***International handbook of higher education***. New York, NY: Springer, 2007

MACHADO, Hugo de Brito. **Comentários ao Código Tributário Nacional**, 2ª ed. São Paulo: Atlas, 2007.

MACHADO, Hugo de Brito. **Curso de Direito Tributário**. 34. Ed. São Paulo: Malheiros Editores, 2013

MALISKA, Marcos Augusto. "Comentário ao art. 206". In: CANOTILHO, J.J. Gomes; MENDES, Gilmar F.; SARLET, Ingo W.; STRECK, Lenio L. (Coords.). **Comentários à Constituição do Brasil**. São Paulo: Saraiva/Almedina, 2013

MANICA, Fernando Borges. **Terceiro Setor e Imunidade Tributária:** teoria e prática. Belo Horizonte: Fórum, 2008.

MANKIW, N. Gregory. **Introdução à Economia:** princípios de micro e macroeconomia. Cengage Learning, São Paulo, 2008

MANKIW, N. Gregory. **Principios de Economía**, 6 ed. México: Cengage, 2012

MARINS, James. **Processual tributário brasileiro**, 3. ed. São Paulo: Dialética, 2003

MARSHALL, Alfred. **Princípios de Economia**. São Paulo: Abril, 1982

MARTINS, Ives Gandra da Silva (coord.). **Comentários ao Código Tributário Nacional**, v.1, São Paulo: Saraiva, 1998.

MARTINS, Ives Gandra. **Capacidade Econômica e Capacidade Contributiva**. Caderno de Pesquisas Tributárias: Resenha Tributária. São Paulo, n. 14, 1989

MINCER, Jacob. Investment in human capital and personal income distribution. **Journal of Political Economy**, v. LXVI, n. 4, 1958

MENDES, Gilmar Ferreira. **Direitos Fundamentais e Controle de constitucionalidade** – Estudos de Direito Constitucional. 3ª Ed. Saraiva: São Paulo, 2004,

MELLO FILHO, José Celso. **Constituição Federal anotada**. 2a ed. São Paulo: Saraiva, 1986.

MILL, John Stuart. **Princípios de Economia Política.** São Paulo: Abril Cultural, 1983

MORAES, Bernardo Ribeiro de. A Imunidade e seus Novos Aspectos. **Revista Trimestral de Jurisprudência dos Estados**, São Paulo, n. 164, p. 19, maio/jun. 1998.

MORAES, Bernardo Ribeiro de. **A imunidade tributária e seus novos aspectos**. Revista Dialética de Direito Tributário. 34/19-40. São Paulo. Dialética, julho de 1998

MORAES, Bernardo Ribeiro de. **Sistema Tributário na Constituição de 1969**: curso de direito tributário. São Paulo: Revista dos Tribunais, 1973

MORAIS, José Luiz Bolzan de; MASSAÚ, Guilherme Camargo. **A solidariedade como elemento constitutivo da res pública**. Pensar, Fortaleza, v. 16, n. 1, p. 166, jan. /jun. 2011.

MOSCHETTI, Francesco. **El Principio de Capacidad Contributiva**. Madrid: Instituto de Estudios Fiscales, 1980

NABAIS, José Casalta. **O dever fundamental de pagar impostos:** contributo para a compreensão constitucional do estado fiscal contemporâneo. Coimbra: Almedina, 2009.

NABAIS, José Casalta. **Solidariedade Social, cidadania e direito fiscal in Solidariedade social e Tributação**. Coord. Marco Aurélio Greco e Marciano Seabra de Godói. São Paulo: Dialética, 2005

NASCIMENTO, Carlos Valder do. Imunidade tributária, **Caderno de Pesquisas Tributárias** – nova série, n. 4. Coord. de Ives Gandra, São Paulo: Centro de Extensão Universitária/Revista dos Tribunais, 1998.

NETO, Celso de Barros Correia. **Os Tributos e os Direitos Fundamentais**. Brasília: REPATS, v. 3, nº 2, 2016.

NOGUEIRA, Ruy Barbosa. **Curso de Direito Tributário**: de acordo com a Constituição Federal de 1988. 9. ed. São Paulo: Saraiva, 1989

NUNES, Cleucio Santos. Equidade e Justiça como fundamentos de um sistema tributário democrático. In: **Tributação Temas Atuais**. Coord. OLIVEIRA, Eduardo Alves de; SILVA, Verônica Aparecida Magalhães da. 1 ed. Barueri: Atlas, 2022

NUNES, Cleucio Santos. **Igualdade como causa central das ações afirmativas**. Disponível em: https://www.conjur.com.br/2015-mai-13/cleucio-nunes-igualdade-causa-central-acoes-afirmativas, acesso em 11 de setembro de 2021.

NUNES, Cleucio Santos. **Justiça tributária**. Belo Horizonte: Fórum, 2019, p. 115.

NUNES, Cleucio Santos. **Curso Completo de Direito Processual Tributário**. 2 ed. São Paulo: Saraiva Educação, 2018

OCDE. **Programa Internacional de Avaliação de Alunos**. Disponível em: file:///C:/Users/Novo/Desktop/mestrado/curso/tese/educação%20no%20brasil/Anuario_21final.pdf.

OLAK, P. A.; NASCIMENTO, D. T. **Contabilidade para entidades sem fins lucrativos:** terceiro setor. 3. ed. São Paulo: Atlas, 2010.

OTHON, Oswaldo. Imunidade tributária, **Caderno de Pesquisas Tributárias** – nova série, n. 4. Coord. de Ives Gandra, São Paulo: Centro de Extensão Universitária/Revista dos Tribunais, 1998.

PAES, José Eduardo Sabo. **Fundações, Associações e Entidades de Interesse Social:** aspectos jurídicos, administrativos, contábeis, trabalhistas e tributários. 9ª ed. Rio de Janeiro: Forense, 2018.

PAES, José Eduardo Sabo; VALLE, Maurício Dalri Timm do; SANTOS, Júlio Edstron S. O posicionamento estratégico do Terceiro Setor na Atualidade. **Revista de Estudos e Pesquisas Avançadas do Terceiro Setor**, Brasília, v. 4, n. 2, p. 19, 2017. Disponível em: file:///C:/Users/Novo/Desktop/mestrado/curso/tese/bibliografia%20diversas/O_POSICIONAMENTO_ESTRATEGICO_DO_TERCEIRO.pdf .

PANNUNZIO, Eduardo. **Imunidade das instituições de educação em xeque: uma crítica à decisão do STF no RE 862.852/ES**. Disponível:http://www.direitodoestado.com.br/colunistas/eduardo-pannunzio/imunidade-das-instituicoes-de-educacao-em-xeque-uma-critica-a-decisao-do-stf-no-re-862852es.

PAULSEN, Leandro. Direito Tributário: Constituição e Código Tributário à Luz da Doutrina e da Jurisprudência. 10ª Edição. Porto Alegre: Livraria do Advogado; ESMAFE, 2008.

NETO, Antônio Nogueira. **Neoliberalismo e Solidariedade:** breves apontamentos da teoria crítica do Direito. Disponível em: https://siaiap32.univali.br/seer/index.php/rdp/article/view/15075/8611

PIOVESAN, Flávia. **Direitos Humanos.** O Princípio da Dignidade da Pessoa Humana e a Constituição Brasileira de 1988. Revista dos Tribunais, São Paulo, ano 94, n. 833, p. 43-45, mar. 2005.

PISTINIZI, Bruno Fraga. O direito à educação nas Constituições brasileiras. IN: **Revista de Direito Educacional**, São Paulo: Editora Revista dos Tribunais, v. 1, n. 2, p. 63–93, jul. /dez, 2010.

PONTES DE MIRANDA. Francisco Cavalcanti. **Comentários à Constituição de 1946. V. 1.** 2.ed. São Paulo: Max Limonad, 1953

PRESSER. Ilan. **A não incidência dos impostos indiretos em operações de venda realizadas por entidades imunes.** Jus Navegandi, Teresina, ano 12, n. 19588, 14 fev. 2008. Disponível em:
https://jus.com.br/artigos/10947/a-nao-incidencia-dos-impostos-indiretos-em-operacoes-de-venda-realizadas-por-entidades-imunes

RAWLS, John. **Uma teoria da justiça**. São Paulo: Martins Fontes, 2000

RAMOS, Carlos Alberto. **Introdução à economia da educação.** Rio de Janeiro: Alta Books, 2015, p. 6

REALE, Miguel. **Filosofia do Direito.** 20. Ed. 8. Tir. São Paulo: Saraiva, 2010

RIBEIRO, J.J. Teixeira. **Lições de Finanças Públicas**. 5ª ed. São Paulo, Saraiva, 1974

RIBEIRO, Márcia Carla Pereira, GALESKI, Irineu. **Teoria Geral dos contratos:** contratos empresariais e análise econômica. Rio de Janeiro: Elsevier, 2009

RIBEIRO, Osni Moura**. Contabilidade básica**. 30. ed. São Paulo: Saraiva, 2017

ROCHA, Marcelo Hugo da; JOBIM, Marco Félix. **STF, direito à educação de qualidade.** Disponível em: file:///C:/Users/Novo/Desktop/mestrado/curso/tese/CAPITULO%20 2%20-%20VALOR%20-%20BIBLIOGRAFIA/STF_direito_a_educacao_de_qualidade.pdf

ROUSSEUA, Jean Jacques, tradução de MILLIET, Sérgio. **Emílio ou da educação.** 3ª edição, DIFEL: Rio de Janeiro – São Paulo, 1979

SABBAG, Eduardo de Moraes. **Manual de direito tributário.** 1 ed. São Paulo: Saraiva, 2009

SANCHES, José Luiz Saldanha; GAMA, João Taborda da. Pressuposto administrativo e pressuposto metodológico do princípio da solidariedade social: a derrogação do sigilo bancário e a cláusula geral anti-abuso. In: **solidariedade social e tributação**. GRECO, Marco Aurélio; GODOI, Marciano Seabra de. (Coords.) São Paulo: Dialética, 2005

SANTOS, Boaventura de Sousa. **A reinvenção solidária e participativa do Estado**. Texto apresentado no congresso "A sociedade e a Reforma do Estado". São Paulo, março de 1998. Disponível em: https://ces.uc.pt/publicacoes/oficina/ficheiros/134.pdf

SARLET, Ingo Wolfgang. **A eficácia dos Direitos Fundamentais**. Porto Alegre: Livraria do Advogado, 1998

SEPULCRI, Nayara Tataren. **O princípio da solidariedade no sistema constitucional tributário brasileiro**. Disponível em: https://acervodigital.ufpr.br/bitstream/handle/1884/30582/R%20-%20D%20-%20NAYARA%20TATAREN%20SEPULCRI.pdf?sequence=1. Acesso em 20/03/2021

SCHLEICHER, Andreas. **Investimento em educação no Brasil está distorcido, alerta diretor da OCDE**. Disponível em: https://revistaeducacao.com.br/2021/12/03/investimento-em-educacao-ocde/

SCHOUERI, Luís Eduardo, **Direito Tributário**, São Paulo: Saraiva, 2011.

SCHWARTZMAN, Simon. **Notas sobre o paradoxo da desigualdade no Brasil**. Mimeo. Texto apresentado no Rio Workshop "OnInequality", Rio de Janeiro, 3 a 6 de julho, 2001. Disponível em: http://www.schwartzman.org.br/simon/paradoxos.htm

SCHULTZ, T.W. **O valor econômico da educação.** Rio de Janeiro: Zahar Editores, 1964.

SIDOU, José Maria Othon. **A natureza social do tributo.** 2 ed. Rio de Janeiro: Forense, 1978.

SILVA, De Plácido e. **Vocábulo Jurídico.** 32ª Edição. Rio de Janeiro. Editora Forense, 2016.

SILVA, Geovane Basílio da. **Instituições de Pesquisa e Desenvolvimento Científico:** Imunidade Perante o Art. 150, VI, "c" da Constituição Federal de 1988. FISCOSoftOnLine. Elaborado em 10/2008.

SILVA, José Afonso da. **Aplicabilidade das Normas Constitucionais.** 3ª ed. São Paulo: Malheiros, 1998.

SLOMSKI, Valmor. et al. **Contabilidade do terceiro setor:** uma abordagem operacional: Aplicável às associações, fundações, partidos políticos e organizações religiosas. São Paulo: Atlas, 2012.

SMITH, Adam. **A Riqueza das Nações:** uma investigação sobre a natureza e as causas da riqueza das nações. São Paulo: Abril Cultural, 1983

SOLOW, R.A. **A contribuition of the theory of economic growth.** Quartely Journal of Economics, v. 70, 1956

SOUTO, Marcos Juruena Villela. **Direito Administrativo Regulatório.** Rio de Janeiro: Lumen Juris, 2002.

SOUZA, Leandro Marins de. **Tributação do Terceiro Setor no Brasil.** São Paulo: Dialética, 2004.

SZAZI, E. **Terceiro setor:** regulação no Brasil. 3. ed. São Paulo: Peirópolis, 2003

TABOADA, Carlos Palao. Isonomia e capacidade contributiva. In: **Revista de direito tributário n. 4.** São Paulo: RT, 1980.

TAVARES, Marcelo Leonardo. **Direito Previdenciário.** 4ª edição, Rio de Janeiro: Lumen Juris, 2002

TAVOLARO, Agostinho Toffoli. **Capacidade Contributiva:** Caderno de Pesquisas Tributárias, São Paulo, n. 14, co-edição. Resenha Tributária: Centro de Estudos de Extensão Universitária, 1989

TINOCO, João Eduardo Prudêncio. Balanço social e gestão estratégica do capital humano no terceiro setor. In: CAVALCANTI, M. (org.). **Gestão social, estratégias e parcerias:** redescobrindo a essência da administração brasileira de comunidades para o terceiro setor. São Paulo: Saraiva, 2008.

TIPKE, Klaus; YAMASHITA, Douglas. **Justiça fiscal e princípio da capacidade contributiva.** São Paulo: Malheiros, 2002

TORRES, Ricardo Lobo. **Curso de Direito Financeiro e Tributário.** 14ª ed. Renovar: Rio de Janeiro, 2006.

TORRES, Ricardo Luiz Lobo. **Tratado de Direito Constitucional Financeiro e Tributário:** valores e princípios constitucionais tributários. V. II. Rio de Janeiro: Renovar, 2005

TORRES, Ricardo Lobo. Imunidades Tributárias. In **Imunidades Tributárias.** MARTINS (coord.), São Paulo: Centro de Extensão Universitária/Ed. RT, 1998.

TORRES, Ricardo Lobo. **Os Direitos Humanos e a Tributação** – Imunidade e Isonomia. Rio de Janeiro, Renovar, 1995.

TORRES, Ricardo Lobo. **Tratado de direito constitucional, financeiro e tributário.** Rio de Janeiro: Renovar, 2005, v. II.

TRINDADE, Manoel Gustavo Neubarth. **Análise econômica do direito tributário – distinção da interpretação econômica a ponderações introdutórias quanto à sua definição e aplicações.** Revista Tributária das Américas, v. 7/2013, p. 453 – 488, jan./jun. 2013

UNESCO, Organização das Nações Unidas para a Educação, a Ciência e a Cultura. **Educação de qualidade para todos:** um assunto de direitos humanos. Brasília: UNESCO, OREALC, 2007

UNESCO. Global Education Coalition. Paris: **United Nations Educational, Scientific and Cultural Organization**. 2021. Disponível em: https://en.unesco.org/covid19/educationresponse#durationschoolsclosures

VALLE, Maurício Dalri Timm do. **Princípios Constitucionais e Regras-Matrizes de Incidência do Imposto Sobre Produtos Industrializados – IPI**. 1º. ed. São Paulo: Noeses, 2016.

VARIAN, Hal R, tradução Regina Célia Simile de Macedo. **Microeconomia: uma abordagem moderna.** Rio de Janeiro: Elsevier, 2016.

VIEIRA, José Roberto; VALLE, Maurício Dalri Timm do. **Direito Constitucional Tributário Comparado Latino Americano:** uma Perspectiva Copernicana. Revista de Direito Tributário Atual nº 47. Instituto Brasileiro de Direito Tributário

VIEIRA, José Roberto; VALLE, Maurício Dalri Timm do Valle. **Direitos Fundamentais Tributários:** em busca dos fundamentos da sua fundamentalidade. Instituto Brasileiro de Estudos Tributários

VIEIRA, José Roberto. **Princípios Constitucionais e Estado de Direito**. Revista de Direito Tributário, São Paulo: RT, n. 54, p.95-104, out/dez 1990.

VILLEGAS, Hector B. **Curso de finanzas, derecho financeiro y tributário**. 5ª ed., Buenos Aires: Depalma, 1993

YAMANSHITA, Douglas. Princípio da Solidariedade no Direito Tributário. In: GRECO, Marco Aurélio; GODOI, Marciano Seabra de (Coords.). **Solidariedade Social e Tributação.** São Paulo: Dialética, 2005

YANG, SuYun. Imunidade Tributária nas Instituições Educacionais e Assistenciais, aplicação no imóvel de sua propriedade submetido a regime de locação – repercussões no IPTU. In: PAES, José Eduardo Sabo (coord.). **Terceiro Setor e Tributação 2**. Brasília: Fortium, 2008.

ZILVETI, Fernando Aurélio. **Princípio de Direito Tributário e a Capacidade Contributiva.** São Paulo: Quartier Latin, 2004